JN432523

20세기문명연구 총서

주체 개념의 비판

—데리다, 라캉, 알튀세, 푸코—

윤효녕 · 윤평중 · 윤혜준 · 정문영

서울대학교출판문화원

본연구는 교육부 인문·사회과학 분야 중점영역연구
지원연구비에 의하여 수행되었음.

간행사

긴밀한 상호협력과 유기적 작업을 요구하는 공동연구의 성패는 학문의 일반적 발전을 위해 매우 중요하다. 특히 인문학과 사회과학 분야의 공동연구에 있어서 연계성과 협동성을 유지하려는 시도는 그 의의가 크다고 아니할 수 없다.

1993년부터 인문학과 사회과학 분야에 대한 교육부의 집중적인 지원 아래 추진된 연구소 중심의 영역별 多年度와 20세기 문명사에 대한 單年度 공동연구는 우리나라의 인문학과 사회과학에 관련된 대학 부설 연구소의 기초학문의 활성화를 촉진시키며 인문학과 사회과학의 차원 높은 발전을 바라는 시대적 요청에 부응하는 계기가 되었다.

이제 그 성과는 서울대학교출판부와의 약정에 의거하여 통일된 체제를 갖춘 인문·사회과학 총서로 출판되기에 이르렀다. 『인문·사회과학공동연구 총서』, 『20세기문명연구 총서』로 출판되는 이 총서는 다같이 연구서의 성격을 띈 것으로 전문가들에게는 유용한 참고가 될 것이며 동시에 일반 독자층에게도 계몽적인 독서를 제공할 것으로 기대된다.

광복 이후 처음으로 시도되는 이러한 기획이 우리 학문의 위상을 정확히 알리고 공동연구를 위한 새로운 학문적 풍토를 조성하며 궁극적으로는 인문학과 사회과학의 발전에 실질적인 기여를 하기를 바라는 바이다.

1996. 5

교육부 인문・사회과학분야 중점영역 연구
심사・평가위원회 위원장

머리말

“사공이 많으면 배가 산으로 올라간다”는 이상한 속담이 있다. 무슨 말이라도 좀 할라치면, 우리의 가정에서, 학교에서, 신문에서, 라디오에서, 텔레비전에서, 산업 현장에서 등등 이 속담은 다양한 목소리들을 입막음하는 막강한 힘을 발휘해왔다. 대망의 21세기를 목전에 둔 오늘날 이른바 민주화된 개혁의 시점에서도 삶의 미세한 각 현장에서 이러한 사고 방식이 단합의 이데올로기로서 여전히 당연시되고 있는 것을 보면, 우리의 가정은, 사회는, 그리고 나라는 거센 폭풍이 쉬지 않고 몰아치는 오직 험난하기만 한 바다—실제 자연의 바다는 그렇지도 않은데—에서 어디를 향해 가는 중인지는 몰라도 하여튼 위태로운 항해에 영원히 붙박힌 일엽편주이기만 한 모양이다.

하기야, 일단 다양한 목소리들을 풀어놓았다 하면 합의에 이른 것도 없이 괜히 분란만 일어서 감정만 상하고 끝나는 경우가 허다한 우리의 미숙한 토론 풍토로 볼 때, 단일한 사공의 지휘에 잔소리 말고 따르는 것이 신속하고 효율적인 최상의 방책인지도 모른다! 이른바 “아시아적 가치”의 뛰어난 효율성인 것이다! 그러나, 승객들 중에 혹시 이상한 사람이 일부 있을지는 몰라도, 그들이 다같이 자유롭게 토론하여 합의에 이른다면, 자기들이 무엇하러 배에 탔는데 배를 산으로 몰아가자는 결론이 나올 리가 있겠는가? 19세기 중엽 영국의 사상가 카알라일(Thomas Carlyle)이 『과거와 현재』(*Past and Present*, 1843)에서 우려했던 것처럼, 대중은 무지몽매하여 그냥 두면 떨어져 죽을 줄도 모르고 벼랑을 향해 갈 테니까 선장(船長)이 그들을 인도하고 지도해야 하는 것일까? 만약 선원들과 승객들이 끝없이 위태로운 바다에서 생활하느니 차라리 산에 가서 화전이라도 일구며 사는 것이 더 낫겠다고 민주적으로 자유롭게 합의한다면, 선장은 마땅히 배를 산으로 몰아가야 하지 않을까?

그렇다고 항해의 전문 지식과 기술을 남들보다 비교적 더 많이 갖고 있는 사공의 기능적 권한을 무시하자는 말은 결코 아니다. 하지만, 기능적 권한은 항해의 목적지를 승객들의 합의로부터 빼앗을 권한까지 의미하는 것은 아니다. 또 독단적인 사공의 절대 권력은 다른 기술 선원들의 전문 지식을 사장시킴으로써 사공의 기능적 권한까지도 의심스럽게 만드는 결과에 이르고 말 것이다. 사태가 위급하여 다방면에 걸쳐 고도의 전문 지식이 필요할 때일수록 더욱 그렇다. 오늘날 우리나라의 수많은 사람들이 겪고 있는 이 참담한 상황도 사공이 여럿이었기 때문이 아니라 오히려 각 집단에서 사공이 유일했기 때문에, 즉 구성원들의 주체적 참여가 정책 결정에서 철저하게 배제되었기 때문에 초래된 결과가 아닌가? 요컨대, "전체를 위하여"나 "전체야 어찌 되었든" 같은 명제는 모두 지양할 필요가 있다는 말이다. 보편 또는 전체는 특수 또는 개별들의 집합 이상도 이하도 아니라는 아주 기초적인 원리에서 벗어나지 말아야만, 보편성의 이름으로 편파성이 실천되는, 또 전체의 명분이 특권적 개인이나 소수 집단의 형태로 실천되는 경험적 현장을 간과할 수 있을 것이다.

이 책에서는 데카르트 이래 형성되어온 서양의 근대적 주체 개념을 비판하면서 최근의 탈근대적 주체 개념을 성립시킨 데리다, 라캉, 푸코, 그리고 알튀세의 입장을 다시 비판적으로 고찰하고, 그럼으로써 사회적이고 실천적인 상호 주관적 개별 행위 주체들의 개념을 구축하고자 노력해보았다. 이른바 초월적 지도력을 가진 보편적 주체의 이데올로기는 굳이 "아시아적 가치"라고 할 것도 없이 정도의 차이는 있지만 동서고금의 진리였다! 그래서 서양의 주체 개념을 논하는 것은 우리에게도 현재적 의미를 갖는다. 또, 우리 연구자들이 그러한 노력을 한 이유는 간단하다. 연구자들 자신을 포함하여 이 세상에 살게 된 사람들은 자신의 주체적인 삶, 즉 주인된 삶을 살고싶은 욕망을 갖고 있기 때문이다. 이 말은 남의 주인으로서 산다는 말이 아니라, 각자 자신의 주인으로서 산다는 말이다. 물론, 자신을 구성하는 요소들이 자기 아닌 다른 요소들과 복잡하게 얽혀 있는 경험적 삶의 현장에서 사람이 자신의 주인이 된다는 것은 말처럼 간단하지 않다. 그래서 개별성과 상호성을 겸비한 자세, 저항할 필요가 있을 때는 저항하고 연대할 필요가 있을 때는 연대하며 행동하는 자세가 필요하다는 것이다.

한 권의 책이 나오는 것은 저자들의 노력 이외에도 여러 물적·인적 요인들이 작용한 결과이다. 이 책이 세상에 나오도록 만든 것은 1995년도 교육부 인문사회과학 중점영역 연구 정책에 의해 지원된 연구비의 "물적" 동인과 우리 네 명의 연구자들이 합심한 "심적" 동인의 합이었다. 후자의 동인에 대해서는 연구자들끼리 자축하면 될 일이겠지만, 특별히 전자의 "물적" 동인을 제공해준 분들께 이 자리가 아니면 따로 감사드릴 공간이 없을 것 같다. 인문사회과학 중점영역 연구 계획을 구상하고 추진했던 심사·평가위원회 학자분들과 그 계획을 실행해준 교육부 및 학술진흥재단 관계자분들, 그리고 연구비의 실질적 출처를 이루어 주신 불특정 다수의 납세자분들께 깊이 감사드린다. 또한, 연구 결과물이 예쁜 책으로 변신하도록 공력을 다해준 서울대학교출판부 관계자분들, 그리고 연구 당시의 초고에서부터 출판시의 교정지에 이르기까지 꼼꼼하고 정성스런 읽기로 오자·탈자의 수정은 물론 문장 수선과 내용 개선에도 크게 기여해준 보조 연구원 배보경 선생님께도 깊은 감사의 마음을 전해드린다. 책의 의미는 결국 독자에 의해 규정되는 것이므로, 어쩌다가 이 책을 읽기로 결정하신 독자 여러분께 최종적인 감사를 드린다. 부족한 점에 대한 독자 여러분의 질책을 항상 감사하는 마음으로 환영할 것이다.

1998. 12

저자 일동

차 례

제1장 주체 논의의 현단계: 무엇이 문제인가?

윤효녕

20세기 후반에 들어서 각계의 문화 일반을 강타한 인문-사회학적 풍토라면, 그것은 해체론 · 포스트 구조주의 · 포스트 모더니즘 등이라고 할 것이며, 그러한 문화적 인식의 변화가 공통적으로 수반한 여러 문제 중의 중요한 하나가 바로 전통적 절대 주체에 대한 비판 내지 해체라고 할 것이다. 그러나, 우리 연구자들은 작금에 유행하고 있는바 전통적 주체 개념에 대한 비판 내지 해체가 곧 주체 자체의 부정과 상통한다는 인식, 그리고 그와 같은 주체의 절대 해체가 진보적 · 해방적 역량을 포함한다는 인식에 대하여 우려를 표명하는 한편, 현 시점에서 금세기에 이룩된 주체 논의를 정리할 필요가 절실히 있다고 본다.

데카르트(René Descartes) 이후 서양 근대 철학의 역사는 주관적 관념 철학(또는 의식 철학)의 영향하에 놓여왔다. 이와 같은 개념의 주체 철학은 인식론의 영역에서는 투명한 사유 능력을 갖고서 실재를 명석-판명하게 파악할 수 있다는 믿음으로 연결되며, 실천 철학의 차원에서는 합리적이고 자율적인 개인들 사이의 합의에 의거하여 정치 권력의 정통성을 설명하는 사회 계약론으로 구체화된다. 중세까지의 전근대적 형이상학에서 지고한 지위를 누려왔던 객관적 실체로서의 신을 밀어내고, 근대의 관념론적 형이상학의 핵심인 주체가 그 자리에 들어선 것이다. 헤겔(G. W. F. Hegel)이 근대를 주체성의 철학적 원리가 지배하는 시대로 규정한 것도 이 때문이다. 근대성의 핵심적 이념 가운데 하나가 이성적이고 자율적인 주체 개념이라는 사실은 따라서 당연한 귀결이라고 할 것이다.

그러나, 관념론 전통에서 수립된 절대 주체의 개념은 주체와 객체를 대립적으로 구분하여 객체에 대한 차별을 이념적으로 정당화하였다. 그런데, 그러한 절대 주체가 근대 철학에서는 어떻게 개인의 주관성과 맞물리는가? 데카르트의 대륙 합리론이나 버클리(George Berkeley)의 영국 경험론의 경우 모두 객관적 실체에 대한 절대적 회의주의는 인식자 자신의 주관성을 유일한 인식적 가능성으로 제시하는 방향으로 나아간다. 합리론과 경험론은 원리면에서나 현상면에서 아주 대조되는 철학 사조임에도 불구하고, 영국의 경험론에서 말하는 감각적 경험은 전통적 진리를 대체할 수 있는 새로운 진리를 창출하지 못하면서 전통적 진리에 대해 회의할 뿐만 아니라, 결국 경험적으로 인식되는 세계 자체에 대한 신뢰마저도 거부하는 지점까지 나아간다. 흄(David Hume)이나 로크(John Locke)의 감각적 경험론과 버클리의 주관적 경험론이 갈라지는 경계는 바로 이 지점에서 결정되는데, 이와 같은 과정을 거쳐 대륙과 영국에서 공히 "나"가 종전의 이데아나 신을 대체하게 된 것이다. 그런데, 이 과정에서 인식의 유일한 주체인 "나"는 종전의 이데아나 신에게 부여되었던 초월적 지위와 자기 동일적 지위를 부여받게 된다. 그럼으로써, 인식 주체는 인식의 모든 대상—여기에는 사물로 이루어진 비인간 세계뿐만 아니라 인간 대상도 포함된다—을 객체로 규정하고, 그 객체의 의미를 인식자의 주관성에 의해서 정의한다. 따라서, 주체가 객체를 타자로 규정하고 그 타자를 자신의 동일성 속으로 전유(專有) 및 착취하는 과정이 성립된 것이다.

이러한 철학적 성과는 정치적 현실 영역에서 한편으로 봉건적 절대주의를 타파하고 시민 의식을 형성하는 중요한 역사적 기여를 하기도 했지만, 다른 한편으로는 부르주아적 지배, 제국주의적 지배, 절대 사회주의적 지배라는 또 다른 형태를 통하여 타자에 대한 억압을 정당화하게 되었다. 데카르트의 사유 주체(Cogito) 이래로 헤겔 관념론과 후설(Edmund Husserl) 현상학을 거치면서 변화 및 구축되어온 절대 주체의 개념이 정치적 지배와 침탈 및 착취를 정당화하고 재생산하는 이데올로기적 기능을 담당하였다면, 그로부터 벗어나려는 20세기 후기의 운동이 주체의 해체 쪽으로 진행된 것은 한편으로 이해가 되고, 또 그러한 경향은 이전의 상황과 관련하여 상대적으로 긍정적인 의미를 지닌다고 할 수 있을 것이다. 그러나 주체의 절대 부정이라는 다른 방향의 극단은 해체론적 회의주의 내지 가치의 부재를 유발할 수 있으며, 그렇게 공동화(空洞化)된 주체의 자리를 비집고 들어올 또 다른 억압과 침탈의 논리를 방지하지 못한다면, 반대의 극단에서 초래될 수 있는 인류 문명의 위기를 장차 또 겪게 될지 모른다. 따라서, 절대 주체의 확립만큼이나 주체의 절대 부정도 바람직스럽지 못하다는 데 우리 연구자들은 인식을 같이 하였다. 전통적 주체 개념을 비판함과 아울러, 이를 비판하는 주체 해체의 경향 또한 비판적으로 검토할 필요가 있다는 것이 본연구의 기본 입장인 것이다.

주체에 관한 논의는 20세기 말의 생활 양식과 문화적 조건으로 볼 때 서양에서 벌어지는 남의 일만이 아니라 이미 우리 자신의 문제이며, 작금의 주체 비판이 지니는 문제성에 대한 의식은 이미 우리나라의 학계에서도 중요한 관심사로 부상하고 있는 실정이다. 최근에 「한국의 영문학과 한국 문화」(1996)에서 김우창이 제기한 다문화주의의 "두 가지 모순된 움직임"도 주체 논의가 외부적이면서 동시에 내부적인 경계의 위상에서 제기하는 문제 의식을 반영하는 말이다. "그것은 소수 집단 또는 개인의 주체성의 회복과 해방의 움직임이다. 그러나 그것은 동시에 이러한 것들의 해체로 나아가는 모순의 움직임이기도 하다"[1]는 것이다. 이 말을 본연구의 맥락에서 풀이해보자면, 개별 주체들을 타자로 주변화시켰던 전통적 절대 주체에 대한 작금의 비판이 타자화되었던 개별 주체의 편에서 보면 해방의 의미를 갖기도 하지만, 주체의 해체는 동시에 개별 소수 주체들 마저 해체해버릴 수 있는 위험성을 내포하고 있다는 말이 될 것이다. 그러한 위험성을 해결하기 위한 과제로 김우창이 제시하는 보편과 개별 자아의 "변증법적 맞물림"이 오늘날의 상황에서 얼마나 유효할 것인가 하는 것은 따로 따져보아야 할 문제이다.[2] 그럼에도 불구하고, "오늘날 미국이나 유럽에서 이루어지고 있는 주체성의 여러 형태에 대한 비판은 한편으로 오늘의 순간에 주체적 활동을 관계시키려는 활동이기는 하지만, 그것이 전통적, 주체적 작업에 대한 해체

1) 김우창, 「한국의 영문학과 한국문화」, 『안과 밖』 창간호 (영미문학연구회, 1996), 23.

2) 이 문제에 관한 논의는 제6장에서 다루기로 한다.

를 주안으로 한다는 면에서는 그러한 활동의 포기를 뜻하기도 한다"[3]는 그의 문제 제기 자체는 매우 유효하다.

이와 같이 제기되는 과제에 충분히 공감하는 입장에서, 우리 연구자들은 20세기 후반에 들어와 문화 전반에서 일고 있는 중요한 현상 중의 하나인 전통적 주체 개념에 대한 비판을 다시 비판적으로 연구 및 수용함으로써, 우리에게 필요한 좀더 나은 주체 개념을 모색해 보고자 한다. 이를 위하여, 우리 연구자들은 주체에 대한 자크 데리다(Jacques Derrida), 자크 라캉(Jacques Lacan), 미셸 푸코(Michel Foucault), 루이 알튀세(Louis Althusser)의 입장을 비판적으로 연구하고자 한다. 탈근대적 주체 비판의 4인방이라고 할 수 있는 이들에 의해서 행해진 주체 비판을 다시 비판함으로써, 명시적으로든 암시적으로든 그들이 제시하는 주체의 모습을 정리하고, 현 시점에서 필요한 주체 개념을 다시 구축해 보고자 하는 것이다. 이상과 같은 취지의 본연구는 전체적으로 두 가지 가설에 입각해 있다. 하나는 흔히 알려진 대로 해체론이나 포스트 구조주의, 또는 포스트 모더니즘 같은 최근의 문화적 경향에서 말하는 주체의 부정은 정작 그러한 주체 부정론이 근거하고 있어야 할 데리다, 라캉, 알튀세, 푸코 등의 일차적 텍스트와 유리된 것일 수 있다는 가설이다. 다른 하나는 주체 개념에 대한 어떠한 논의도 이론과 실천의 중층적 상호 결정 관계를 고려하지 않는다면 공론에 지나지 않으며, 그 결과는 공적보다 오히려 폐해가 더 클 것이라는 가설이다.

본연구에서 각 장별로 다루어지는 내용은 다음과 같다.

---

3) 같은 책, 26.

제2장에서는 서양의 형이상학 전통에 대한 데리다의 비판을 주체 비판의 준비 단계로서 살펴보고, 나아가 주체 자체에 대한 그의 비판을 살펴보고자 한다. 데리다가 비판의 대상으로 삼는 형이상학은 일정한 유파에 국한된 것이 아니라, 플라톤(Plato)의 이데아, 데카르트의 사유 주체(Cogito), 루소(Jean-Jacques Rousseau)의 자연적 말씀(로고스), 헤겔 관념론의 절대 인식, 후설 현상학의 의식 주체와 직관, 하이데거(Martin Heidegger)의 존재자, 영미 언어 철학에서 말하는 고유 의미 내지 의식적 의도 등 "현존의 형이상학"을 주창해온 서양의 철학 전통 전부를 포함한다. 철학 유파에 따라 용어와 개념에 차이가 있다고 하더라도 데리다가 보기에 이들은 모두 직관·본질·존재·의미·진리·의식·말 등을 일차적·근원적 가치로 특권시하고 이에 비해 재현·공간·시간·경험·외부·차이·분열·역사·타자 등을 이차적 파생물로 규정하여 배제하는 이원 대립적 구조를 공통적으로 갖고 있는 "로고스 중심주의"이다. 전통적인 형이상학의 개념들을 치환하여 그 대립적 구조를 무너뜨리고자 하는 데리다의 중요한 개념들은 차연(差延)·보충·치환·흔적·관계·변별·역사·산종(散種)·타자 등이다. 따라서, 후자의 개념들은 전자의 개념들에 대한 단순한 대립이 아니라 전자의 개념 속에 은폐되어온, 그러나 구성적으로 내재하는 이차적 가치들의 존재를 밝혀내는 새로운 개념들인 것이다.

관념론적 대립 구조에 입각하여 구축된 전통적인 주체 개념은 절대적 자기 동일성을 갖춘 주체이며, 자기 동일적 주체는 객체를 타자로 규정하여 이를 폄하하고 배제하는 기능을 한다. 자기 동일적 절대 주체를 비판하는 데리다의 방법은 그와 같은 주체의 동일성이 허구일 뿐으로 실은 그 안에 타자성·차이성·균열성 등이 포함되어 있음을 밝혀내는 내재적 비판의 방법이다. 따라서, 데리다가 말하는 주체와 타자의 관계는 대립적 관계가 아니라, 동일 주체에 내재하는 구성적 요인으로서의 타자와 주체의 구성적 상호 관련성을 기초로 한 변별적 관계이다. 객체가 갖고 있는 그 만큼의 주체성을 인정하지 않고 이를 주체에 대한 반(反)명제로 간주하여 지양(止揚)함으로써 궁극적으로 주체의 영역에 포섭하는 전유적(專有的) 기능을 하는 것이 헤겔이 말하는 변증법적 매개 작용의 개념이라면, 데리다는 주체가 억압적 결정 관계 및 착취적 소외 관계로 맺어진 이차적 조건들과 무관한 절대 자율적 실체라고 생각하지도 않으며, 또한 이러한 조건들을 지양 및 전유하여 주체를 참된 자아로 복귀시켜야 한다고 생각하지도 않는다.

데리다가 새롭게 제시하는 주체 개념은 동일성을 갖춘 실체로서의 개념이 아니라, 타자 관계를 구성적으로 내포하고 있는 변별적 개념이다. 이 장에서는 이 점을 밝힘으로써, 특히 영미권의 해체론이나 포스트 구조주의와 관련하여 흔히 알려진 대로 전통적 절대 주체에 대한 비판이 곧 주체의 절대 부정이라는 식의 잘못된 인식을 바로잡고자 한다. 데리다가 파악한 주체의 모습은 주체가 있지 않으면 없다는 식의, 또는 절대 주체 아니면 무(無)주체라는 식의 이원 대립적 인식론 자체를 해체하는 것이며, 이는 관계성·변별성·타자성을 포함한 열린 역동적 주-객체의 개념이라는 점을 우리 연구자들은 밝히고 있는 것이다.

제3장의 내용을 보면, 라캉의 정신 분석학의 핵심적 성과는

근대 초부터 20세기에 이르기까지 서양 사상의 중추가 된 "나"라는 절대 주체 개념을 비판하고, 이 비판을 기초로 하여 새로운 주체 개념을 구축하려는 시도의 성과로 요약할 수 있다. 대체적으로 절대 주체 개념에 대한 비판만을 강조하여, 라캉의 정신 분석학은 서양 형이상학의 기초 자체를 해체 전복한다고 생각한다. 특히 최근 주체 자체를 부정하려 드는 포스트 모더니즘적 문화의 경향은 라캉의 주체 개념에 대한 비판을 개인 주체의 위상 축소, 그리고 나아가 주체 자체의 부정으로 이해하도록 유도하고 있다. 그러나 이러한 라캉의 주체 개념에 대한 전반적인 평가가 라캉의 일차적 텍스트에 대한 진지한 검토를 하지 않은 채 그를 포스트 모더니즘적 경향의 한 이론가쯤으로 일축해버리는 편견의 전이에 의해 내려진 일종의 오인(誤認)이라고 볼 수도 있다. 따라서 본연구에서는 라캉의 일차적 텍스트를 중심으로 하여 라캉의 주체 개념 비판을 재검토해보고자 한다.

거울 단계에 대한 라캉의 글에서 주체의 형성을 살펴보면, 라캉의 주체란 오인의 구조로 형성된 에고(ego)로 시작하여 상상계의 나르시시즘적 환상을 버리고 상징계—즉 문화와 언어의 상호주관적 구조—로 진입하여 욕망의 변증법적 운동을 통해 형성되는 것으로 늘 "과정중에 있는 주체"이다. 이처럼 주체란 사유 주체로서의 절대 주체가 아니라 사회적 구조에 대하여 이차적인 것이지 이에 선행하는 존재가 아니며, 또한 주체는 타자를 타자로 인정함으로써, 그리고 타자의 관점과 자기에 대한 타자의 견해를 고려함으로써 비로소 진정한 주체가 될 수 있다는 것이 라캉의 기본적인 생각인 것이다. 데카르트의 "나는 생각한다, 그러므로 나는 존재한다"라는 기본 명제와, 라캉의 "나는 내가 존재한다고 당신이 생각하는 것을 내가 생각한다는 것을 알고 있다, 그러므로 나는 존재한다"라는 명제를 비교해보면 라캉의 주체 개념의 특징을 분명하게 알 수 있다. 이처럼 라캉의 경우 주체의 구성에서 외부 세계가 차지하는 우위성은 유아의 조건인 생존 충분성의 결여와 불가결한 것이다. 외부 세계는 유아의 생리학적 미숙성이 주변 세계와의 필수적인 동화와 통합에 의해서 보상된다는 것을 말해주는 동시에 주체의 가변성을 말해주는 것이기도 하다. 이러한 사실로부터 우리는 어떤 인간적 주체도 고도로 개별화될 수 있음을 예상하게 된다. 왜냐하면 근본적으로 그것을 구성하는 시각적 이미지와 대상들은 변할 수 있으며 무한히 결합될 수 있는 것이기 때문이다. 이러한 관점에서 볼 때, 라캉의 주체 이론은 에고가 반(反)휴머니즘적이고 진화론적인 힘들의 소산으로서 갖는 신실증주의적 개념화에 대하여 의문을 제기하고 있는 것이다. 라캉은 이처럼 주체를 형성하는 요인들인 이미지나 콤플렉스 등을 본질적인 본능으로서 보는 것이 아니라 사회적·후천적인 것으로 봄으로써 주체의 새로운 발전 가능성을 시사하고 있다. 라글란드-설리반(Ragland - Sullivan)이 프로이트(Sigmund Freud)의 이론을 "신(新)휴머니즘적"이라고 이해했듯이, 라캉도 주체를 해체하고 있는 반휴머니즘적 입장에 서 있다기보다 새로운 주체 추구의 방향을 제시하는 신휴머니즘적 입장에 서 있다고 평가할 수 있는 것이다.

제4장에서는 전통적 마르크스주의에 대한 알튀세의 비판을 다시 비판적으로 이해 및 평가함으로써, 마르크스주의적 주체 개념을 종합적으로 검토한다. 알튀세가 비판한 주체 개념은 순수한

철학적 의미에서 데카르트적 사유 주체가 아니라 역사적 실천의 주체이다. 개인 주체가 역사와 관계를 맺고 실천이라는 개념 속에서 현실의 변화에 참여한다는 생각은 인류 역사 전체로 볼 때 지극히 최근의 일이다. 서양 중세나 기타 다른 문화권에서 역사란 한 사회 속에서 사는 인간들이 만드는 것이라기보다 나름의 자율적 논리와 섭리를 갖고 진행되는 숙명적인 영역으로 인식되어왔다. 한 걸음 더 나아가 역사의 변화를 생각한다고 해도 그것은 정복자나 영웅들과 같은 특별한 주체들의 몫이지 보통의 개인들이 역사의 전개에 참여한다는 것은 생각하기 어려운 일이었다. 서양의 경우 개인 주체의 위상이 부상하면서 동시에 역사라는 지평이 현실적 · 사회적 실천의 대상이자 영역으로 인식되게 된 계기는 프랑스 혁명과 나폴레옹 시대였다. 사회를 고정된 질서로 받아들이고 거기에 대한 도전 · 개혁 · 변혁의 여지를 배제했던 봉건적 인식의 틀이 깨어지면서, "사회"(society)라는 개념 자체가 고정된 질서의 상층부를 형성하는 "상류 사회"를 지칭하는 개념으로부터 역동적이고 가변적인 총체적 관계를 지칭하는 개념으로 변화하게 된 것이다. 그리고, 근대성의 가장 중요한 개념인 사회적 · 역사적 실천 주체로서의 개인에 대한 인식과 이론은 바로 이와 같은 "사회"의 의미 변화를 통해서 나오게 된 것이다.

알뛰세가 물려받은 전통은 사회에 대한 이러한 역동적 인식을 발전시켜서 그것을 체계적인 역사와 사회의 형성 및 변화에 관한 이론으로 만들고자 했던 마르크스주의이다. 그는 뒤를 이어 등장한 포스트 마르크스주의자들과는 달리 마르크스주의의 기본 전제를 받아들이면서 마르크스주의에 대한 과감한 재해석을 시도했다. 그는 특히 전통적 마르크스주의가 실천적 변혁의 논리로 나아가야 할 당위를 폐기하면서 오히려 마르크스(Karl Marx)와 엥겔스(Friedrich Engels)보다도 더 후퇴했고 마르크스주의의 담론적 힘을 약화시켰다고 보았다. 물론 이것은 마르크스에게서 이미 발견되는 애매성과 전혀 관계 없지는 않다. 마르크스의 사상은 인간을 실천의 주체로 내세우고 사회와 역사를 가변적인 실천의 영역으로 보면서도 동시에 사회를 초개인적인 구조로 보기 때문에, 개인이 순전히 개인의 자격으로 합리적 판단과 행동에 따라 일정한 사회 개혁을 도모하기는 근본적으로 불가능하다. 그래서 계급의 논리가 요청되는 것이다. 하지만, 변혁의 주체가 되어야 할 프롤레타리아에 대해서는 마르크스 자신도 그다지 크게 신뢰한 편은 아니었다. 또한 그의 이름을 이어받은 후대의 혁명가들은 대중의 의지보다 혁명가들의 의지를 더 중시해왔고, 이것이 바로 20세기 현실 사회주의의 근본적 모순을 낳게 된 내재적 원인 중의 하나임을 부인할 수 없다.

알튀세는 마르크스주의의 구조주의적 요소를 극단적으로 몰고가서 "이론적 실천"이라는 이름하에 실천의 문제를 거의 폐기하다시피 하면서 개인을 구조의 대행자 또는 담지자(擔持者)로 보았다. 구조의 특정한 기능을 부여받아 수행할 뿐인 개인은 그러나 자신이 자신의 삶의 주체이자 구조의 주체적 위치에 있다는 오해와 환상을 갖게 된다. 이것을 가능하게 해주는 것이 "호명"(呼名: interpellation)이라는 이데올로기의 장치인데, 이때 이데올로기는 바로 개인의 사회적 존재 조건에 대한 무지와 망각으로 정의된다. 여기에서 실천, 더 정확히 말하면 "이론적 실천"이 할 일은 바로 이러한 이데올로기적 환상을 과학적이고 이론적인 방법으로 명확히 규명하는 것이다. 그러나 이러한 이론적 명확성이 다시 일반적 실천의 세계에 어떠한 영향을 줄 것인지, 또 그것이 구조의 담지자들일 뿐인 개인들의 처지를 혹시라도 개선할 수 있을지에 대해서 알튀세는 답변하지 않으며 그러한 의문을 제기하지도 않는다. 이러한 점에서, 알튀세는 근대성을 이루는 핵심적 고리의 하나인 사회적 주체, 실천의 주체를 집중적으로 "해체"하지만, 해체의 순간 해체적 읽기에만 머물고 마는 탈근대 사상의 부정성과 비관주의를 누구보다도 잘 보여준다.

제5장에서 살펴볼 내용은 푸코의 담론 권력 이론에서 제시되는 주체의 계보학과 윤리학에 관한 것이다. 적지 않은 차이에도 불구하고 데리다, 라캉, 알튀세, 푸코에 공통되는 입장이 있다면, 그것은 주관 철학에 대한 급진적 해체 작업을 실천하는 데서 발견된다. 이와 관련하여 이 장에서는 푸코가 제시하는 권력으로서의 담론 이론과 주체의 객체화를 연구함으로써 전통적 주체 개념에 대한 푸코의 비판을 정리하고자 한다. 푸코의 계보학은 이성적·자율적 주체가 자기 운명의 주인임을 설파하는 주관 철학의 허구성을 날카롭게 고발한다. 모든 시대에 담론의 역학은 권력의 행사와 분리될 수 없는 형태로 얽혀있다는 것이다. 권력은 어떤 대상을 지식을 통해 배제하고 억압하는 데 그치지 않고, 적극적으로 개인을 구성하고 대상 영역 자체를 생산하며 주체에 관한 지식을 산출한다.

푸코의 고고학과 계보학은 권력·지식·주체의 철학적 "문제 설정(또는 문제화)"을 발전시키는 방법론이며, 이는 서양 지성사에 한 획을 긋는 획기적인 통찰이라고 할 수 있다. 주체가 어떻게 대상화되고 형상화되었는가를 미시적으로 해명한 다음, 푸코는 궁극적으로 "전체화"와 "개체화"의 함정에 빠지지 않는 새로운 삶의 양식을 구가하는 "자유의 실천"을 주장하게 된다. 이러한 새로운 윤리적 주체의 출현이 통상적인 해석처럼 푸코의 입장의 질적인 변화를 의미하는 것일까? 아니면, 권력·지식·주체간의 연결 고리가 이르는 자연스런 귀결인가? 하는 것도 이 장에서 논의될 흥미있는 논제 가운데 하나이다.

주체를 전경화함으로써 푸코의 담론 이론은 관념론의 유산으로부터 자유롭지 못했던 대부분의 근-현대 인문-사회학의 한계를 돌파할 수 있는 중요한 통찰을 제공한다. 우리 연구자들은 전통적인 관념론적 주체 개념에 대한 푸코의 비판도 나름의 약점을 갖고 있다는 점을 아울러 비판하면서, 역사 현상을 해명하고 사회를 분석하며 우리의 삶을 돌아보게 하는 데 있어 탁월한 설명력을 과시하는 푸코의 이론을 주체적인 시각에서 다루고자 한다. 그럼으로써, 궁극적으로 깨어있고 성숙한 삶의 공간을 확보하는 데 그의 이론이 얼마만큼 유용할 수 있는가 하는 점을 규명하는 것이 본 연구와 관련된 이 장의 핵심적 주제이다.

제6장에서는 앞 장들에서 살펴본 네 주체 비판가들의 입장을 바탕으로 현 시점에서 제기되는 이른바 "주체의 죽음"이라는 문제에 대한 대안 구축의 가능성을 더 최근의 주체 이론가들의 입장을 검토함으로써 시도해볼 것이다. 앞 장들에서 살펴본 네 사상가들에 대한 연구를 통해서 제시되는 결론은 그들이 전통적인

초월적 절대 주체의 허구성을 비판하고 그러한 주체를 해체하기는 하지만, 그렇다고 해서 작금에 흔히 알려진 것처럼 그들이 주체에 대한 궁극적 부정에 이르고 있지는 않다는 점이다. 포스트 구조주의 및 포스트 모더니즘에서 흔히 오인하는 것과 같은 주체의 절대 부정은 해방적 역량보다 오히려 인식의 허무주의와 정치 포기주의에 빠질 수 있는 허점을 내포하고 있다. 우리 연구자들은 근대적 개념의 자기 동일적 절대 주체를 해체하면서도 주체의 절대 부정이라는 위험에 빠지지 말아야 한다는 이중의 문제 의식을 갖고서, 프레드릭 제임슨(Fredric Jameson), 위르겐 하버마스(Jürgen Habermas), 마이클 라이언(Michael Ryan)의 입장을 실천과 관련하여 비판적으로 점검하고자 한다. 그 결과로 우리는 현 시점에서 우리에게 필요한 새로운 주체의 모습을 객체를 타자화하여 배척하거나 억압하기보다 자신의 타자성과 타자의 주체성을 인정하는 주체, 관념적 초월성을 주장하기보다 역사와 육적·물적 공간의 연속 과정 속에 각인된 변별 관계적 상호 주체 같은 것으로 그려보게 될 것이다.

제2장 데리다: 형이상학 비판과 해체적 주체 개념

윤효녕

I. 형이상학 비판

근자에 문제되고 있는 주체에 관한 논의의 맥락에서 자크 데리다(Jacques Derrida)의 입장을 살펴볼 때 무엇보다 유의할 것은 우선 데리다가 옹호적이든 비판적이든 주체에 대한 체계적 이론가가 아니라는 점이다. 이 말은 데리다가 전통적 주체 개념에 대하여 일정한 비판적 생각을 갖고 있지 않았다는 말이 아니라, 그러한 생각들이 주체라는 주제하에 집약적으로 개진되었다기보다 형이상학에 대한 비판 내지 해체의 한 분야로 여러 글들에 걸쳐서 산발적으로 개진되고 있다는 말이다. 따라서, 데리다의 주체 개념은 여러 글들에 산재하는 조각들을 우리가 긁어모아 일정한 모습으로 구축하기 전에는 통일된 모습으로 존재하지 않는다.

그렇지만, 본연구에서 논의하고 있는 라캉(Jacques Lacan), 푸코(Michel Foucault), 알튀세(Louis Althusser)를 비롯하여 근자의 주체 비판가들의 특징이 전통적 주체 개념의 해체라는 특징을 어느 정도 공유하고 있고, 또 '해체'라고 하면 데리다를 맨 먼저 떠올

리게 되는 실정이기 때문에, 데리다가 제시하는 해체의 개념과 주체 비판의 모습을 정리해보는 것은 전반적인 주체 논의의 출발점으로 아주 중요한 의의를 갖는다고 할 것이다. 그런가 하면, 데리다의 해체 개념은 서양의 전통적 형이상학에 대한 비판과 상통하는 개념이고, 또 주체에 대한 데리다의 비판은 형이상학에 대한 비판의 한 영역으로 다루어지고 있는 만큼, 이 장에서는 전통적 주체 개념에 대한 데리다의 비판과 데리다 나름의 주체 개념의 구축을 본격적으로 살펴보기 전에 그의 해체 개념들 중에서 중요한 몇 가지를 정리해보고자 한다.

넓게 말해서, 데리다가 말하는 해체는 플라톤(Plato)에서 후설(Edmund Husserl)과 리쾨르(Paul Ricoeur)에 이르기까지 서양 형이상학의 여러 유파들에 대한 비판이다. 따라서, 데리다가 비판의 대상으로 삼는 형이상학이란 일정한 유파를 가리키는 것이 아니라, 플라톤의 이데아, 데카르트(René Descartes)의 사유 주체(Cogito), 루소(Jean-Jacques Rousseau)의 자연적 말씀(Logos), 헤겔(G. W. F. Hegel) 관념론의 절대 인식, 후설 현상학의 의식 주체와 직관, 하이데거(Martin Heidegger)의 존재자, 영미 언어 철학에서 말하는 고유 의미 내지 의식적 의도 등 현존의 형이상학을 주창해 온 서양 고금의 철학 전통 전부를 포함한다. 데리다가 형이상학의 공통된 특징으로 지적하는 것은 두 가지로 요약될 수 있다. 하나는 모든 형이상학에서는 자기 동일성을 갖춘 최초이자 최종의 원인 내지 토대를 철학적 공리로 설정하고 이 원인을 통하여 세상의 복잡다단한 존재물들이 파생되었다고 보는 이원적 대립 구조로 세상을 파악하는 것이다. 두번째 특징은 이와 같은 일차적 원인과 이차적 파생물들이 단순히 대립적 관계로만 자리하는 것이 아니라 그 양자간에 선악 내지 우열의 위계적 가치 질서, 나아가 지배와 종속이라는 권력 질서를 설정하고 있다는 것이다. 즉 철학 유파에 따라서 용어와 개념상의 차이는 있지만, 형이상학 체계에서는 현존·직관·본질·있음·의미·진리·의식·주체·초월·내부·말 등을 일차적인 근원적 가치로 특권시하고, 그에 비해서 재현·공간·시간·경험·외부·차이·분열·역사·타자·물질·글 등을 이차적 파생물로 폄하하여 배제하는 것이다.

데리다는 형이상학의 이와 같은 특징을 다음과 같이 설명한다.

> (1) 찾을 수 없는 일종의 궁극적 관념을 중심으로 엉겨붙은 가치들간의 대립 관계를 설정할 뿐만 아니라, 나아가 〔정상/비정상, 표준/기생(寄生), 충만/공허, 진지/경박, 직설/비유, 요약하면: 양/음, 관념/비관념 등과 같은〕 가치들 서로간의 종속 관계를 설정하는 윤리-존재론적 차등책, 즉 위계의 가치학….
>
> (2) …플라톤에서 루소와 데카르트를 거쳐 후설에 이르기까지 모든 형이상학자들은 이러한 방식으로 나아가면서, 악 이전에 선이, 음 이전에 양이, 비순수 이전에 순수가, 혼합 이전에 단순이, 우연 이전에 본질이, 모방 이전에 모방 대상이 있다고 생각해왔다… 내부의 순수성을 회복하기 위해서는 이제부터 바깥 것을 사족이라고 비난하는 수밖에 없다. 바깥 것은 본질도 아니면서 본질에 누를 끼치는 것, 순수하고 충만한 내부에 끼어들지 말았어야 했을 여벌로 취급된다.[1)]

---

1) Jacques Derrida, "Limited Inc," *Glyph 2: Johns Hopkins Textual Studies* (Baltimore, 1977), 236, 247~48: Michael Ryan, *Marxism and Deconstruction* (1982), 윤효녕 역,『마르크스주의와 해체론』(서울: 한신문화사, 1997), 18에서 재인용.

이와 같은 이원 대립과 위계의 가치 질서를 만들어낸 "현존의 형이상학" 내지 "로고스 중심주의"를 비판하는 입장에서 데리다는 "차연(差延)"과 "흔적"이라는 중요한 개념들을 개진한다. 이 개념들은 이른바 자기 동일성을 갖고 있다고 하는 "현존"의 개념이 사실은 자기 동일적이지 못한 "차이성"과 "타자성"에 의해 구성되어 있음을 밝힘으로써 형이상학의 토대를 무(無)토대의 위상으로 전환하는 기능을 한다.

"차연"을 뜻하는 불어 단어 différance는 공간적 차이 내지 거치를 의미하는 differ(다르다)와 시간적 차이 내지 지연을 의미하는 defer(지연시키다)를 합쳐서 데리다가 새로 만든 단어로, 그는 철자 a를 틀리게 사용함으로써 이 단어가 암시하는 비동일성과 차이성을 부각시킨다. "글자 a로 인하여 différance가 더 정확히 의미하는 바를 고전적 언어로 나타내자면, 그것은 차이성의 근원 내지 생산 작용, 차이성간의 차이성, 차이성의 작용[유희] 같은 것이 될 것이다."[2] 즉 차연은 동일성이나 의식 같은 철학의 기초 개념보다도 더 "근원"적인 것으로서 한편으로 동일성을 구성해 주는 것이면서도 다른 한편으로 그와 같은 공리적 토대를 불가능하게 하는 시공간적 차이성과 작용을 말한다. 차이성이 근원적이라 함은 이른바 자기 동일성을 갖고 있다고 하는 요소가 실은 다른 요소들과 다르고 그 요소들을 거치시킴으로써 비로소 존재성 내지 현존성을 갖는다는 말이다. 따라서 데리다의 차연의 논리에 입각하여 보면, 자기 동일적 현존이란 당초부터 타자와의

---

2) Jacques Derrida, "Différance" (1968), *Speech and Phenomena*, trans. David B. Allison (Evanston: Northwestern UP, 1973), 130.

변별적 관계에 의하여 가능해진 것임을 알 수 있다. 현존이 최초의 토대가 아니라 시공간적 차이 작용 내지 변별 작용, 즉 차연이 더 근원적인 원리인 셈이다.

데리다가 말하는 "흔적"(trace) 역시 동일성 속에 각인된 근원적 타자성을 일컫는 용어로 현존의 자기 동일성을 해체한다.

> 이른바 "현존"한다는 모든 요소는 현존의 무대 위에 나타나자마자 자기 아닌 다른 것하고 관련되어서 과거 요소의 징표로만 남고, 미래 요소와 관련된 징표에 의해서 어느새 밀려난다. 여기에서 비로소 변별 작용을 통해 의미 작용이 가능해진다. 이와 같은 흔적은 이른바 과거뿐만 아니라 미래하고도 관련된다. 흔적은 이렇게 자기 아닌 것, 절대로 자기는 아닌 다른 것하고 관련됨으로써 이른바 현재를 구성한다.[3)]

즉 흔적은 존재나 의식의 현존성을 산산이 부수는 변별적 타자 관계를 일컫는 용어로 차연과 같은 기능을 지칭한다. 현존은 변별 작용의 한 결과이기 때문에 철학의 시초일 수 없으며 토대로서의 권위를 박탈당하는 것이다. 그렇다고 데리다가 말하는 차연, 변별 작용, 흔적 등이 현존을 대신하여 또 다른 근원적 토대로 작용하는 것은 아니다. 이들은 자기 동일적 현존보다 더 근원적이기는 하지만, 그 자체가 하나의 자기 동일적 실체인 것은 아닌 것이다. 만일 그렇다면, 데리다의 입장은 기존의 형이상학을 대체하는 또 다른 형이상학의 공리적 토대를 제공해놓았을 뿐일 것이다. 하지만, 라이언(Michael Ryan)의 설명대로 "차연은 현존을

---

3) 같은 책, 142~43.

구성하기는 해도 결코 현존하지는 않는다."[4] 따라서, 이와 같은 개념들은 현존·관념·정신·사유·주체 등 자기 동일적·일차적 개념들에 대한 단순한 대립적 개념들이 아니라 그러한 일차적 개념들 속에 은폐되어 있는, 그러나 구성적으로 그 속에 내재하는 이차적 가치들—시간·공간·물질·타자·역사 등—의 존재를 밝혀내는 새로운 개념들인 것이다.

그렇다면 이제부터는 데리다가 플라톤 이래로 지속되어온 서양 형이상학의 텍스트들을 이와 같은 개념들에 입각하여 분석함으로써 해체하는 예들을 살펴보고자 한다. 이 절에서는 데리다의 텍스트들 가운데서 특히 『문자학에 관하여』(*Of Grammatology,* 1967)와 『말과 현상』(*Speech and Phenomena,* 1967), 그리고 『우편 엽서』(*The Post Card: from Socrates to Freud and Beyond,* 1980)를 중점적으로 살펴보고자 한다. 루소의 『언어 기원론』(*The Essay on the Origin of Language*)에 대한 비판적 독해서인 『문자학에 관하여』는 글에 대해 말의 특권과 우위성을 강조하는 "로고스 중심주의"를 형이상학의 모범으로 보고 이를 해체한다는 점에서 중요하고, 『우편 엽서』는 플라톤에서 프로이트(Sigmund Freud)와 하이데거를 거쳐 라캉에 이르기까지 서양 형이상학 철학의 전통을 통시적으로 조망하기 때문에 데리다의 형이상학 비판을 개괄적으로 보여준다는 점에서 중요하며, 또 『말과 현상』은 이 장에서 논의하는 후설의 의식 주체를 비판하는 것으로, 이 절에서 논의하고 있는 형이상학 비판과 다음 절에서 논의하게 될 주체 비판의 접점을 이루고 있다는 점에서 중요하다.

---

4) 『마르크스주의와 해체론』, 23.

『문자학에 관하여』는 루소의 언어관, 즉 자연적 말씀(Logos) 중심의 언어관에 대한 비판적 독해서이다. 루소에 따르면, 언어의 기원인 음성 중심의 언화(言話) 상태가 자연적 상태였다. 그로부터 언어의 타락, 즉 말과 글의 분리 현상이 일어났다. 그럼으로써 언어는 기원의 동일성, 즉 음성적 말이라는 기원으로부터 멀어지게 되었고, 낱말 내지 가사와 소리가 분리되게 되었다는 것이다. 이에 대하여 데리다는 기원 자체에 분리 작용이 처음부터 있었음을 밝힘으로써 기원의 순수성과 자기 동일적 특권을 박탈한다.

> 음성과 가사[글]가 갈라지게 된 분리로서의 타락은 항상 이미 시작되었던 것이다. 우리는 루소의 텍스트 전체가 기원을 종말의 시작으로, 즉 타락의 출범으로 기술하고 있음을 보게 될 것이다. 하지만 기술하고 있는 바가 그러함에도 불구하고, 루소의 텍스트는 마치 타락이 기원에 미리 규정되지 않았던 것처럼, 마치 악이 선한 기원에 부수적으로 발생한 것처럼 이리저리 왜곡함으로써 말하자면 타락한 행동을 하고 있는 셈이다. 가사[글]와 언화[말]는 공범자로서 같은 산고를 겪고 태어났기 때문에 마치 항상 이미 서로 갈라지기 시작했던 것이 아닌 것처럼 말이다.[5)]

루소는 말/글의 대립적 언어관에 입각하여 말은 현존적 생명의 기원적 언어이고 글은 부재하는 죽음의 타락한 언어라고 생각하면서 글에 대해 말의 특권을 주장하고, 글로부터 말에게로의

---

5) Jacques Derrida, *Of Grammatology* (1967), trans. Gayatri C. Spivak (Baltimore: The Johns Hopkins UP, 1976), 199.

복귀를 타락으로부터의 구원이라고 보았다. 말씀은 진리의 현존이고, 글은 그러한 진리의 부재를 뜻하는 비유이다. 그러나, 데리다는 이와 같은 로고스 중심주의의 언어관에 반대하여 타락과 글의 잠식성이 선험적인 말에 부수적으로 파생된 것이 아니라 언어의 근원이라고 주장한다. "우리의 언어는 다행히 말로 하는 경우에도 너무나 많은 말투를 너무나 많은 분절로 대체했기 때문에 생명력과 따스함을 잃어버렸고 이미 글에 의해서 잠식당해 버렸다"[6]고 주장함으로써, 데리다는 말과 글의 형이상학적인 대립 관계를 해체한다.

말씀 중심주의 내지 로고스 중심주의는 루소의 입장에서 볼 수 있듯이 일단 언어에 관한 논의에서 출발하지만 언어의 영역에만 국한되는 것이 아니라 서양 형이상학의 대립 구조와 가치 질서를 비유적으로 나타낸다는 점에서 매우 중요하다. 후설의 의식 주체 이론의 토대를 이루는 것도 표현적 언어 대 지시적 언어라는 언어 이론이다. 또한, 데리다가 소쉬르(Ferdinand de Saussure)의 언어학적 모델에 입각하여 형이상학적 주체에 대한 비판 작업을 언화 주체(the speaking subject)에 대한 비판에서 시작하는 것도 서양 형이상학 전통에서 "말씀"이 차지하는 비중이 그만큼 크다는 것을 보여준다.

『우편 엽서』에서 데리다는 소크라테스(Socrates)에서 플라톤을 거쳐 프로이트와 하이데거에게로 전해내려온 진리의 말씀의 역사, 즉 서양 형이상학 역사의 과정을 우편 전달의 체계에 비유하면서 그 모순을 드러낸다. 그렇다면, 하이데거가 물려받은 진리

---

6) 같은 책, 226.

란 무엇인가? 또, 그것은 얼마나 완벽하게 태초의 소크라테스의 말씀과 일치하는가? 데리다는 하이데거의 『시간과 존재에 관하여』(*On Time and Being*, 1969)를 형이상학의 전범이면서 동시에 해체의 출발점으로 본다. 프로이트도 그렇지만, 하이데거는 현존의 대상에 대응하는 인식 주체를 설정하는 존재론적 전통에 속하면서 동시에 그러한 전통과 단절을 이루는 최후의 존재론 철학자라고 보는 것이다. 다른 철학 텍스트를 읽을 때도 마찬가지지만, 하이데거의 텍스트를 읽을 때도 데리다는 형이상학에 대한 내재적 비판의 방법을 보여준다. 즉 다른 곳이 아니라 형이상학적 존재자를 입증하고자 하는 하이데거의 논리 자체에서 하이데거의 의도에 반하는 주장이 역설적으로 표명되고 있다는 것이며, 그 곳이 데리다의 해체적 글 읽기가 시작되는 자리인 것이다.

하이데거는 『시간과 존재에 관하여』에서 존재물에 대하여 존재자를 "Es gibt Sein"[7]으로 설명하고, 그 의미를 "무엇에 의해 주어진 내용물로서의 존재자는 주는 행위에 속한다. 주어진 내용물로서 존재자는 주는 행위로부터 축출되지 않는다"고 풀이한다. 이 말은 결국 존재자의 자체 원인적 결과성을 의미하는 것으로, 존재자는 주는 행위(gibt)의 주체이자 동시에 내용이라는 것이다. "존재한다, 즉 현존 행위를 밝혀내는 행위로서 존재자는 주어진다"는 하이데거의 말은 존재자가 자체 원인적이고 자기 동일적인 현존이면서 주고 주어지는 것이 동시에 될 수 있음을, 즉 존재자의 무소불위성을 나타내는 말이기도 하다.

---

7) Martin Heidegger, *On Time and Being* (1969), trans. Joan Stambaugh (New York: Harper & Row, 1972), 6.

이처럼 주는 행위와 주어진 내용의 동시적 일치로 규정되는 존재자의 개념은 진리가 절대적이면서 동시에 온전히 투명하게 전달될 수 있기 위해서 필수 불가결한 조건이다. 곧 이어서 하이데거는 진리인 존재자의 전달 가능성에 대하여 설명한다. "주는 행위가 내용물을 주기만 할 뿐 스스로는 주는 행위에 속하지 않고 물러날 때 우리는 그러한 주는 행위를 전달이라 부른다. 준다는 것의 의미를 이러한 방식으로 생각할 때, 존재자—즉 주어진 내용—는 전달되는 내용인 것이다."[8] 그런데, 이 말은 존재자가 주는 행위에 속하지 않고 유리되어 전달된다는 것이다. 그렇다면 전달되는 내용으로서의 존재자는 당초에 주는 행위와 내용의 일치로서 정의된 존재자와는 다른 상태가 되어버리는 셈이다. 하이데거는 전달하는 행위와 전달되는 내용이 일치하는 자기 동일적이고 자체 원인적인 존재자의 전달 가능성을 설명하기 위하여 전달하는 행위와 전달되는 내용이 분열되는 일반적이고 세속적인 전달 과정의 비유를 들고 있지만, 그 비유적 설명에서 하이데거가 자기도 모르게 고백하고 마는 것은 바로 존재자의 개념 속에 이처럼 차이와 분열성이 이미 처음부터 내포되어 있다는 점이다. 따라서, 완벽한 자체 원인적 존재자가 완벽하게 전달될 수 있다는 가설은 자체 모순적이게 된다는 것이 데리다의 주장인 것이다.

"우편 체계," 즉 "전달 체계"는 발송인과 수취인, 그리고 내용물이라는 형이상학적 구도를 전제로 하며, 또한 발송인과 수취인 사이의 일치를 전제로 한다. 야콥손(Roman Jakobson)은 구조주의

8) 같은 책, 8.

적 입장에서 언화(말씀) 전달의 체계로 "발화자가 수화자에게 일정한 메시지를 보낸다"[9]는 도식을 제시한다. 이러한 언화 전달의 도식이야말로 진리 전달의 역사가 성립하기 위해서는 반드시 필요한 전제일 것이다. 소크라테스에서 플라톤을 거쳐 후설과 프로이트 및 하이데거로 진리의 말씀이 완벽하게 전달되기 위해서는 소크라테스/플라톤, 말씀/글, 순수 관념/물질적 재현 등의 이원 대립적 구도가 전제되어야 하고, 또한 후자에 대한 전자의 순수성·선험성·우월성 등이 전제되어야 한다. 그러면서 동시에 전자와 후자간의 일치 가능성도 아울러 전제되어야 한다. 즉 "*S* is *P*"(플라톤이 쓴 글은 그의 스승인 소크라테스의 말씀과 동일하다)의 관계가 전제되어야 하는 것이다. 그러한 전제가 성립한다면, 소크라테스의 말씀은 스스로 존재하는 자족적 존재자이면서 동시에 전달 내용으로서 성립할 수 있을 것이다. 그렇다면, 플라톤의 글은 단지 투명한 매체에 불과할 뿐이고 진리의 말씀은 "스스로를 전달하는 것"(s'envoyer)이 될 것이다.

그러나, 데리다는 편지(글)의 물적 조건과 위상 때문에 발송인과 수취인 사이의 분리가 일어날 가능성이 상존함을 지적한다. 즉 "s'envoyer"는 욕망일 뿐 실현 불가능하다는 것인데, 이는 진리의 파국을 의미한다. 『우편 엽서』의 모형은 데리다가 옥스퍼드(Oxford) 대학교의 보들리(Bodley) 도서관에서 발견한 13세기 점술서에 그려져 있는 매슈 패리스(Matthew Paris)의 그림이다. 패리스의 그림에서 소크라테스는 플라톤 앞에 앉아서 플라톤이 뒤에서

9) Roman Jakobson, "Closing Statement: Linguistics and Poetics," Thomas A. Sebeok, ed., *Styles in Language* (Cambridge: The MIT Press, 1960), 353.

부르는 대로 받아쓰고 있다. "소크라테스는 쓰고 있으며, 소크라테스가 듣고 있는 목소리, 즉 소크라테스를 지도하는 목소리는 플라톤의 목소리인 것이다. 형이상학 전통을 전복하는 패러디적인 예언적 모습이 바로 여기에 있다."[10] 이는 플라톤의 저서(글)가 소크라테스의 진리를 전달하는 것이라기보다, 플라톤의 저서에 나타나 있는 소크라테스의 모습이 플라톤에 의해서 만들어진 것일 수 있다는 가능성, 즉 허구와 왜곡의 가능성을 시사한다. 이러한 관계로 보면, 로고스(태초의 소크라테스의 말씀)의 자기 동일성은 허구이며, 타자성은 동일성에 부수적으로 발생하는 우연적 요소가 아니라 발송의 주체를 구성하는 필연적 요소가 된다. 또, 편지가 잘못 전달되거나 전달되지 않을 가능성은 상존하게 되는 것이다.

『말과 현상』의 영역자인 앨리슨(David Allison)은 역자 서문에서 "후설의 사상은 바로 이와 같은 [형이상학] 전통의 범례로서 최후의 정점에 해당하는 경우"[11]라고 말하고 있다. 이는 데리다에게 후설이 형이상학의 또 다른 예 정도 이상으로 아주 중요한

10) Ned Lukacher, *Primal Scenes* (Ithaca: Cornell UP, 1986), 73.
11) *Speech and Phenomena*, xxxii.

비중을 차지하고 있음을 간파한 말이다. 데리다는 몇 가지 점에서 후설의 의식 철학이 형이상학의 범례임을 발견한다. 후설의 경우, 경험적 현실 세계에서 벗어나 초월적 자아에게 현존하는 의식적 직관의 목소리는 진리의 결정적인 예가 된다. 그러한 진리는 논리적 언어를 필요로 하는데, 『논리학 연구』(*Logical Investigations*)에서 후설은 경험에 의해 오염되지 않은 순수한 형식 문법을 개발하고자 노력한다. 이를 위해서 후설은 기호를 표현적 기호와 지시적 기호로 구별한다. 표현적 기호는 의식이라는 내면적 목소리의 직접 현존과 결부되는 것이고, 지시적 기호는 현실적 경험과 매개 작용을 함축하는 것이다. 그런데, 의미있는 언어는 순수 논리적 문법의 규칙에 지배되며, 또한 그 규칙에 따라 의식 대상에 대한 투명한 지시 작용이 이루어져서 기의가 생성된다는 것이다.

후설의 언어관에서 분명한 것은, 정말로 중요한 것은 직관적 의식의 표현인 표현적 기호이며, 지시적 기호는 표현적 기호에 대하여 외부적·파생적·종속적·타락적인 것으로 간주된다는 점이다. 표현적 기호에 적용되는 논리는 "자애적(自愛的) 지시 작용"(auto-affection)이며, 지시적 기호는 "위반"(transgression)과 "일탈"(errance)을 특징으로 한다. 이와 같은 후설의 표현적 기호 우위론이 전제하고 있는 것은 의식의 형이상학이다. 후설이 보기에 의식은 현존적 경험의 자기 현존을 말하며, 언어와 재현 매체는 그 자기 현존적일 뿐인 의식에 부가되는 요소이다. 내면적인 표현적 의식으로서의 주체는 지시적 기호 없이도 독립적 자아에 대한 자아의 직접적·비매개적 현시로 규정된다. 이러한 후설의 생각은 의식이라는 현존의 자기 동일성·무차이성·절대성을 말하는 것이다.

데리다는 후설이 견지하고 있는 의식의 형이상학과 표현적 기호 우위론을 비판한다. 데리다는 지시와 표현, 내적 언어와 외적 언어를 구분하는 결정적 기준이란 없다면서 둘다 "근원적 반복 구조"를 갖고 있음을 지적한다. "언화 주체는 말을 할 때마다 언화의 재현 매체를 스스로 갖지 않을 수 없는데, 이는 결코 우연이 아니다."[12] 후설은 의식이 스스로에게 말하는 표현적 언어와 그러한 의식으로서의 언화 주체가 가능하다고 하지만, 데리다는 그와 같은 것이 "완전한 허위 의식"이라고 일축하며, 표현적 언화 주체 내지 의식 주체의 동일성을 부인한다. 후설의 언어관은 순수 형식 논리를 지닌 순수 문법으로 언어의 내재적 의미 원리를 설명하고자 했지만, 그러한 표현적 의미를 설명하기 위해서 후설이 필연적으로 의존하고 있는 것은 지시적 언어의 사용이라는 점에 데리다는 착안한다. 데리다는 기호의 의미가 표현과 지시 사이에서 이중성을 근본적으로 갖고 있으며, 의미의 모순과 곡해 내지 왜곡의 가능성이 언어에 필연적임을 지적한다. 따라서, 순수 형식의 의미론으로 선험적 일반 문법을 설명하는 것은 결국 불가능해지고 마는데, 그 이유는 그렇기 위해서라면 순수 논리 문법이라는 특별한 선험적 규정이 있어야만 하기 때문이다. 이러한 선험성의 재차 필요성에 대하여 후설은 만사 해결의 해답으로 "현존"을 제시하지만, 그럴 경우 현존은 원인이면서 동시에 목적이 되므로 비실체적 반복의 원리로 구성되는 셈이 되고 만다. 충만 직관으로서의 자명한 의식 현존은 그렇지 못한 파생

12) 같은 책, 17.

적·지시적 기호 작용의 조건인 반복 작용에 의해 지배되게 되며 또한 그 지시적 기호 작용과의 변별적 관계 속에서만 성립하므로, 표현적 기호의 자명한 충만성 내지 자족성은 성립할 수 없게 되는 것이다.

후설의 주장과 관련하여 데리다의 요점은 후설이 현존적·직관적 의미를 갖는 표현적 의미를 중시하는 형이상학적 입장을 주장하지만, 주장과 달리 실제로 그가 설명하는 언어의 성격은 그러한 형이상학의 전제들을 스스로 부인하게 된다는 것이다. 즉 "형이상학의 전제들에 대한 불신"[13]이 바로 후설의 형이상학적 언어관의 성립 조건이라는 말이다. 따라서, 후설 형이상학을 성립시키는 가능 요인은 곧 그것을 해체시키는 불가능 요인이 되는 셈인데, 데리다는 그 요인들로 시간성과 상호 주관성을 들고 있다. 시간성은 동일성을 향한 후설의 욕망에 의해 억압되지만, 동시에 동일성에 반항한다. 또한, 상호 주관성은 이상적 동일 주체와 객체의 상호 관련성을 말하는 것이기 때문에, 동일적 주체 속에 타자성이 깃들여 있음을 드러낸다. 후설 형이상학이 근거하고 있는 표현적 직관 의식의 자기 동일성이라는 토대는 허구임이 밝혀진 셈이고, 따라서 그 토대는 무토대의 위상임이 밝혀진 셈이다. "'현존의 토대적 가치'는 동어반복적(同語反復的) 표현이다. 그것은 토대의 결여가 근본적이며 비경험적이라는 점과, 은유적인 관념 형식으로 현존의 확실성이 발생하여 다시 이와 같은 불가환원적 공허 위에 놓인다는 점을 밝히는 문제에 불과하다"[14]는 것이 후설의 주장을 바라보는 데리다의 입장이다. 이렇

13) 같은 책, 5.
14) 같은 책, 7.

게 보면, 표현적 기호를 가능케 해주는 것은 의식의 자체 현존적 자기 동일성이 아니라 반복성・차이성・관계성 같은 차연 내지 흔적의 원리들인 것이다.

이상에서 살펴본 서양 형이상학에 대한 데리다의 비판에서 얻어지는 결론을 잠시 정리해보면, 그것은 현존・로고스・의식・직관・자기 동일성・표현적 언어・말씀・초월 등의 개념에 대항하여 데리다가 내세우는 차연・흔적・반복 작용・관계성・변별 작용 등의 개념일 것이다. 하지만 후자의 개념들은 전자의 개념들에 대한 대립 개념들이 아니다. 전자의 대립 개념들이라 하면, 형이상학에서 이차적 요소로 배척해온 비현존・글・물질・비(非) 자기 동일성・타자성・지시적 언어 등이어야 할 것이기 때문이다. 데리다가 내세우는 개념들은 형이상학적 대립 구조를 해체하며, 또한 대립 구조를 이루는 개념들간의 위계적 질서—지배와 종속—를 해체하는 기능을 한다. 이와 같은 데리다의 해체적 인식론은 주체에 대한 개념에도 적용된다. 전통적인 형이상학적 인식론이 자기 동일적 절대 주체를 성립시켰다면, 데리다의 주체 개념은 그러한 전통적 주체를 비판하는 데서 시작되는 것이다.

II. 자기 동일적 주체에 대한 비판

근대 철학에서 자기 동일적 주체의 개념은 데카르트의 사유 주체(Cogito)에 의해 확립된다. "나는 사유한다, 그러므로 나는 존재한다"(Cogito ergo sum)는 원리는 감각적 경험의 진리성에 대한 회의로 출발하지만, 그것이 도달한 목표는 존재와 사유의 일치를 통해 이루어지는 직접적인 자아 의식의 표출, 즉 정신의 인식론-

존재론이다. 이 원리는 모든 추론의 근원을 이루는 자기 동일적 원리이며 일차적 원리인 것이다. 또 이 원리에 따르면, 사유의 주체인 정신적 자아는 인식의 주체가 되고, 사유의 대상이 되는 일체의 경험적 존재들은 인식의 대상으로서 이차적 위치로 자리 매김된다. 이처럼 모든 인식 행위와 사유 행위의 절대적 특권과 정당성을 부여받은 사유 주체의 정립이 문제가 되는 이유는 그로부터 인식의 주체/대상 내지 주체/객체라는 이원 대립적 구도가 비롯되며, 주체와 객체 사이에는 주체가 객체의 속성을 소유 내지 전유(專有)하는 착취 관계가 성립되기 때문이다.

> 주체는 속성에 선재하며 속성들의 귀속이 이루어지는 자리다. 『방법서설』에서 데카르트는 **인식론적-존재론적** 자리로서의 이와 같은 주체 개념을 고전적으로 공식화한다. 주체는 감독 및 소유가 이루어지는 (이미 선재된) 선험적 자리이며, 경험과 속성을 자기 것으로 동일시한다(따라서 귀속시킨다). 소유는 동일시에서 비롯된다("나는 사유한다, 그러므로 존재한다"). 즉 주체는 사유를 **자기** 것으로 (즉 자기 고유의 소유물로) 동일시하는 순간에 자체적 구성력을 지닌 **자신의 소유자**가 되는 것이다.[15)]

사유 주체의 개념 정립이 17~18세기의 자본주의 소유 이론의 정립과 맞물리고 있다는 것은 우연이 아니다. 주체는 대상을 자기와 동일시하여 소유 내지 전유해버린다. 마르쿠제(Herbert Marcuse)에 의하면, "전유란 아무리 인간적인 것일지라도 어디까

15) Paul Hirst, *On Law and Ideology* (Atlantic Highlands, 1979), 161: 『마르크스주의와 해체론』, 205에서 재인용.

지나 주체가 (생명을 가진) 객체를 착취하는 것을 말한다. 전유는 착취하는 주체와 근본적으로 다른, 그야말로 나름의 고유한 권리를 가진 객체—즉 주체—로서 존재하는 타자를 다치게 한다."[16)]

데리다가 보기에, 하이데거의 현존자(Dasein)의 진리로서의 주체와 함께 후설의 의식 주체는 데카르트의 사유 주체의 맥을 잇는 형이상학적 주체 개념의 전범이다. 의식 주체와 현존자는 다 같이 주체의 초월적 자기 동일성과 자기 현존성을 가정하고 있는데, 데리다는 그와 같은 자기 동일성이나 자기 현존성이 결국 차이성과 타자성으로 구성되어 있음을 밝힘으로써 형이상학적 주체 개념을 해체적으로 비판한다. 후설은 모든 존재가 두 가지 형식 중의 하나에 속한다고 본다. 하나는 의식에 직접적이고 자체적으로 현존하는 상태로 표출될 수 있는 주체이고, 다른 하나는 그러한 의식에게 현존의 대상으로 표출될 수 있는 객체이다. 주체의 근원인 의식은 "자기 현존, 즉 현존의 자기 인식"이 이루어지는 자리인데, 이는 "자기 현존 상태에 있는 의미로서의 의식," 즉 "생명 현존"을 말한다. 여기에서 후설이 말하는 주체는 "의식으로서의 주체" 개념이 정립된다.[17)] 주체의 "근원점" 내지 "원초적 인상"은

> 생성되는 것이 아니다. 그것은 생성물로 존재하는 것이 아니라 "자발적인 생성 작용"을 통해서 생성된다. 그것은 (씨앗도 없고) 성장하지도 않는다. 그것은 제1의 창조인 것이다.[18)]

---

16) Herbert Marcuse, *Counter-Revolution and Revolt* (Boston, 1972), 69: 『마르크스주의와 해체론』, 119에서 재인용.

17) "Différance," 147.

따라서, 후설에 의하면 주체는 순수 의식적 직관이며, 모든 것의 원초적 원인자가 되는 셈이다. 하지만 데리다는 『말과 현상』에서 "이와 같은 차연 작용이 초월적 주체에게 발생하는 것이 아니라 주체를 생산해낸다"[19]고 함으로써, 후설의 주체가 차연 작용에 의해 생산된 일종의 결과임을 밝혀낸다. 또, 후설은 주체의 "자애적 지시 작용"과 초시간적 의미 작용을 주장하지만, 데리다가 보기에 그것은 시간성을 통과할 수밖에 없다. 후설이 주장하는 편시성(偏時性)은 시간성의 일종이므로, 후설은 의식과 시간성의 유리(遊離)를 주장하려고 하다가 반대의 주장을 입증해 버리고 말았다는 것이 데리다의 주장이다. 또, 후설은 의식의 자체적 생성 작용을 이름할 수 없는 대상으로 규정하여 그것이 지시적 언어로 표현될 수 있는 것이 아니라 그 자체가 표현적 언어에 속한다는 입장을 취하지만, 데리다는 "주관성의 개념이 구성됨의 원리에 선험적으로, 그리고 일반적으로 속한다"[20]고 함으로써, 후설이 주장하는 의식 주체의 절대 주관성을 비판한다.

후설의 의식 주체에 대한 데리다의 비판은 「차연」("Différance," 1968)에서 계속되는데, 여기에서는 주체를 "언화 주체"로 설정하는 특징을 『말과 현상』에서보다 더 많이 보여준다. 데리다는 후설이 말하는 직관적 의식으로서의 자기 현존적 주체가 "그러므로 기호 밖에서 기호에 선재하여 일체의 흔적과 차연을 배제하

---

18) Edmund Husserl, *The Phenomenology of the Interior Time-Consciousness* (1929), trans. James S. Churchill (Bloomington: Indiana UP, 1964), Appendix II; ET, 131: *Speech and Phenomena*, 83에서 재인용.

19) *Speech and Phenomena*, 83.

20) 같은 책, 84, 각주 9번.

는 의식과 같은 것이 가능하다는 것을 가정한다. 더군다나 그것은 의식의 기호들이 공간과 현실 세계에 뿌려지기 이전에 벌써 의식이 자체적인 현존의 상태로 스스로를 결집할 수 있다고 가정한다"고 함으로써, 의식 주체의 원리를 기호 작용의 원리로 설명한다. 그런데, 데리다가 주체를 언화 주체로 설정하는 것은 글에 대한 말의 선험성과 현존성을 주장하기 위해서가 아니라 소쉬르의 언어학적 모델을 도입함으로써 주체의 선험성과 자기 현존성을 무너뜨리기 위해서이다.

> 기호학적 차이를 다시 언급해보면, 소쉬르가 특히 우리에게 상기시키는 점은 무엇이었던가? '언어는 [오직 차이성으로만 구성되기 때문에] 언화 주체의 한 기능이 아니다'는 점이 그것이었다. 이는 (자기 동일적이든 자기 동일성을 의식하든, 즉 자의식적이든) 주체가 언어에 각인되어 있다는 점과 주체가 언어의 한 '기능'이라는 점을 시사한다. 주체는 자신의 언화를… 차이성의 체계인 언어 규칙의 체계에, 또는 적어도 차연이라는 일반적 법칙에 순응시킴으로써, 즉 소쉬르가 말한바 '언화가 아닌 언어'[글]의 법칙에 순응시킴으로써 비로소 언화 주체로 되는 것이다.[21]

이는 언화 주체가 결국 글의 언어 작용의 결과라는 말인데, 글은 "현존적 기원점, 즉 아르케(arche)가 없는 원형적 글"을 말하는 것이므로 결국 언화 주체는 선험적인 일차적 원리가 아니라 글의 언어 작용에서 비롯된 일종의 결과가 되는 것이다. "따라서

---

21) "Différance," 145~46.

우리는 현존을—그리고 특히 자아 근친적인 의식을—이제 절대적 모태성(母胎性)의 존재 형식이 아니라 일종의 '결정물' 내지 '결과물'로 설정하게 된다."[22] 즉 의식 주체의 자기 동일성이라고 하는 것은 허구인 것이다.

언화 주체를 기점으로 하여 자기 동일적 주체의 허구성을 간파하는 데리다의 작업은 하이데거의 주체 개념을 비판하는 것으로 이어진다. 본연구에서는 데리다가 주체 개념과 관련하여 하이데거를 비교적 집중적으로 논하고 있는 「구멍 작업을 통한 진리의 복원들」("Restitutions of the Truth in Pointing[*Pointure*]," 1978)과 「진리의 조달자」("Le facteur de la vérité," 1975)를 비교적 자세히 살펴보기로 한다.

「구멍 작업을 통한 진리의 복원들」에서 데리다는 암스테르담의 고호 미술관에 걸려 있는 고호(Vincent van Gogh)의 그림 「끈이 달린 낡은 구두」(*Old Shoes with Laces*)에 관한 하이데거와 샤피로(Meyer Schapiro)의 견해를 놓고 다수의 담화자들이 대화하고 있는 상황을 구성한다. 고호의 그림에 대하여 샤피로는 주로 역사주의적 관점에서 말하고 하이데거는 예술의 기원에 중점을 두는 등 두 사람의 견해에는 상당한 차이가 있음에도 불구하고, 담화자들이 보기에 이들은 구두를 일정한 주체에게 복귀시키려고 노력하는 공통점을 갖고 있다. 이러한 노력은 구두의 합법적 주체를 구두 그림의 생산자인 화가나 구두의 원래 소유자로 규정하는 행위를 내포한다. 그런데 이러한 행위는 화가나 원래 소유자를 구두와 관련된 당연한 진리의 주체로 규정하고, 따라서 구

---

22) 같은 책, 147.

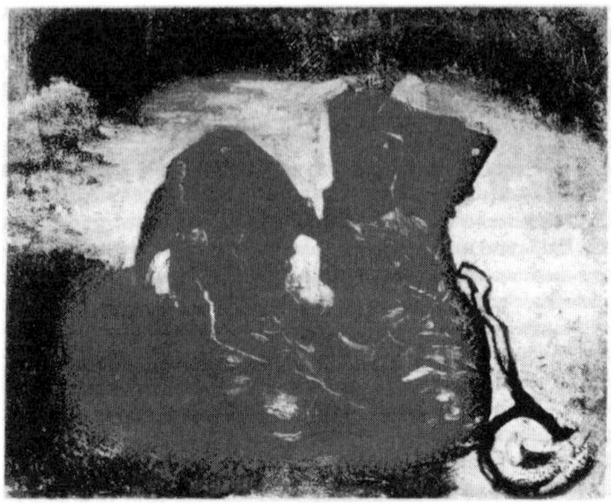

「끈이 달린 낡은 구두」

두를 생산품(Zeug) 내지 소유물, 즉 객체로 결정하는 이분법적 태도를 반영한다. 구두의 진리성은 곧 동일하고 확인 가능한 합법적 주체에 있으며, 두 대화자의 목적은 그와 같은 진리로부터 부당하게 유리되어 화랑에 걸려 있는 구두를 다시 진리의 자리, 즉 주체에게 복귀시키는 데 있다. 이것이 바로 하이데거나 샤피로에게 "진리의 복원"이 뜻하는 바인 것이다. "복원이란 주체를 다시 똑바로 세움으로써 권리 내지 소유를 재확립하는 일"[23]이기 때문이다.

이 구두를 보는 데리다의 입장은 그것이 신고 있는 상태가 아니라 벗어놓은 상태이고, 또 구두의 그림도 화가의 손을 떠나 화

23) Jacques Derrida, "Restitutions of the Truth in Pointing," *The Truth in Painting* (1978), trans. Geoff Bennington and Ian McLeod (Chicago: The U of Chicago P, 1987), 261.

랑에 걸려 있는 상태이므로, 하이데거나 샤피로식의 구두 주체는 부재한다는 것이다. 다만 여기에서 우리가 유의할 점은 데리다가 말하는 주체의 부재라는 개념이 구두의 무(無)주체의 위상을 말하는 것은 아니라는 점이다. 만일 데리다가 구두의 무주체성을 주장한다면, 구두의 주체에 대한 일체의 논의가 불가능할 것이고 또한 불필요할 것이다. 그러나, 데리다는 구두의 가능한 주체들을 잠정적으로 구축해보는 언어 행위를 풍요롭게 발휘하고 있다. 데리다가 말하는 주체의 부재란 구두의 상태가 열린 상태이며, 따라서 단일한 자기 동일적 주체—화제 · 주제 · 속성 · 진리 · 소유권 · 화가 등—의 부재만을 말한다고 보아야 할 것이다. 따라서, 샤피로와 하이데거식의 주체 복원을 비판하는 데리다의 입장은 구두의 유일 주체를 해체하면서 동시에 주체 구성의 다양한 가능성들을 열어주는 셈이다.

데리다의 해체적 입장에서 볼 때, 샤피로와 하이데거가 추구하는 "주체-구두"라고 하는 것 자체가 착용자와의 관계에서라면 농부-농촌의 속성을 뜻하게 될 것이고 화폭 속에서라면 화가-도시의 속성과 결부될 것이기 때문에 이중성에 노출되어 있으며, 사실은 구두와 원래 맥락이 유리되어 있기 때문에 그 어느 것도 현존하는 것이 아니다. 따라서, 구두의 그림을 일정한 기호 작용으로 보면, 진리의 복원, 즉 의미의 규정은 곧 의미의 투입 행위에 다름아닌 것이다. 구두의 합법적 착용자와 소유자 내지 화가를 찾아주는 행위는 하이데거식의 생각에 의하면 구두의 본래적 속성을 발견해내는 것이라고 할 테지만, 사실은 새로운 속성을 구두에 첨가하는 "보충적 대응"[24]의 수단인 것이다. 진리, 즉 주체의 복원은 절대적인 합법적 소유자를 확인하는 것이 아니라 결국 "집합적 환각 유발"이며, 따라서 이 구두는 "환각 유발적이다."

그림을 일종의 언화 행위로, 즉 구두를 언화 주체로 보면, "구두가 말한다"[25]는 원리가 성립하며, 이것은 이상적 언화 행위에서 이루어진다고 가정된 "진리가 스스로 말한다"는 원리에 해당한다. 이 상태에서라면, 구두의 자기 동일적 주체가 확인될 것이다. 그러나, 데리다는 구두의 그림이 이미 원래 맥락에서 유리되어 관객들 사이를 부유하면서 다양한 목소리, 다중적 의미, 차이성, (끈 꿰우기 등의) 반복성, 서로 다른 주체들의 복합성 등을 부여받고 있다고 주장한다. 구두라는 존재의 기원을 이루는 원소유자나 화가, 즉 절대지고한 권위자와의 합일을 통해서 구두의 주체성이 결정되는 것이 아니라, 구두가 지니는 시간과 공간의 차이성과 반복성, 그리고 그것을 통한 의미의 생성과 향유가 바로 구두의 주체적 속성이라면 속성인 것이다. 샤피로와 하이데거가 염원하는 동일성은 이러한 차이성을 지우는 행위에 다름아닐 뿐, 구두가 갖고 있는 "각각의 담론은 동일하지 않으며 자체에게 부적합하다."[26] 데리다가 주장하는 요점은 언화 주체로서의 구두의 주관성이 주객 혼합성, 오해, 오인, 오독, 상상적 허구성 등을 필연적으로 포함한 것이기 때문에 결코 자기 동일적이지 않다는 것이다.

그렇다고 데리다가 일체의 복원 가능성을 미리 봉쇄하는 것은 아니라는 것이 데리다의 주체 개념과 관련한 우리 연구자들의 주장인바, 그가 "복원들"이라는 복수형을 쓰고 있는 것과 다자간

24) 같은 책, 273.
25) 같은 책, 282.
26) 같은 책, 284.

대화(polylogue)의 언어 형식을 도입하고 있는 것은 데리다가 반대하는 것이 유일한 형이상학적 절대 주체의 복원에 한정된다는 점을 충분히 시사한다. 또한, 오해·오인·허구성 등등 구두의 요건들은 슬퍼할 일이라기보다 오히려 희망적인 주체의 모습을 시사한다. 즉 데리다는 하이데거식의 소유 주체나 화가 주체를 구두의 주체로 단정하는 결정론적 주체 구성에 반대했던 것이지, 그렇다고 구두의 주체 구성 가능성 자체를 절대적으로 봉쇄했던 것은 아니라는 말이다. 그는 오히려 구두의 주체를 자기 현존적 단일 주체로 폐쇄하고자 하는 행위에 반대하면서 구두의 주체에 관한 논의를 차이성과 반복성을 지닌 변별 관계의 상태로, 즉 개방적이고 다중적인 상태로 열어놓고자 했던 것이다.

『우편 엽서』에 수록된 「진리의 조달자」에서 데리다는 포우(Edgar Allan Poe)의 『도난당한 편지』(*The Purloined Letter*)에 대한 라캉 세미나를 비판하면서, 하이데거로부터 라캉으로 이어지는 진리의 전달 체계가 우편 체계처럼 불완전한 것임을 제시한다. 라캉이 기표의 우위성을 중시하는 것이나 무의식을 특권시하는 것 등은 기존의 의식 중심의 형이상학과는 일단 표면적으로 많은 차이점을 보여주는 것이기는 하다. 그러나 라캉이 말하는 무의식의 개념은 후설에게서 하이데거로 전수되어온 의식의 개념과 상통하는 면이 있다. 라캉의 경우, 자기 동일적 무의식의 진리를 스스로 확인하는 것이 심리 치료의 기본인데, 이때 심리 치료의 대화는 하이데거적 "진리의 말씀"으로 이루어진다. 하이데거가 말하는 진리는 현존자(Dasein)의 진리로, "진리는 되찾아져야만[retrouvé] 할 내용이다. 따라서 진리는 주체 너머에 있는 일정한 대상도 아니고, 말씀과 대상의 일치도 아니다. 진리는 충만한 말씀이 자체에게 일치하는 것, 그 고유의 진실, 그 행위가 원래의 본질과 일치하는 것이다."[27]

라캉이 말하는 "진리의 말씀"도 객체와 분리된 주체, 그리고 그에 따른 객체와 주체의 일치가 아니라, 주체 자체의 독자적인 동일성을 상정한다. 그러한 자기 동일적 주체의 자리가 후설의 경우에는 의식이었지만 라캉의 경우는 무의식이 되는 것인데, 이렇게 라캉은 의식 주체를 무의식 주체로 치환했을 뿐 그 자기 동일성을 특권시한다는 점에서는 후설-하이데거와 근본적으로 상통하는 면을 갖고 있다. 정신병이란 이와 같은 무의식의 동일적 진리로부터 유리된 상태이다. 따라서 치료는 환자가 자기의 무의식적 언화의 진리성을 스스로 확인하도록, 즉 무의식 주체의 완전한 자기 복귀를 보장하도록 해주는 데서 이루어진다.

> 주체가 제기하는 의문이 진리의 말씀의 형태를 하고 있을 때, 우리는 대답을 함으로써 그 진리의 말씀을 재가하는 것이다. 하지만 그렇게 함으로써 우리는 진리의 말씀이 자체의 대답을 이미 포함하고 있으며 우리는 그저 그 교창(交唱)에 우리 자신의 노래를 보태어 부를 뿐이라는 점을 증명하였다.[28]

> 당신은 이렇게 뒤바뀐 형식으로 그 말의 내용을 청취한 후, 그 내용을 상대방[환자]에게 다시 들려주어야 한다. 그렇게 함

---

27) Jacques Derrida, "Le facteur de la vérité"(1975), *The Post Card: from Socrates to Freud and Beyond* (1980), trans. Alan Bass (Chicago: The U of Chicago P, 1987), 470~71.

28) Jacques Lacan, *Écrits: A Selection* (1966), trans. Alan Sheridan (London: Tavistock, 1977), 95.

> 으로써 당신은 당신도 그 내용을 인정하게 되었으며 또한 그도 그 내용이 진리임을 인정할 수 있게 되어서 이중으로 만족해한다는 느낌을 그에게 확인시켜주어야 한다. 만일 당신이 그렇게 하지 못한다면, 그는 무슨 말을 하더라도 자기가 하는 말을 영원히 이해하지 못할 것이다.[29]

라캉은 "사물이 자신에 대하여 말한다," "진리인 내가 말한다"[30]고 함으로써 자기 동일적인 무의식적 언화 주체를 특권시하지만, 데리다는 현존적 언화가 편지처럼 망실·분리·와전될 가능성을 포함한다고 함으로써 후설-하이데거-라캉으로 이어지는 자기 동일적 언화 주체를 해체한다. 『도난당한 편지』에 대한 라캉의 입장은 편지의 제자리 찾기, 즉 올바른 수취인에게로의 복귀가 관건이었지만, 데리다가 보기에 편지는 전달 체계의 구조상 완벽한 기표가 아닐 가능성을 항상 이미 지니고 있는 것이 된다. 데리다는 "주체가 아주 분리되어 있다"[31]면서, 라캉의 언화 체계에는

> 이중성, 반복 작용, 기록 행위, 일반적인 무언-모방-행위소(無言-模倣-行爲素: mimeme) 등이 그 함축적인 서기소(書記素)적 구조 전체와 함께 배제되어 있다. 그것들은 직접적 대화의 명분하에서 옳지 못한 소외의 요소로 배제되어 있는 것이다[32]

라고 주장한다. 편지가 제대로 도착해야 할 수취인, 발송인과 일

---

29) 같은 책, 131.
30) 같은 책, 121.
31) "Le facteur de la vérité;" 466.
32) 같은 책, 472.

치하는 수취인, 즉 자기 동일적 회귀 대상으로서의 주체를 데리다는 라캉의 욕망일 뿐 "결여의 자리, 즉 자리는 있으나 그 자리에 있어야 할 것이 부재하는 그러한 토포스(topos)"[33]라고 규정하는 것이다.

지금까지 후설의 의식 주체, 하이데거의 현존자로서의 주체, 라캉의 무의식 주체에 공통적으로 가정되어 있는 자족적이고 자기 동일적인 주체 개념을 데리다가 해체함으로써 비판하는 모습을 살펴보았다. 자체적인 현존의 권위를 차지하고서 객체를 전유하여 주체의 동일성 속으로 흡수하는 것을 당연하게 합법화하는 특권적 주체는 데리다의 비판에 의하여 산산이 부서진 셈이다. 우리 연구자들은 이상에서 살펴본 데리다의 주체 비판을 세 가지 입장으로 정리해보았다. 첫째, 데리다는 자기 현존적 주체가 허구이며 자기 동일성이 부재한다는 것을 밝힘으로써 전통적 주체의 죽음을 선언한다. 둘째, 형이상학적 주체 개념에서는 자기 현존적 주체에 선험적 지위를 부여하고 물질적 객체에 비하여 그것을 특권시하지만, 데리다는 그것을 더 선재적인 차이 작용과 반복 작용 같은 변별적 기호 작용에 의하여 생산된 결과로 봄으로써 그 특권적 지위를 박탈한다. 셋째, 데리다는 확인 가능한 단일 주체의 개념을 부정하는 대신에 다양한 가능 주체들이라는 다중적 개념의 구축을 시사한다. 이와 같은 점들을 유념하는 것은 데리다의 주체 비판에 관한 논의와 근래의 다른 주체 비판 사상가들에 관한 논의가 주로 주체 자체의 죽음, 즉 절대적인 무주체의 위상을 지향하는 쪽으로 나아가고 있는 경향과 관련하여

33) 같은 책, 441.

반드시 필요하다. 전통적인 형이상학적 주체의 죽음을 말하는 것이 곧 주체에 관한 일체의 논의를 봉쇄하고 주체의 절대 해체 내지 절대적인 무주체를 의미하는 것인지 하는 것은 반드시 비판적으로 꼼꼼하게 짚고 넘어가야 할 과제이기 때문이다.

III. 데리다의 주체 비판에 대한 비판적 검토

형이상학에 대한 비판이든 주체 개념에 대한 비판이든, 데리다가 취하는 해체적 비판의 방법은 하버마스(Jürgen Habermas)가 그 방법을 가리켜 "후설의 편에서 후설에 반대"[34]한다고 말했듯이 내재적 비판의 방법이다. 또한 그 방법은 소극적 방법이기도 하다. 데리다는 일정한 대립적 기준에 입각하여 상대 텍스트를 공격하는 것이 아니라, 그 텍스트 안에 들어가 텍스트가 주장하는 논리에 충실하게 천착함으로써 그 주장이 자기 모순적이라는 점을 들춰낸다. 그런데 데리다는 상대방의 주장을 허물어뜨리기는 하지만, 그렇다고 그에 대한 대안을 어디에서도 명시적으로 제시하지 않는다. 가령, 후설이나 하이데거가 주장하는 자기 동일적 의식과 현존의 주체 개념은 그들의 논리에 따라 철저하게 따지고 보아도 그 자기 동일적 의식과 현존이라는 것이 사실은 전혀 자기 동일적이지 않은 차이성·변별성·타자성 같은 요소들에 근거하고 있기 때문에 성립할 수 없다는 것이다. 그러나, 데리다는 그 단계에서 더 나아가지 않는다. 이를테면, 근대 철학의 전

34) Jürgen Habermas, *The Philosophical Discourse of Modernity* (1985), trans. Frederick Lawrence (Cambridge: The MIT P, 1987), 174.

통적인 형이상학적 현존의 주체 개념이 잘못된 것이기 때문에 데리다 자신은 올바른 주체의 개념을 어떻게 생각하고 있다든가 하는 식의 적극적인 제시를 하지 않고 있다는 말이다.

자신의 입장을 명시적으로 표명하기를 늘 유보하는 데리다의 소극적 비판 방법은 자기 동일적 주체 개념에 대한 비판을 곧 주체 자체의 죽음 내지 무주체의 위상이라는 포스트 모더니즘적 절대 부정의 유행이 형성되는 데 기여하였다. 바르트(Roland Barthes)의 "저자의 죽음"이나 제임슨(Fredric Jameson)이 포스트 모더니즘의 특징으로 진단하는 "주체의 '죽음'" 같은 개념들은 주체에 관한 전통적 개념이 해체된 결과로 주체가 오늘날 처하게 된 상황을 나타내는 것으로, 해체의 대표자인 데리다와 직접적으로든 간접적으로든 관계가 있다. 그렇지만, 전통적인 형이상학적 주체에 대한 데리다의 비판이 곧 주체의 절대 부정이나 주체 자체의 죽음에 이른다는 식의 단순한 생각은 꼼꼼히 따져보아야 할 문제이다. 주체의 개념을 절대적 자기 동일성의 현존으로 확정하고 그에 따라 절대 주체 아니면 무주체라는 식의 이분법적 대립 구도에 따르면 절대 주체의 해체는 곧 주체 자체의 죽음을 뜻하는 것이 되겠지만, 형이상학적 대립 구도 자체를 해체하는 데리다의 안목은 그와 같은 단순 대립적 관계가 아닌 다른 맥락에서 새로운 주체 개념이 성립될 가능성을 일단 확보해줄 수 있다. 우리 연구자들은 데리다가 기존의 주체 개념을 비판하기는 하지만, 그렇다고 해서 흔히 알려진 대로 주체의 절대 해체와 무주체의 위상을 지향하지는 않는다는 점을 주장하는 바이다. 또, 데리다가 비록 자기의 새로운 주체 개념을 명시적으로 제시하지는 않지만 그에 대한 암시를 도처에서 하고 있기 때문에 그러한 함의를 도출해 보고자 하는 것이다.

"주체의 죽음"이라는 개념이 유행하는 데 데리다의 혐의가 아주 없는 것은 아니다. 그 개념은 형이상학적 주체에 대한 대안을 그가 분명하게 제시하지 않는 소극적 비판의 태도에서 빚어진 해석상의 오인일 수도 있겠지만, 더 나아가 데리다 자신이 그와 같은 용어를 분명히 사용했기 때문이다. 「서명(署名) 사건 맥락」("Signature Event Context," 1972)에서 데리다는 글의 특징을 주체의 부재 내지 죽음으로 규정한다.

> 그러므로 모든 글이 글이기 위해서 글은 경험적으로 결정되는 일체의 수화자 일반이 전혀 부재하는 상황에서 기능할 수 있어야만 한다. 그런데 이 부재란 현존의 지속적인 수정을 말하는 것이 아니다. 그것은 현존의 파멸, 수화자의 '죽음' 가능성, 즉 기호의 구조 속에 각인되어 있는 '죽음'을 말한다… 글이 글이기 위해서 글은 이른바 글의 저자가… 잠시 부재하든 죽었든… 자기의 글에 대하여 더 이상 답변할 수 없는 상태에서도 계속하여 '작용'하고 읽힐 수 있어야 한다.[35]

데리다는 "수화자에게 해당하는 것이 발화자나 생산자에게도 마찬가지로 해당한다"고 보기 때문에, 앞의 인용문에서 "수화자의 '죽음'"은 곧 발화자의 죽음도 의미한다. 글을 선재하는 언화 주체의 전달 내지 표현 수단으로 보는 것이 아니라 언화 주체가 부재하는 "일종의 기계"로 보는 데리다의 이와 같은 입장은 바

35) Jacques Derrida, "Signature Event Context," *Margins of Philosophy* (1972), trans. Alan Bass (Chicago: The U of Chicago P, 1982), 315~16.

르트와 이스토프(Antony Easthope)에 의해 답습된다. 바르트는 "말을 하는 것은 언어이지 저자가 아니다… 최근에 언어학은 언술 전체가 일종의 텅빈 과정이라는 것을 보여줌으로써 저자의 파멸을 위해 귀중한 분석 도구를 제공해놓았다"[36]면서 언어 행위로부터 저자-주체의 개념 자체를 아예 박탈해버리고, 담론을 일종의 순수한 객관적 장치로 환원해놓는다. 이스토프의 경우도 마찬가지로 담론을 "일종의 기계 장치"로 보면서 시적 담론의 주체인 시인을 그 기계 장치에 의해서 생산된 결과물로 보는 한편, "저자의 죽음," 즉 담론 주체 내지 언화 주체의 죽음을 기정화한다.[37] 그러나, 「서명 사건 맥락」에서 데리다가 비판하고 있는 대상은 이상적 언화와 기생적(寄生的) 언화를 구분하는 오스틴(J. L. Austin)의 로고스 중심적 화행론임을 우리는 유의할 필요가 있다. 앞의 인용문에 나온 "경험적으로 결정되는 일체의 수화자," 그리고 원문에서 그로부터 일곱 줄 위에 나오는 "경험적으로 결정될 수 있는 일체의 '주체'"는 곧 로고스 중심적인 수화자-저자-주체를 의미하는 것이다. 따라서, 데리다가 글의 주체를 배제한다고 할 때, 그것은 로고스 중심적인 언화 주체인 것이다. 그런데, 단일한 자기 동일적 현존의 부재는 곧 전무(全無)의 상태를 말하는가? 물론 데리다의 명시적 대답을 기다릴 필요도 없이, 그렇지 않다. 현존의 부재란 바꿔 말하면 차연, 반복 작용, 시간, 공간, 기호 작용 등의 존재인 것이다. 데리다가 말하는 수화자나 발화자의 죽음은 현존적 주체의 죽음에 한정되며, 그러한 죽음의

---

36) Roland Barthes, "The Death of the Author (1977)," *Falling into Theory,* ed. David Hunter (Boston: Bedford Books, 1994), 223.

37) Antony Easthope, *Poetry as Discourse* (London: Methuen, 1983), 30.

자리는 시공간적 작용을 통한 물적 생명(현세적 생명)의 탄생과 향연의 자리가 된다.

데리다는 이보다 훨씬 후에 쓴 「일본인 친구에게 보내는 편지」("Letter to a Japanese Friend," 1983)에서도 주체를 일절 인정하지 않는 듯한 말을 한 적이 있다. "해체는 주도권을 쥐고 주체를 일정한 객체·텍스트·주제 등에 적용하려 드는 개인 주체나 집단 주체로 복귀하지 않는다"[38]는 것이다. 그러나, 이 때에도 데리다는 복원되어서는 안 될 주체를 "주도권"을 쥔 주체, "개인" 주체, "집단" 주체 등으로 조심스럽게 한정하는 태도를 취하고 있다. "주도권"이란 지고하고 합법적인 지배력을 객체에게 휘두를 수 있는 로고스 중심적 특권을 의미하고, "개인"이란 개별 주체들을 의미하는 것이 아니라 초월적 전체의 지위를 이른바 합법적으로—즉 부당하게—자임하는 근대 철학적 개념의 개인을 의미하며, "집단"이란 개별 요소들의 집합으로 구성된 잠정적 단위를 의미하는 것이 아니라 개별 요소들이 지닌 차이성을 동일성으로 환원하는 전체주의적 "집단"을 의미한다는 것은 분명하다.

주체라는 것 자체가 "주도권"을 전제로 하며 초월적 권위를 찬탈한 개인 주체이고 따라서 전체주의적 동일화를 수행하는 기능을 본질로 하고 있다면, 그렇지 않은 주체 개념은 불가능할 것이다. 그렇다면, 로고스 중심적 주체를 부정하는 것은 곧 주체 자체를 부정하는 것이 될지 모른다. 그러나, 데리다가 부정되어야 할 주체를 직접적인 형용구에 의해서든 전체적인 맥락에 의

38) Jacques Derrida, "Letter to a Japanese Friend (1983)," trans. David Wood and Andrew Benjamin, *A Derrida Reader*, ed. Peggy Kamuf (New York: Columbia UP, 1991), 273~74.

해서든 이상과 같이 애써서 한정하고 있는 것을 볼 때, 우리는 "로고스 중심적이지 않은 주체가 가능한가?" 하는 질문을 한 번 쯤은 하고 넘어갈 필요가 있을 것이다. 일단 그러한 질문을 하고 나면, 우리는 로고스 중심적 주체의 해체에서 주체의 절대 해체로 곧바로 넘어갈 수 없다는 것을 깨닫게 될 것이다.

바로 앞 절에서 「구멍 작업을 통한 진리의 복원들」에 대해 논의할 때 이미 살펴본 내용이지만, 데리다는 하이데거식의 소유 주체나 화가 주체를 구두의 주체로 단정하는 결정적 주체 구성에 반대했던 것이지, 그렇다고 구두의 주체 구성 가능성 자체를 절대적으로 폐쇄했던 것은 아니다. 그는 오히려 구두의 주체를 그와 같은 자기 현존적 단일 주체로 폐쇄하고자 하는 행위에 반대하면서 구두의 주체에 관한 논의를 차이성과 반복성을 지닌 변별 관계의 상태로, 즉 개방적이고 다중적인 상태로 열어놓고자 했던 것이다. 그보다 8년 전에 쓴 「이중의 강좌」("The Double Session," 1970)에서 데리다는 새로운 주체—해체적 주체—의 개념에 대한 암시를 벌써 좀더 분명히 해놓았던 셈이다. 이 글에서 데리다는 이른바 진리와 문학의 관계와 관련하여 "문학이란 무엇인가?"[39]라는 질문을 제기하지만, 그에 대한 명시적 대답을 유보한 채 말라르메(Stephane Mallarmé)의 『마임』(*Mimique*)을 플라톤의 『필레보스』(*Phylebus*)와의 마임적 관계 속에 놓고 읽음으로써 은연중에 대답을 다양한 의미들의 장으로 초대한다. 글을 읽는 행위는 쓰는 행위와 결정적으로 구분되지 않는다. "문학이란 무

39) Jacques Derrida, "The Double Session (1970)," *Dissemination* (1972), trans. Barbara Johnson (Chicago: The U of Chicago P, 1981), 177.

엇인가?"에 대한 답을 찾는 일, 즉 의미를 규정하는 일은 말라르메와 플라톤 사이에서, 문학과 진리 사이에서, 문학과 문학적 질문 사이에서, 쓰는 행위와 읽는 행위 사이에서, 작가와 독자 사이에서 등등 "사이에서"(between: entre) 발생하는 아주 복잡한 상호적 위상으로 모색된다. 데리다는 의미 규정을 다양한 다중적 가능성들이 일어나는 "모조"(simulacrum)로 보면서, 그러한 "모조"의 발생 장소로 "처녀막"(hymen)의 비유를 들고 있다. "처녀막"은 플라톤과 말라르메 사이에, 철학과 문학 사이에 위치해 있으면서, 양자간의 결합과 분리, 기대와 좌절, 충만과 공허, 흡족과 허탈, 생명과 죽음이 잠정적이고 반복적으로 일어나는 자리다. 모방이란 동일성만이 아니라 차이성과 반복성을 아울러 지니며, 모방의 주체와 대상, 기호와 지시 대상, 기표와 기의 사이의 시간적·공간적 변별 작용이 일어나는 것을 의미한다.

읽기/쓰기의 대립적 관계가 아니라 읽기-쓰기의 상호적 관계는 글 쓰기와 읽기의 미결정적 경계성과 중층성을 시사하며, 그 관계에서는 "다양한 가능성들"이 일어나고, 이때의 독서 행위는 "다중적 주체들을 인정하는 지점"[40]이 된다. 말라르메가 플라톤을 읽고 모방하여 글을 쓴다고 할 때, 둘의 관계는 말씀/글, 저자/독자, 능동/수동, 생산/산물 등 이분법적으로 구분되는 단순 결정적 관계가 아니라, 읽기-쓰기, 능동-수동의 기능을 이중적 또는 다중적으로 반복하여 실행하는 "행위 주체"(the acting subject)[41]로 중층 규정되는 것이다. 그 "행위 주체," 또는 "다중적 주체들" 속에 포함된 성질은 초월적이고 자기 동일적인 정태적(靜態的) 현존으

40) 같은 책, 224.
41) 같은 책, 223.

로서의 성질이 아니라 차이성 · 반복성 · 보충성 등의 역동적(力動的) 성질이다. 형이상학 비판에서 데리다가 지적한바 동일성을 가능케 해주는 요소는 바로 차이성이며 현존의 내막은 현존의 부재라는 원리를 주체에 적용해보더라도 같은 결론에 이르게 된다. 즉 주체란 당초부터 자기 동일적인 것이 아니라 차이 · 반복 · 흔적의 구조였다는 말이다. 그런데 이 말이 어떻게 주체의 절대 부정 내지 죽음을 의미할 수 있는가?

그러므로, 데리다가 암시적으로 주장하는 바는 자기 동일적 주체를 해체해야 하며 따라서 주체를 폐기해야 한다는 것이 아니라, 주체란 당초부터 차이 · 반복 · 흔적 등의 변별 관계를 이루고 있는 것인데 이것이 형이상학 전통에서는 마치 자기 동일성과 현존성을 갖고 있는 것처럼 조작되었다는 것이다. 그렇다면, 데리다가 주체에 대하여 취하는 태도는 분명하게 정리될 수 있다. 그것은 주체의 개념을 자기 동일적 · 배타적 · 지배적 · 초월적 개념이 아니라 상호적 · 변별적 · 반복적 · 복합적 · 다중적 · 물적 개념으로 치환해야 한다는 것이다. 이는 무주체의 위상을 지향하는 것하고는 전혀 다른 것이다. 그런데도 불구하고 흔히 형이상학적 주체 개념에 대한 비판이 무주체로의 지향과 직결된다고 생각하는 것은 데리다가 강력하게 비판하는—절대 주체 아니면 무주체라는 식의—형이상학적 대립 의식을 주체와 관련하여 아직도 벗어나지 못하고 있는 데리다 연구자들의 잘못 때문일 것이다.

앞 절에서도 밝힌 바 있듯이, 자기 동일적 절대 주체의 개념이 문제가 되는 이유는 그것이 자아 속의 타자성이라는 변별적 구조를 은폐하고 자기는 오로지 자기일 뿐이라는 아집을 갖고 있기 때문이다. 또 그러한 아집이 문제가 되는 이유는 자기 아닌 다른 것은 오로지 객체, 즉 타자일 뿐이라고 규정함으로써 그 타자에 대한 전유·지배·억압·배제·폄하·착취를 스스로 합법화하기 때문이다. 그러한 전지전능하고 무소불위적인 주체의 입장에서 볼 때 객체의 의미는 객체 속의 주체성을 포기하고 주체의 동일성 속으로 포섭되는 한에서 주어진다. 따라서 주체에 편입되더라도 그것은 객체의 입장에서는 구원이 아니라 파멸이고 타자로서 갖는 그 만큼의 주체성의 말살일 뿐인 것이다.

그런데, 절대 주체를 제거한다는 것이 그만 주체의 공백을 초래하고 만다면, 이 또한 당초에 절대 주체가 문제되었던 이유를 그대로 존속시킬 수 있기 때문에 전혀 바람직하지 않다. 절대 주체의 개념이 빚어놓은 절대주의 권력만큼이나 주체의 공백은 또 다른 전유적 지배 권력을 불러들일 수 있는 소지와 빌미를 제공하기 때문이다. 주체의 공백은 절대 주체뿐만 아니라 모든 주체들의 입을 막아 기를 펴지 못하게 한다. 이는 타자를 역시 어디까지나 타자의 위치에 묶어놓게 되므로 결국 절대 주체의 전유행위와 같은 결과를 초래하게 된다. 데리다의 해체론이 비판받고 있는 가장 핵심적인 요인도 결국 이 점이다. 그러나, 주체에 대한 데리다의 입장은 주체의 자기 동일성이 허구일 뿐으로, 실은 그 안에 타자성·차이성·균열성·이질성 등이 근본적인 구성성분으로 포함되어 있음을 밝혀내는 해체적 입장이다. 이러한 입장이 주체 자체의 봉쇄를 의미한다고 단정할 수는 분명히 없는데도 데리다의 유보적이고 소극적인 내재적 비판 방법 때문에 그러한 방향으로 규정되어온 실정이다. 그래서 본연구가 지금 하고 있는 것과 같은 일종의 재구축이 필요할지도 모른다. 이러한 재구축은 얼핏보면 데리다의 (억울한) 개인적 혐의를 벗겨주는 데 목적이 있는 것처럼 보일지 모른다. 하지만, 더 궁극적인 목적은 데리다의 주체 살해 혐의가 잘못하여 그대로 확정될 경우 그것이 우리 연구자들을 포함하는 행위 주체들의 개별적 욕망과 자유를 해체적이고 탈근대적으로 옥죄는 합법적 명분을 수상한 해체론자, 수상한 포스트 모더니스트들에게 줄 수 있으므로 그 점을 방지하자는 데 있다.

데리다 이후 주체에 관한 최근의 논의가 주체의 공백에 이르는 방향으로 흘러가는 경향이 있으며, 또 그러한 경향의 근거를 이루는 것으로 데리다가 흔히 거론되는 경향이 있는 실정이지만, 본연구에서 우리 연구자들은 그와 같은 경향이 오류임을 밝히고 이를 시정하고자 해보았다. 앞에서도 말했지만, 자기 동일적 주체를 비판하는 데리다의 방법은 주체의 동일성이 허구일 뿐으로, 실은 그 안에 타자성·차이성·균열성·이질성 등이 근본적인 구성 성분으로 포함되어 있음을 밝혀내는 해체적 방법이다. 따라서 데리다가 말하는 주체와 타자의 관계는 대립적 관계가 아니라, 동일 주체에 내재하는 구성적 요인으로서의 타자와 주체의 구성적 상호 관계성을 기초로 한 변별 관계이다. 객체의 상호적 주체성을 전혀 인정하지 않고 이를 주체에 대한 반명제로 간주하여 궁극적으로 주체의 영역에 포섭하는 전유적 기능을 하는 것이 데카르트-헤겔-후설-하이데거로 이어지는 형이상학적 주체 개념이라면, 데리다는 주체가 억압적 결정 관계 및 착취적 소외 관계로 맺어진 이차적 조건들과 무관한 절대 자율적 실체라고 생각하지도 않으며, 또한 주체 속의 이러한 비동일적 조건들을 전유하여 주체를 참된 자아로 복귀시켜야 한다고 생각하지도 않는다.

그렇다고 주체에 대한 데리다의 입장이 특히 영미권의 해체론이나 포스트 모더니즘과 관련하여 흔히 알려진 대로 전통적 절대 주체에 대한 비판이 곧 주체의 절대 부정이라는 입장도 아닌 것은 분명하다. 추정컨대, 주체가 있지 않으면 없다는 식의, 즉 절대 주체 아니면 무주체라는 식의 이원 대립적 인식론 자체도 해체되어야 할 것이 아닌가 한다. 데리다가 새롭게 제시하는 주체 개념은 동일성을 갖춘 실체로서의 개념이 아니라, 관계성 · 변별성 · 타자성을 포함한 열린 주-객체의 혼합 개념이다. 그러한 데리다의 새로운 주체 개념을 굳이 형용해본다면, 해체적 주체, 변별 관계적 주체, 상호 관계적 주체 같은 것이 될 수 있을 것이다.

제3장 라캉: 정신 분석학과 개인 주체의 위상 축소

정문영

I. 라캉의 주체 비판과 주체 생성

라캉(Jacques Lacan)이 이룩한 정신 분석학의 핵심적 성과는 근대 초부터 20세기에 이르기까지 서양 사상의 중심이 된 "나"라는 절대 주체 개념을 비판한 것과, 이 비판을 기초로 새로운 주체 개념을 구축하려고 시도한 것으로 요약될 수 있다. 이러한 라캉의 성과에 대한 대체적인 평가는 절대 주체 개념에 대한 라캉의 비판에만 초점을 두고, 라캉의 정신 분석학이 서양 형이상학의 기초 자체를 해체·전복한다고 강조한다. 특히 최근 주체 자체를 부정하려드는 포스트 모더니즘적 문화 이론의 경향은 주체 개념에 대한 라캉의 비판을 개인 주체의 위상 축소와 나아가 주체 자체의 부정으로 이해하도록 유도하고 있다. 그러나 라캉의 주체 개념에 대한 이러한 전반적인 평가가 라캉의 일차적 텍스트에 대한 진지한 검토를 생략한 채 그를 포스트 모더니즘적 경향의 한 이론가쯤으로 일축해버리는 편견의 전이에 의해 내려진 일종의 오인(誤認: méconnaissance)이라고 볼 수도 있다. 따라서

이 장에서는 라캉의 일차적 텍스트를 중심으로 하여 라캉의 주체 개념 비판을 재점검해보고자 한다.[1)]

그러한 점검을 위해서는 우선 서양 전통 속에서 주체 개념이 진화해온 과정을 일견해 볼 필요가 있다. 중세의 주체 개념은 영적인 개념으로서 대체로 개인화를 거치지 않은 개념이며, 이는 신학 중심의 세계 질서 속에서 인간 의식이 차지하는 서열적 위치와 불가분의 관계를 맺고 있었다. 근대 과학의 발달과 더불어 도래한 르네상스기에는 신성을 인식할 수 있는 능력을 지닌 개인화된 "나"에 대한 개념이 발전하기 시작했다. 데카르트(René Descartes)의 근대 철학에 이르면 인간 경험의 전체적 현상에 대한 개인 정신과 의식의 우위성을 강조하는 철학이 확립됨으로써 사유 주체(Cogito)가 절대 주체로 권위를 행사하기에 이른다. 그리고 헤겔(G. W. F. Hegel)의 변증법에 의해 서양 근대 철학이 새로운 국면으로 진입하면서 의식 주체로서의 주체 개념은 최대한으로 발전하게 된다. 헤겔의 내재론(immanentism)에 의하면, 의식 주체는 완전한 자기 인식 속에서 완벽한 자기 동일성으로 전진해나갈 수 있다는 것이다. 이처럼 서양 근대 철학은 사유 주체로서의 의식 주체에 근거한 주체 개념의 진화를 전개하고 있다.

이러한 주체 개념의 진화 과정 속에서 사유 주체의 절대적 권위를 거부하는 라캉의 주체 비판을 고찰해보면, 사실 라캉은 절

---

1) 라캉의 주체 이론과 관련하여, 라글란드-설리반의 라캉 읽기는 라캉의 일차적 텍스트를 충실하게 읽음으로써 이러한 오인된 읽기를 견제하려는 예를 보여준다. Ellie Ragland-Sullivan, "What is 'I'?: Lacan's Theory of the Human Subject," *Jacques Lacan and the Philosophy of Psychoanalysis* (1986) 참조.

대 주체의 전복의 동인을 외부에서 끌어들인 것이 아니라 바로 데카르트와 헤겔의 이론 전개 속에서 찾아내어 이 이론들과 동일한 연장선상에서 비판을 전개하고 새로운 발전으로의 방향을 제시하고 있음을 우리는 발견할 수 있다. 라캉과 서양 철학 전통간의 이와 같은 연계를 알기 위해서는 라글란드-설리반(Ellie Ragland-Sullivan)이 라캉을 인용하면서 프로이트(Sigmund Freud)와 데카르트가 서로 교차하고 수렴될 수 있다고 지적한 것을 참조할 필요가 있다. 코페르니쿠스(Copernicus)적 혁명에 비견되는 프로이트가 이룩한 무의식의 발견을 데카르트의 사유 논리와 관련짓는 라글란드-설리반에 의하면, "라캉이 주장하는 바로는, 데카르트가 존재의 확실성을 발견한 곳은 바로 회의의 지점에서였고, 프로이트 역시 회의 속에서, 다시 말하면 꿈속에서, 무의식에 대한 증거[즉 확실성]를 발견했다는 점에서, 데카르트의 사고와 프로이트의 생각은 서로 교차하고 수렴한다."[2] 데카르트는 『방법 서설』에서 지식의 소유 개념을 일차적 원리로 하여 논의를 시작하고 있지만, 사실 철학이 확실성을 영원히 버려야 한다고 주장한 것은 바로 데카르트였다고 라캉은 역설적으로 주장한다. 이러한 주장은 데카르트의 주체 개념이 존재에 있어서 무의식의 공간을 인정함과 동시에 부정하고 있다는 사실을 지적하는 것으로 이어진다. 이러한 역설적인 주장을 통해서 라캉은 자기의 주체 이론의 근거를 이루는 무의식의 개념이 전통적인 주체 개념 속에 내재하고 있음을 지적함으로써 이론의 근거를 전통에 두고 있는 셈이다.

---

2) Ellie Ragland-Sullivan, *Jacques Lacan and the Philosophy of Psychoanalysis* (Urbana: U of Illinois P, 1987), 11.

라캉 이론의 전개는 바로 헤겔이 말한 변증법적 운동에 기인하고 있다고 할 정도로 라캉과 헤겔의 관계는 밀접하다. 라캉이 헤겔과 친숙해진 것은 코제프(Alexandre Kojève)를 통해서였다. 코제프는 "인간은 기본적으로 자의식적이다"를 전제로 한 헤겔의 『정신 현상학』에 대해 1933년에서 1939년까지 뛰어난 강의를 함으로써 프랑스 지성인들에게 지대한 영향을 끼친 바 있다. 코제프의 헤겔 해설은 헤겔의 변증법에서 욕망이 차지하는 역할을 두드러지게 부각시킨다는 점이 특징이다. 따라서 욕망의 변증법에 대한 라캉의 이해는 바로 헤겔에게서 영향을 받은 것이 분명하다. 욕망의 움직임에 의하여 인간은 욕망의 주체로서 욕망의 대상과 구별되는 것이라고 인정하게 되고, 그러한 인정을 통하여 자신을 경험할 수 있게 된다는 것이다. 여기에서 욕망은 욕망을 만족시키는 행위로 옮아가게 되며, 이러한 행위는 욕망의 대상에 대한 파괴, 또는 적어도 변형을 초래하는 부정의 형태를 취하게 된다(예컨대 배고픔을 충족시키기 위해서는 음식이 파괴되든지 또는 적어도 변형되어야 한다). 따라서 욕망하는 "나(주체)"는 욕망하는 한, 이와 같은 부정의 행위를 함으로써, 즉 욕망의 대상을 파괴하고 변형시키고 또는 "동화"시킴으로써, 욕망의 긍정적인 내용을 획득하게 된다는 논리가 욕망의 변증법이다. 간단히 말하자면, "주체"는 욕망의 긍정적인 내용을 부정된 욕망의 대상으로부터 얻게 된다는 것이다. 이러한 견지에서 볼 때, 라캉이 주체를 변증법적이고 유동적이며 다차원적이고 역동적인 성질로 이해한 것은 헤겔이 말한 변증법적 욕망에서 동인을 얻은 것이라고 할 수 있다.

라캉의 정신 분석학이 흔히 급진적이며 전복적인 이론으로만 여겨지지만, 그의 이론이 지닌 급진성과 전복성은 서양 근대 철학에서 말하는 의식 주체의 절대성에 내재한 양면성에서 무의식적 공간을 발견하고, 서양 철학의 중심을 이루는 헤겔의 변증법적 욕망에서 동인을 수용한 것에 근거한다. 이러한 견지에서 볼 때, 주체 개념에 대한 라캉의 논의가 서양 형이상학의 전통을 완전히 거부한 급진적 논리라기보다 기존의 주체 개념에 대해 새로운 방향 설정을 하려는 시도라고 보는 것이 더 적절하다. 따라서, 라캉의 몇몇 일차적 텍스트에 대한 꼼꼼한 다시 읽기를 통해 주체 개념에 대한 그의 비판을 재검토해볼 필요가 있는 것이다. 실제로 라캉의 주체 비판은 전통적인 절대 주체의 위상을 축소시키는 동시에, 절대 주체 개념에 의해 억압받아온 인간 주체들을 해방시키고 재구성하여 주체 개념을 재확립할 방향을 모색하려는 시도라고 볼 수 있다. 간단히 말하자면, 라캉의 주체 개념의 재정립은 절대 주체의 위상은 축소하고 있지만 인간 주체의 위상 자체는 축소가 아니라 오히려 확장하는 방향으로 향한다는 것이다. 이러한 취지에서 선정된 라캉의 일차적 텍스트로는 영문판 『에크리: 선집』(*Écrits: A Selection,* 1977)에 실린 글들, 특히 제1장 「정신 분석학적 경험에서 드러난 주체의 기능 형성으로서의 거울 단계」, 제8장 「남근의 의미화」, 그리고 제9장 「주체의 전복과 프로이트적 무의식에 있어서 욕망의 변증법」 등이다. 효율적인 논지 전개를 위하여 우선 「거울 단계」를 먼저 살펴보고, 다음으로 주체를 구성하는 네 가지 부분들에 관해서 라캉이 제시하는 <도표 L>(Schéma L)을 논의하고자 한다.

『에크리』(*Écrits,* 1966)에 실린 글들 중에서 선별하여 영역한 『에크리: 선집』은 연대기적 순서에 의한 편집이 아니라, 주체 개념에 대한 라캉의 기본적 입장과 그 전개 과정을 추적하기에 적절한 순서로 편집되어 있다. 라캉은 정신 분석학 이론을 본격적으로 논의하는 학위 논문 『편집증과 인격의 관계에 대하여』(1932)에서 이미 주체 형성과 관련된 이미지의 역할과 환경의 역할, 즉 문화의 중재라는 이중적 관심을 보이고 있다. 『에크리: 선집』은 이러한 라캉의 기본적 관심사들을 중심으로 편집되었다고 볼 수 있다. 인간 주체의 형성과 관련하여 라캉의 첫번째 관심사인 이미지의 역할은 『에크리』의 첫 두 장(「거울 단계」와 「정신분석에 있어서 호전성」)에서 본격적으로 다루어지고 있다. 그리고 두번째 관심사인 환경의 역할, 즉 문화와 언어의 역할은 그의 "무의식" 개념과 밀접하게 연관되는 것인데, 이에 대한 본격적인 논의는 "언어처럼 구조화된" "대타자"(大他者: the Other)로서의 무의식 개념을 출발점으로 전개된다. 이 관심사는 제3장 「정신분석학에 있어서 발화와 언어의 기능과 영역」, 제4장 「프로이트적인 것, 또는 정신 분석학에서 프로이트로의 돌아감의 의미」, 그리고 제5장 「프로이트 이래로 무의식 또는 이성에 있어서 문자의 작용」에 걸쳐 점진적으로 다루어지고 있다. 제6장 「가능한 정신병 치료에 대한 기본적인 한 질문에 관하여」에서는 주체와 무의식 사이의 관계에 대한 문제가 슈레버 사례(Schreber Case)에 대한 논의를 통해 전반적으로 제기되며, 이 문제는 "아버지의 법"으로 연결되고 있다. 여기에서 처음으로 오이디푸스적 해결과 관련된 남근의 중요성이 설명되고 있다. 뒤이어, 제7장 「치료의 방향과 치료 기능의 원리」와 제8장 「남근의 의미화」는 아버지의 법과 주체의 관계를 설명해주는 거세 콤플렉스를 점차적으로 다루고 있다. 그리고 마지막 장인 제9장 「주체의 전복과 프로이트적 무의식에 있어서 욕망의 변증법」에서는 이 문제를 새로운 복합성의 차원에서 다루며, 나아가 남근이 자기 욕망의 주체로 주체화된다는 변증법적 가설에서 남근이 갖게 되는 역할까지 검토하고 있다. 변증법이란 부정의 과정들을 통한 운동이다. 각각의 부정은 그 부정된 순간을 더 높은 차원의 종합으로 진입시키는 지양(Aufhebung)을 수반한다. 라캉의 경우 주체의 기본적 동력은 욕망에서 나오며, 이 욕망은 변증법적 운동을 통해서 작용한다. 다시 말해서, 라캉은 방향성을 무시한 주체로서가 아니라 욕망의 변증법적 운동에 속한 것으로서 주체를 파악하고 있는데, 우리는 이러한 논의의 전개를 통해서 라캉이 결국 새로운 사유의 단계로 옮아갔음을 보게 된다. 이렇게 구성된 『에크리: 선집』을 본연구에서 표본적인 일차적 텍스트로 선정한 것도 바로 그 때문이다.

II. 에고의 형성과 오인의 구조

라캉이 1949년 제16차 국제정신분석학회(쥬리히)에서 발표한 「정신 분석학적 경험에서 드러난 주체의 기능 형성으로서의 거울 단계」는 인간 주체 기능의 형성에 관한 논의이다. 이를 위해서 그는 1936년에 쓴 미발표문 「거울 단계」(Mirror Phase)에서 설정했던 거울 단계의 개념을 재조명한다. 그는 서두에서부터 주체(나)란 형성되는 것임을, 그래서 사유 주체(Cogito)의 절대성에 근거하는 어떤 철학도 잘못된 것임을 거울 단계의 경험을 통해 우리가 깨닫게 된다고 주장한다. 이 글은 이처럼 하나의 통합된 사유 주체의 필요성을 가정해온 서양 사상을 비판하도록 청중과 독자를 유인하는 서두로 시작되지만, 주체 개념에 대한 비판에 그치지 않고 그 비판에 기초하여 탄력적으로 끊임없이 수정되고 변형될 수 있는 주체 형성을 보여주려는 라캉의 시도를 시사해준다.

이 글에서 라캉의 기본적인 가설을 보면, 신체를 파편화된 상태로 경험하던 미성숙한 신생아가 생후 6~18 개월 사이에 거울에 자신을 투영함으로써, 즉 그 자신의 투영을 경험함으로써 처음으로 자신을 하나의 통일체로 경험하게 된다는 것이다. 그는 이를 거울 단계라고 명명한다. 이러한 거울 단계에서 거울의 투영 작용은 주체에 형태를 부여하고, 주체의 발달을 인도하며, "이상적인(관념적인 또는 허구적인) 나"(Ideal-I 또는 imago)로 기능한다는 것이다. 유아는 하나의 통일체로서의 경험과 함께 동일시를 통해서 취하게 되는 그러한 형태가 주체의 내부에 있는 것이 아니라 외부에 존재한다는 사실에서 주체의 분열, 즉 소외를 경험하게 된다. 간단히 말하자면, 거울 단계에서 유아가 이미지와 자신을 동일시하는 것은 인간 주체의 발달에 있어서 주체를 "허구"와 "소외"의 노선으로 자리매김하게 되는 변증법적 순간인 것이다.

거울 단계에 대한 이론이 정립되는 이 시기에 라캉의 사고를 지배하는 것은 바로 시각적 이미지이다. 여기에서 라캉은 언어 내지 문화가 개입되기 직전의 단계이자 인간 주체가 막 형성되기 시작하는 단계인 거울 단계에서 주체의 형성이 자신의 이미지에 의하여 촉진되며 동시에 그 이미지에 의하여 구속받게 된다는 것을 보여준다. 이 글에서 이미 라캉은 동일시의 사각형을 이루는 네 가지 요소들인 (발화하는) 주체(subject, I) · 에고(ego)[3] · 타자(other) · 대상(object) 등의 용어들을 쓰고 있다. 주체의 시초적 형태라고 할 수 있는 에고는 견고하고 방어적인 갑옷을 입게 되고, 또한 이미지의 형태로 타자 구실을 하는 대상에게도 나르시시즘적으로 투영된다. 그럼으로써 그 대상도 고정되고 견고한 에고의 속성들을 띠게 된다. 이러한 거울 단계의 경험을 통해 에고는 거울 단계 이전의 특징이었던 파편화의 불안정성과 대조되는 안정성의 장력으로 "나"의 방어 기제(defense mechanism)를 형성하게 된다. 따라서 라캉은 이 과정을 "주체의 전반적인 정신 발달을 단단한 구조로 특징지어줄 개별적 정체성의 갑옷 입기"[4]라고 일컫고 있다. 라캉에 의하면, 이렇게 형성된 견고하고 안정된 에고는 애초에 오인과 잘못된 동일시에 의하여 구조화되었다는 것이다. 그러나 이러한 오인의 구조는 주체의 형성 과정을 주도하는 동시에 절대 주체의 전복을 위한 단서를 제공해준다. 라캉은 이러한 오인의 구조가 주체 형성의 입문 단계인 거울 단계에서

---

3) "ego"는 "자아"로 번역되기도 한다. 그러나 라캉의 "ego"를 자아라고 번역하고 말면, 그것이 내포하고 있는 실재 주체(Real Subject)로 발전되기 이전인 원초적 주체(incipient subject)의 과정—또는 끊임없이 실재 주체를 향하여 나아가는 과정—에서 무의식적 주체와 상호 작용하는 요인으로서의 기능을 설명할 수 없다. 그러므로 본연구에서는 "에고"라는 용어를 그대로 사용하고자 한다. 르메르(Anika Lemaire)는 르클레르(S. Leclaire)를 인용하면서, 라캉의 에고는 주체가 아니라 단지 주체의 객관화에 불과한 것이라고 설명한다. 라캉이 말하는 에고는 "의식이나 주체성보다는 극화된 인물・외관・역할에 더 가깝다"는 르메르의 이해를 보아도 그것을 자아라는 말로 번역하기는 부적절하다. Anika Lemaire, *Jacques Lacan,* trans. D. Macey (London: Routledge, 1970), 72.

4) Jacques Lacan. *Écrits: A Selection*, trans. A. Sheridan (New York: Norton, 1977), 4.

이미 필연적으로 개입하고 있음을 지적한다. 유아는 시각적 이미지를 "이상적인 나"로 보고 환희에 차서 동일시하지만, 이러한 동일시는 그 시각적 이미지를 총체적이고 완전한 것으로 오인하고 있음에 기초한 환상일 뿐이라는 것이다. 이러한 견지에서 볼 때, 데카르트식의 주체는 바로 이 거울 단계를 벗어나지 못한 채 오인과 환상에 붙들려 있는 에고라고 할 수 있다. 즉 상상계 속에 고착되어 자신의 그러한 고착성을 대상에 투영함으로써 그 대상을 실재라고 오인한 채 그것에서 벗어나려는 시도조차 하지 못하고 붙들려 있는 상태에 처해 있는 것으로 데카르트식의 주체를 파악할 수 있는 것이다.

간단히 요약하자면, 라캉이 말하는 주체 형성의 기본적인 요인으로는 소외, 허구성, 그리고 오인의 구조를 들 수 있다. 라캉은 주체가 이미지와 자기를 동일시하는 데서 비롯되는 주체의 원초적 소외의 주요 성향으로 "허구적" 속성을 강조한다. 주체와 이미지의 합일이라는 이상은 획득될 수 없는 것이고, "주체는 허상(mirage) 속에서 자기 힘의 성숙을 고대할"[5] 뿐이며, 사실 형성 중인 주체는 오로지 점근선적(漸近線的)으로만 합일이라는 이상에 다가갈 수 있을 뿐이라는 것이다. 또한 거울에 비치는 이미지는 실제 거울 앞에 서 있는 존재의 모습이 역전된 것이다. 따라서 아이는 최초로 공간적 관계를 맺게 되는 외부 세계를 전도된 모습으로, 즉 왜곡된 모습으로 경험한다. 따라서 "가시적 세계의 문턱인 것처럼 여겨질"[6] 거울 이미지는 "유기체와 실재, 또는 정신 세계(Innenwelt)와 외부 세계(Umwelt) 사이의 관계"[7]가 오인으

5) 같은 책, 2.
6) 같은 책, 3.

로 인하여 가능해진다는 것을 설명해주는 셈이다. 에고가 실재를 경험하는 과정에는 원초적인 왜곡이 있으며, 이것이 바로 에고의 구성을 특징짓는 오인의 구조이기 때문이다. 또한 라캉은 거울 단계에서 나타나는 이 오인의 구조와 함께 그에 수반되는 혼동의 단계에 대해서도 설명을 덧붙인다. 즉 유아가 외부의 이미지 속에서 자신을 발견한다면, 유아는 자신을 발견하게 해주는 주변의 다른 주체들의 이미지들과 자신의 외적인 이미지를 쉽게 혼동할 수 있다는 것이다. 사실 이러한 오인과 혼동의 방식으로 주체 형성의 "사회적 변증법"이 시작되는 것이다. 이러한 혼동과 오인은 자신과 타자의 잘못된 동일시로 인해 초래되는 결과일 뿐 아니라—즉 타자와의 관계일 뿐 아니라—외부 사물들에 대한 우리의 인식에 영향을 미치기도 한다. 이렇게 "타자의 이미지에 의해 실재가 붙잡힌 결과"[8]에 대하여 라캉은 "타동성"(transitivism)이라는 새로운 발달 단계를 언급하고 있다. 라캉은 「정신 분석학에 있어서 호전성」에서 이 타동성[9]을 언급하고 있는데, 타동성이란 유아의 에고가 자체로부터 소외되어 있음을 사실 타자 속에서 볼 수 있음을 시사한다. 이것 역시 질투, 호전성, 그리고 헤겔적 변증법을 초래하는 동인이 된다.

---

7) 같은 책, 4.

8) *Écrits*, 180.

9) 6개월에서 30개월 사이에 긴밀한 관계에 있는 양자(dyad)간의 상호 자극의 관점에서 상호간의 태도를 보면, 그 가까움에서 초래한 상황에 의하여 양자가 서로 사로잡혀 있음을 뜻한다. 라캉은 "타동성"과 호전성, 그리고 "편집증적인 지식"과의 관계를 이 글에서 보다 심도있게 설명하고 있다(*Écrits: A Selection*, 17 참조).

거울 단계는 "시각적인 내가 사회적인 나로 굴절되면서 시작되는 편집증적 소외"[10]를 초래함으로써 끝나고, 이어서 상징계로의 진입을 뜻하는 사회적인 나의 형성이 시작된다. 여기에서 "편집증적 소외"라는 말로 라캉은 두 가지 소외를 의미한다. 즉 주체와 자신의 이미지를 잘못 동일시하는 것, 그리고 타동성의 과정에서 투영된 자신의 이미지와 타자의 이미지를 잘못 동일시하는 것—이 두 가지를 의미한다. 그리고, 이러한 이중적 소외는 외부 대상에 대한 아이의 경험에도 영향을 미친다. 소외로 인하여 주체의 실재는 왜곡되게 인식되도록 인도되듯이, 주체는 외부 사물에 대해서도 기본적으로 잘못된 인식을 하도록 인도된다. 이러한 오인과 혼동에 의하여 인식되는 지식을 라캉은 "편집증적 지식"[11]이라고 부른다.

거울 단계에 대한 라캉의 이러한 모든 주장의 근간을 이루는 중요한 요인들로는 두 가지를 들 수 있는데, 하나는 욕망의 역할이고, 다른 하나는 대상들을 에고로 동일시하는 나르시시즘이다. 우선, 욕망은 본능과 관계되는 용어라기보다 본질적으로 헤겔적인 용어로서, 사실 권위 및 인정과 관계되는 용어이다. 일단 에고가 타자와 동일시되면, "인간 욕망의 대상은… 본질적으로 다른 사람에 의하여 욕망되는 대상"[12]이라고 라캉은 말한다. 이러한 욕망은 "추상적 등가물로 대상을 구성하게 되는데,"[13] 이렇게

10) *Écrits: A Selection*, 5.
11) 같은 책, 2.
12) Jacques Lacan, "Some Reflections on the Ego," *International Journal of Psychoanalysis* 34 (1953), 12.
13) *Écrits: A Selection*, 5.

구성된 대상에서 우리의 관심을 끄는 것은 욕망 자체이지 어떤 내재적 본질이 아니라는 것이다. 따라서 이러한 욕망에 의하여 "대상들은 서로 교환 내지 비교될 수 있게 되며, 한 대상은 다른 대상과 동등해질 수 있다. 이 과정은 어떤 특정한 대상의 특별한 의미를 축소하는 경향이 있지만, 동시에 무수한 대상들의 존재를 가시화할 수도 있다"[14]는 것이다. 이러한 라캉의 말은 우리가 대상을 인식할 때 개입하는 욕망의 역할을 적절하게 지적한 것이라고 볼 수 있다. 이는 또한 인간 세계의 확장을 가져올 수 있는 전망을 제시하는 논리라고도 볼 수 있다. 이것은 두 번째 요인으로 언급한 대상들의 에고화, 즉 나르시시즘적 동일시와 연관된다. 그러나 여기에서 라캉은 대상과 에고의 동일시에 내포된 "관성의 요소를 지적하면서, 대상과 에고 자체의 인식은 끊임없는 변증법적 과정 속에서 계속되는 수정을 거쳐야만"[15] 할 필요성을 언급하고 있다.

라캉은 정신 분석학 이론을 전개하면서 실존주의를 자주 언급하고, 자신의 논지를 설득력 있게 만들기 위하여 실존주의적 설명 방식 자체의 한계성을 이용한다. 「거울 단계」에서 그는 실존주의의 가정인 순수 의식의 무능성을 지적하면서, 주체 개념의 파악은 "주체의 구조에서 에고를 특징짓는 오인의 기능에서 출발해야 한다"[16]고 분명하게 밝히고 있다. 어떤 것을 알기 위해서는 아는 행위를 실천하는 통합된 의식을 미리 상정해야 한다는 것이 실존주의를 비롯한 기존의 서양적 사고 방식이라면, 라캉을

14) "Some Reflections on the Ego," 12.
15) 같은 책, 12.
16) 같은 책, 6.

비롯한 포스트 구조주의자들은 이러한 통합된 주체를 모든 인식의 원천으로 간주하는 지배적 사상을 비판하는 것이다. 즉 인간의 정신은 세상의 인식으로 조직되어 있는 외부로부터 인식 과정을 통해 인식을 받아들이는 것이며, 인식은 외견상 투명한 언어 매체로 표현된다고 믿는 서양 형이상학을 비판하는 것이다. 이러한 비판은 바로 주체와 객체를 분리된 영역들로 나누기를 거부하는 포스트 구조주의 이론의 근본적 특징이기도 하다. 특히 라캉은 주체가 객체를 파악하고 그것을 말로 표현할 수 있다는 모델에 기초한 서양 사상에 도전한다. 인식은 언제나 주체의 경험에 선행하는 담론들로부터 형성되며, 주체 자체도 자율성・통합성・동일성 등을 갖추고 있지 않다는 것이 라캉의 주장이다. 즉 주체는 "끊임없는 변증법적 과정 속에서 계속되는 수정을 거쳐야만" 하는 것으로, 언제나 형성중에 있으며 영속적으로 불안정한 분열된 상태라는 것이다. 따라서 주체는 "과정중에 있는 주체"로 설명될 수밖에 없다는 것이다.

거울 단계에 대한 라캉의 글은 서양 사상의 전제를 근본적으로 비판할 뿐만 아니라, 프로이트를 재해석함으로써 정신 분석학의 재확립을 시도했다는 의의를 지닌다. 프로이트의 후계자라고 널리 인정되고 있는 안나 프로이트(Anna Freud)를 중심으로 한 소위 정통 정신 분석학이 이룩한 성과가 있다면, 그것은 방어와 적응의 기제를 발휘하는 에고의 힘을 강조한 데 있을 것이다. 그런데, 인간 주체의 형성 단계로서 거울 단계를 논의하는 것은 바로 그러한 정통 정신 분석학의 성과에 대하여 반론을 제기하면서 정신 분석학의 새로운 방향을 제시하는 의의를 지닌다.[17] 기존의 정통 정신 분석학은 절대적이고 객관적인 현실과 상응하는 자율적 자아에 대한 신념을 근거로 한다. 또, 프로이트는 현실 원리에 의한 에고와 신경증적 에고를 구분한다. 따라서, 그와 같은 신념과 구분을 강박적 환상이라고 간주하는 라캉의 프로이트 다시 읽기는 의식적 에고를 적응과 조합의 기관 내지 통합된 인식체라고 보는 개념을 거부하는 것이기 때문에 프로이트에 대한 새로운 재해석이라고 할 수 있다.

라캉의 거울 단계가 끝나면, 바로 그 순간에 거울 속의 나, 하나의 절반으로서의 "이상적인 나," 또는 "더블"(double)과 관계를 맺기 위한 "극적 사건"이 변증법과 "원초적 질투"를 통해 전개된다. 즉 사회적 주체의 형성 과정이 전개되는 것이다. 이는 "한 인간이 역사 속에 진입하면서 (주체의) 형성을 투사하는 시간의 변증법을 경험하게"[18] 되는 단계이다. 주관적 거울 단계를 거친 후 주체는 더욱 객관화되기 위해 변증법적 운동 속으로, 즉 사회적 주체의 형성 과정으로 진입하게 된다. 이 진입과 함께 "인간의 인식은 타자의 욕망을 통해서 결정적으로 전달되며," 인간은 "문화적 중재"[19]에 의해서 자연스럽게 성장하기 시작한다. 라캉은 문화적 중재의 적절한 예를 성적 대상의 경우 오이디푸스 콤플렉스에서 찾을 수 있다고 설명한다. 그러나 우리는 이것이 단

---

17) 여기에서 우리는 절대 주체 개념에 대한 라캉의 비판을 미국 중심의 에고 심리학(ego-psychology)에 대한 그의 배척과 연관하여 이해할 수 있다. 또, 안나 프로이트와 에고 심리학을 연결짓는 라캉의 태도에서 우리는 소위 프로이트의 후계자로 여겨지는 그녀의 정신 분석학과 라캉 자신의 정신 분석학을 변별하여 자신의 우위성과 차별성을 강조하려는 의도를 감지할 수 있다.

18) 같은 책, 4.

19) 같은 책, 6.

순히 하나의 예가 아니라 문화적 중재 전반을 설명해주는 정신분석학의 기본적 개념임을 알 수 있다. 라캉의 이론에서 가장 큰 맹점으로 지적될 수 있는 부분은 바로 이 점이라고 할 수 있는데, 그는 오이디푸스 콤플렉스에 기초한 문화를 이미 이 세상에 존재하고 있는 문화로서 당연한 것 내지 거의 자연적인 것으로 전제하고 있다. 특히 페미니스트들로부터 공격의 초점이 모아지고 있는 곳도 바로 이 점인 것이다.

라캉은 "나"라는 주체의 기능이 형성되는 근거를 유아가 시각적 이미지와 자기를 동일시하는 데서 오는 오인의 구조에 둠으로써 절대 주체의 개념을 비판함과 아울러 주체에 대한 새로운 개념화를 시도하는데, 이는 프로이트가 발견한 무의식에 대한 라캉 자신의 새로운 이해와 밀접한 관계를 지닌다. 인간 주체가 언어로 진입하기 이전에 이루어지는 거울 단계는 무의식에 의해 지배된다. 라캉은 인간 주체들이 언어 체계 안에서만 의미를 획득하게 되는데, 그 기표 체계는 인간 주체들에 선행한다고 말한다. 언어로 진입함으로써 비로소 우리들은 관계적 체계(남성/여성, 아버지/어머니/아이) 안에서 "주체의 위치"를 발견할 수 있다는 것이다. 그러나 주체는 결코 사회적 또는 성적 역할을 기다리는 단순한 하나의 빈 공간이 아니라, 앞에서도 살펴보았지만, "과정중에 있는 주체"로 현재와 다른 것이 될 수도 있는 것이다. 라캉의 논리에 의하면, 유아기에 이룩되는 초자아의 발달은 오이디푸스 콤플렉스의 영향에 의하여, 즉 가부장적 법으로 상징되는 도덕과 법률과 종교의 권위에 의하여 유발된다. 그러나 이러한 과정에서 억압되는 욕망은 사라지지 않고 남아 있는데, 바로 그 장소가 무의식이며 이 무의식으로 인하여 분열된 주체가 생겨나는 것이다. 이러한 것들을 설명해줄 수 있는 정신 분석학은 허구적 이미지에 사로잡힌 주체를 인정해줌으로써 오히려 고착 상태로부터 빠져나올 수 있고, 또한 존재의 본질을 읽어낼 수 있는 열쇠를 우리에게 제공해줄 수 있다. 사실 거울 단계는 주체가 관성의 한계에서 벗어나고 무력한 고착 상태에서 해방되기 위해 극복해야 할 단계라고 할 수 있다. 하지만 다른 한편으로 보면, 거울 단계는 권력의 구조화를 겪게 되는 문화와 언어가 개입하기 이전의 단계로서, 주체의 진정한 해방과 새로운 탄생을 위해 역행적으로 돌아가야 할 단계라고 할 수도 있다. 즉 오이디푸스 콤플렉스의 문화적 중재 이전으로 돌아가서, 아버지의 법이 억압하고 있는 "어머니의 욕망"이 무엇인지를, 즉 대타자의 욕망이 무엇인지를 알려고 시도하는 가운데 주체의 해방과 함께 무의식의 주체가 부각될 수 있는 것이다. 그러나 이러한 과정은 역설적이지만 문화적 메커니즘인 언어, 즉 기표를 통해서만 가능하다. 바로 이러한 역설이 라캉 이론의 근본을 이룬다고 할 수 있다.

라캉의 무의식 주체는 타고난 것도 독립된 존재도 아니며, 그 자신의 구조화를 비추는 거울이다. 무의식 주체는 자신의 투영을 변화시키기 위해 환경과 상호 작용을 하며, 언화 주체(발화 주체)를 통해서, 그리고 관계의 역학 속에서만 다시 표면화될 수 있다. 따라서 라캉의 경우 실재 주체(Real Subject)는 무의식 주체라고 할 수 있지만, 이처럼 의식 주체와 무의식 주체는 서로 끊임없는 상호 작용을 하는 가운데 서로의 존재를 인식할 수 있을 뿐이다. 「거울 단계」는 라캉이 앞으로 전개해나갈 새로운 주체 이론의 기본과 핵심을 보여주는 글이다. 다음 절인 III절에서는 주체 구조화의 네 가지 요소들—에고 · 언화 주체 · 대상 · 대타자—이 이루는 동일시의 사각형인 라캉의 <도표 L>에 대하여 살펴보고, 그 다음에는 주체 형성의 문화적 중재를 이루는 핵심적 요인인 기표와 무의식에 대한 라캉의 이론을 검토하기로 한다.

III. 라캉의 <도표 L>(Schéma L)

지금까지 거울 단계에서 이루어지는 에고의 구조화, 이에 기초한 욕망의 변증법, 그리고 언어로의 진입에 이르는 주체의 형성 과정을 살펴보았는데, 이를 토대로 인간의 의식적 삶에 두 주체들이 등장한다고 할 수 있다. 그 두 가지는 에고(moi)와 언화 주체(je)인데, 후자는 거짓말을 하고, 부정을 하고, 잘못 재현하는 자질을 가진 주체이다. 그러나 실재 주체(Real Subject)는 무의식 주체로서 이 둘을 다 넘어선다. 사실 동일시와 대상화를 수행하는 주체, 즉 정신 분석학적으로 에고(moi)라고 하는 것 내지 동일성이라는 것은 부재한다는 것이 라캉의 주장이다. 이러한 에고나 동일성과 달리 주체는 외부적 형태(Gestalt)와의 관계를 통해 개인의 인식과 소외 사이에서 드러나는 연결할 수 없는 간격이며 일종의 내면적 담론이자 욕망이라는 것이 라캉의 논지인 것이다. 어떤 "나"도 자신의 구조화 과정, 즉 역사를 대타자(Autre) 속에 투사하게 된다. 겉으로 보기에는 통합된 양식으로 존재하는 것 같은 에고(moi)와 언화 주체(je)는 각각 이미 불확실하고 상대적인 것으로 인식되며, 인식의 해석 또한 우리가 그럴 것이라고 여기는 발전적·객관적·선적 과정으로서가 아니라 긴장성·불연속성·불완전성의 견지에서 이루어진다. 따라서 라캉의 주체는 에고도 언화 주체도 아닌 것으로 이 양자를 다 넘어서는 것이지만, 서로간의 역동적 관계를 통해서만 도달할 수 있는 것이다. 따라서 이러한 불확실성·긴장성·불완전성을 가진 주체들의 상호 역동 작용을 이해함으로써 우리는 라캉이 새롭게 정립하고자 시도하는 주체 개념을 검토해야 할 것이다.

라캉은 인간 정신이 두 개의 다른 주체들로, 즉 존재(being)라는 객체로서의 나르시시즘적 주체(moi)와 언화 주체로 구성된다는 점을 기본 가설로 삼고 있다. 라글란드-설리반은 라캉이 주체 개념을 새롭게 정립하는 궤적을 꼼꼼히 살펴보면서, 그와 같은 라캉의 가설을 기초로 하여 거울 단계에 대한 설명과 에고 형성에서 나르시시즘과 동일시가 수행하는 주요 역할에 대한 설명을 면밀히 검토한다. 그리고 나서 라글란드-설리반은 라캉의 에고(moi)가 의식적 삶의 기간 동안 언화 주체(je)와 어떻게 영구적으로 뒤엉켜 있는가를 살펴본다. 1939년과 1949년 사이에 라캉은 나르시시즘의 견지에서 에고를 거울에서 마주친 유아 자신의 이미지로 규정하는데, 사실 이 기간 동안 라캉은 에고와 구별되는 주체의 개념을 모종의 언화 주체(je)로 정의함으로써 발전시키고 있다. 1946년과 1948년에 다시 라캉은 에고를 개인이 자신에 대하여 갖고 있는 의식적 데이타—그 근원은 욕망, 나르시시즘, 그리고 호전성에 있다—로 설명한다. 우리는 에고가 자연적 존재와 외부 세계의 형태들을 동일시할 때 야기되는 원초적 불일치에서 발전된다는 것을 이미 거울 단계의 이론에서 살펴보았다. 다시 말하자면, 처음에는 타고나지 않았던 외부의 낯선 이미지가 에고를 자신과 동일시할 수 있는 결합체로, 즉 일종의 객체로 구성하게 되는 것이다. 그러나 그 후의 의식적 삶에서 에고(moi)는 자신의 구성 자체를 문제시하거나 분석하려 들지 않는 경향을 띤다. 존재의 근원이 유아의 직접적 환경을 반영한다는 사실을 바로 이렇게 원초적으로 억압함으로써 에고의 구성은 이룩된다고 볼 수 있다. 이러한 두 가지 주체의 개념을 발전시킴으로써 1955년경에 이르면 라캉은 에고를 자신의 대상으로, 즉 관계에 개입되는 개인 속에 자신의 형태—하나의 상상적인 대상--로 반영되는 것으로 규정하기에 이른다. 이러한 규정을 기초로 주체-대상의 역설적 복합성을 계속 설명하는 가운데 라캉은 1955년 5월 『세미나 II』(*Séminaire II*)에서 유명한 <도표 L>을 형성하였다.

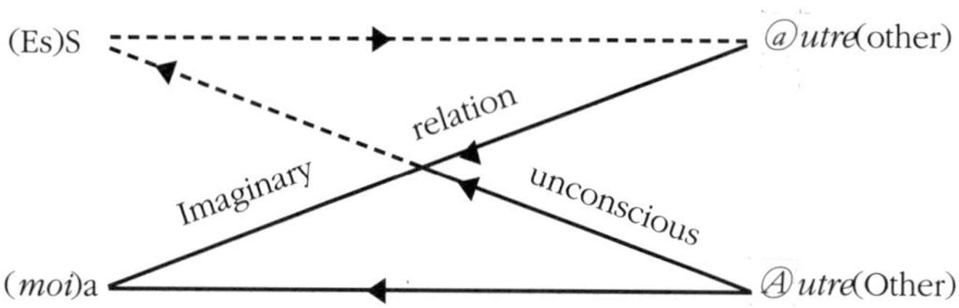

<도표 L>

주체를 구성하는 네 가지 부분들간의 변별적 차이점들을 검토하고, <도표 L>의 네 모퉁이에 펼쳐져 있는 주체의 새로운 구조화를 이해하는 데 이 <도표 L>은 많은 도움을 준다. 사각형 구조로 인간 주체의 구조화를 보여주는 <도표 L>은 라캉의 주체 개념뿐만 아니라 인식·기억·의미·재현·동일성 등을 더욱 명확히 이해하는 데도 많은 도움을 준다. 라캉의 경우, 인간 존재를 야기하는 것이 무엇이냐는 질문은 대타자의 위치에서 제기된

다. 라캉적 에고(moi)는 하나의 소외된 주체이며 동시에 대타자의 대상이다. 주체(S)는 언화 주체인 나(je)를 가리키며, 이 언화 주체(je)는 담론을 통해 타자들(others)에게로 향하며, 다음으로 이 타자들은 대타자(the Other)가 에고(moi)에게 영향을 끼치는 데 촉매 작용을 한다. 이 도표에서 점선과 실선은 소쉬르적 저항선(S/s)과 흡사한 것으로, 의식의 담론과 무의식의 담론이 분리되어 있음을 표시하기 위하여 라캉이 빌어온 것인데, <도표 L>에서도 똑같은 효과를 자아낸다. 즉 라캉은 대타자(Autre)와 에고(moi), 그리고 타자(autre)와 에고(moi) 사이의 무의식적 관계를 표시하기 위하여 실선을 사용하고 있고, 상상계와 무의식이 서로 교차하는 곳에서부터 라캉이 그려넣은 점선은 말하기, 글 쓰기, 인간 상호 관계 등에서 무의식이 간접적으로 작용한다는 것을 암시한다.

라캉이 말하는 의식 주체는 겉으로는 통합된 것처럼, 또 "지적(知的)인" 것처럼 보이지만, 실은 다른 양식으로 형성되고 기능하는 에고(moi)와 언화 주체(je)로 구성된다. 그리고 의식적 의미와 무의식적 의미 사이에는 더 큰 간격이 있는데, 즉 "말해진 것이 에고가 전달하고자 의도한 것과 거의 일치하는 적이 없을 정도로 에고와 주체 사이에는 괴리가 있다. 궁극적으로 주체는 무의식의 주체이며, 프로이트가 말한 대로 주체는 에고에 의한 검열이 중지되었음을 드러내보이는 말의 실수와 다른 실수들을 통하여 더 진실되게 말하는 것이다."[20] 일상 생활의 이러한 정신 병리학은 대타자 속에서 근원을 발견할 수 있다. 라캉은 프로이트

20) S. Schneiderman, ed. and trans., *Returning to Freud* (New Haven: Yale UP, 1980), 3.

보다 한걸음 더 나아가서, 무의식이 근본적으로 존재와 불일치함에도 불구하고 일체의 인간적 행동을 자기의 영역 안에 가둔다고 가르친다. 즉 무의식은 주체를 존재(being)로 규정하면서 동시에, 역설적이지만 존재를 초월하는 지식(savoir)과 관련하여 인간의 행위, 담론 및 인성을 지배한다는 것이다.

라캉적 에고(moi 또는 *o*)는 의식 주체가 아니다. 그럼에도 불구하고 이 에고는 의식 속에서 주체와 같은 공간을 차지하고 있다. 에고는 의식적 삶에서는 부재하는 하나의 이상적 에고로, 선택된 동일시의 대상(alter ego나 ego ideal)에 반사된다. 언화 주체(S 또는 je)는 동일시의 주체(ego 또는 moi)와 구별되지만, 그것들은 상호 작용을 한다. 따라서 주체는 무의식적 관계들과의 상호 작용을 포함하는 깊이 뒤섞인 연쇄들로 구성된다. 라캉은 사유를 어떤 것에 대한 의식으로서가 아니라 관계들의 복합체로서 설명하고 있는데, 이러한 견지에서 볼 때 그것은 매우 적절한 설명이라고 할 것이다. 주체의 "이상한 우연"이라고 라캉이 부르는 경우를 제외하면, 하나의 단위로 기능하는 두 주체들은 일반적으로 하나로 보인다. 그러나 어떤 상황 속에서, 즉 이상한 우연의 상황 속에서 주체는 통일성의 붕괴를 표면상으로 드러내면서 분열된다. 예컨대, 꿈, 농담, 말이나 글의 실수, 신경증, 정신병, 예기치 않은 결과, 사랑, 불안 등을 통해서 이러한 분열은 일어나게 된다. 비록 이러한 분열이 정량적인 것은 아닐지라도, 이와 같은 분열은 다른 인식 질서들 가운데서 형식화할 수 있는 교차점들을 지적해줄 수 있다. 라캉은 『세미나 XX』(*Séminaire XX*, 1972~73)에서 이러한 상황을 인간 주체의 생성에 미치는 거울 단계의 효과와 오이디푸스적 드라마에 의해 창조되는 존재 속의 매듭으로 설명한다.

사실 라캉이 말하는 주체의 구조화를 면밀히 검토해보면, 라캉의 주체 비판은 주체 해체라는 반(反)휴머니즘적 경향을 갖고 있다는 일반적 지적과 달리 프로이트의 수정이 아니라 프로이트 텍스트의 "진정한 정신으로의 복귀"로 볼 수 있다. 이러한 맥락에서 볼 때, 라캉의 이론을 프로이트에 대한 "신르네상스적 해석"[21]이라고 지적하는 이론가들의 견해가 보다 타당하게 보인다. 우리는 세계와의 관계 속에서 인간 정신의 복합성을 이해하려는 시도로 프로이트를 이해하고, 정신 분석학의 새로운 방향 정립을 시도한 것으로 라캉을 평가할 수 있다. 이러한 관점에서 볼 때, 라캉의 주체 비판은 인간 주체에 대한 해체가 아니라 인간 주체의 복합성과 역동성을 새롭게 강조하는 새로운 휴머니즘적 해석을 시도하는 것으로 볼 수 있다는 뜻이다.

Ⅳ. 기표로서의 주체: 초월적 기표인 남근의 의미화

라캉은 사유 체계에 언어의 구조를 도입하여 주체가 어떻게 언어(기표)에 의해 지배되는지를 보여주는데, 흔히들 이것이 프로이트에 대한 라캉의 재해석에서 핵심적인 부분이며 프로이트에 대한 포스트 구조주의적 해석이라고 이해한다. 그러나 라캉이 소쉬르 언어학을 적용하는 것은 근대 정신 분석학의 보수적 엘리트주의화 현상을 거부하는 것이라고, 즉 프로이트가 발견한 무의식이나 성본능을 억압하고 자아의 자율성만을 강조하는 보수

21) Ragland-Sullivan, 4.

적 추세에서 벗어나 프로이트로 진정하게 복귀하는 것이라고 볼 수 있다. 기의가 의미의 저항선 아래로 끊임없이 미끄러진다는 말에서 알 수 있듯이, 언어에 대한 라캉의 개념은 기표의 우위성을 내포하고 있다. 즉 차연 작용에 의한 의미의 끊임없는 연쇄, 즉 기의의 미끄러짐은 기표의 절대적 우위성을 전제로 한다. 언어가 한 가지 의미에 고정되지 못하고 의미의 꼬리를 물 때, 즉 기표들만이 존재할 때, 언어를 통해 생각을 표출하는 인간은 기표에 종속되지 않을 수 없기 때문이다. 그리고 인간이 언어의 세계 속에서 사는 한, 주체는 기표의 지배를 받기 때문에 "언어처럼 구조화되어 있다"는 라캉의 논리가 성립하는 것이다. 또한 "무의식은 언어처럼 구조화되어 있다"는 말은 인간이 언어를 통해 존재하는 한 "인간의 의식은 은유와 환유로 구조화되어 있다"는 뜻이다. 이처럼 언어 구조로 주체를 설명하는 라캉의 정신분석학에서는 전통적인 정신 분석학에서 주체의 중심이라고 생각했던 자아가 기표에 의해 통제된다. 또, 주체/기표의 관계는 주인/노예의 관계처럼 종속적 내지 인과론적으로 연결되어 있는 것이 아니며, 주체는 기표를 움직이는 원동력이라기보다 오히려 기표의 결과로 자리매김되는 것이다.

제5장 「프로이트 이후 무의식이나 이성에 있어서 문자의 동인」이라는 글에서 라캉은 무의식을 구조화하는 "문자"의 기능에 대해 논의한다. 여기에서 라캉은 무의식을 "본능들의 자리"로 보는 기존의 개념에 도전한다. "문자"는 "구체적 담론이 언어로부터 빌어온 물질적 지주"이다. 그리고 "구체적 담론"은 정신 발달의 어느 특정 단계에서 각 주체가 언어로 진입하는 순간보다 선재하는 보편적 구조인 "언어"로, 그리고 개인적 주체의 "발화"로

간주된다.[22] 달리 말하자면, 구조로 이해되는 언어는 지역 사회의 사회적 형태와 역사적 "담론"에 선재하며 그 기초를 이룬다는 말이다. 이와 같은 라캉의 언어관에서는 "기표들간의 관계에 의해 진리가 만들어진다"고 할 정도로 기표가 절대적 우위를 차지하는데, 특히 "남근"(phallus)은 기표들 중의 기표, 즉 초월적 기표로 간주되며, 진리의 형성에 있어서 핵심적 기능을 하는 것으로 간주된다. 이러한 남근의 초월적 기표화에서 우리는 라캉 이론을 의미화할 수 있는 매듭을 발견하는 동시에 그의 이론이 지닌 맹점을 보기도 하는 것이다.

라캉은 「남근의 의미화」에서 해부학적 성차를 무시한 채 남근과 주체의 관계를 다룬다. 남근을 개념화하기 전에 라캉은 인간 정신의 발달 단계로서 남근기를 설정한 다른 이론가들—도이취(Helene Deutsch), 호니(Karen Horney), 존스(Ernest Jones)—을 언급한다. 라캉은 자신의 논지 전개를 위하여 특히 프로이트의 제자 존스를 전용하는 방식으로 남근의 개념화를 시도한다. 라캉은 존스가 "성적 욕망의 사라짐"(aphanisis)이라는 개념을 도입한 것을 높이 평가하면서도, 그가 주체 개념을 개진할 때 욕망과 거세의 관계를 올바로 정립하지 못했다고 지적하기도 한다. 또, 존스가 남근을 아브라함(Karl Abraham)이 도입한 클라인(Melanie Klein)의 용어인 "부분 대상"으로 복귀시켰다고 비판하면서, 같은 맥락에서 클라인의 대상 관계 이론도 비판한다. 라캉이 존스의 한계를 지적한 것은 사실은 프로이트의 한계와 모순을 지적하기 위한 것이다. 라캉은 이를 단서로 삼아서, 무의식의 본질을 적절히 파

---

22) *Écrits: A Selection*, 148.

악하지 못한 프로이트의 한계를 지적하고, 아울러 "기표" 개념의 필요성을 강조한다. 라캉은 프로이트가 발견한 무의식이 주체 형성에 결정적이라는 점을 강조하며, 프로이트가 무의식을 발견한 것은 결국 기표/기의라는 대립 구조가 갖는 함의를, 즉 기표가 사물들을 언어의 법칙에 종속시켜 기의로 만드는 데 결정적인 역할을 한다는 함의를 갖는다고 본다. 예컨대, 기표가 "기표들의 연쇄" 속으로 연결되어 있으며 이 연쇄가 언어의 법칙에 의해 지배된다는 라캉의 말은 기표가 대상들을 기의로 만드는 기능을 하고 있다는 뜻이다. 따라서, "기표에 대한 이러한 열정(즉 사물들을 기의로 만들어내는 열정)은 인간의 새로운 존재 조건"[23)]이 된다. 요약컨대, 언어의 구조가 인간의 전체적인 본질 속으로 짜여 들어가 있다는 것이 라캉의 요지인 것이다.

여기에서 라캉에게 중요한 것은 예컨대 "문화론적" 입장에서 말하는 것과 같은 인간과 사회적 현상으로서의 언어의 관계가 아니라,[24)] 프로이트가 꿈의 분석에서 무의식이라 부른 "대타자의 무대"(ein andere Schauplatz)를 지배하는 법칙과 언어의 관계이다. 중요한 것은 기의를 생성하는 은유와 환유의 조합과 치환이라는 이중 작용을 통해 행사되는 법칙들이며, 이 법칙들이 무의식을 지배함으로써 "주체 형성"에 중요한 역할을 한다는 것이다. "무

23) 같은 책, 285.

24) 라캉의 이러한 지적은 문화론적 입장의 하나인 페미니즘적인 입장에서 언어와 인간의 관계를 논하는 데 그의 이론이 전용될 수 있음을 보여주는 중요한 실마리가 된다. 이 점에 대해서는 이 장의 결론 부분에서 부연 설명할 것이다. *Écrits: A Selection*, 284 참조.

의식은 대타자 속에서 말한다"[25]는 라캉의 말은 주체가 발화에 개입할 때 어떤 기의에도 선행하는 이 법칙들이 작용하여 의미화의 과정이 일어나도록 허용한다는 뜻이다. 어쨌든 무의식은 발화에 의해서만 환기될 수 있으므로 발화에 의존한다. 중요한 것은 그러한 무의식에 대한 지시가 대타자에 의해서 이루어지며, 발화도 대타자가 개입해서 관련을 맺을 때만 가능하다는 점이다. 주체가 들을 수 있는지, 즉 인식할 수 있는지의 여부와 상관없이 무의식이 대타자 속에서 말한다면, 그것은 주체가 바로 그 대타자 속에서 자신의 의미를 실행하기 때문이라고 할 수 있다. 주체의 이러한 의미화 작용은 기의를 만들어내려는 어떤 시도보다도 선행한다. 이것은 주체가 현실적으로 독립성을 갖지 못한다는 뜻이 아니라, 오히려 그 자체로 의미 연쇄 속에 편입된다는 뜻이다.

주체 형성과 관련하여 상징계의 효과는 어떠한가?라는 문제에 대하여 라캉은 요구·욕구·욕망 등을 구별하고, 그 효과들로 주체의 소외와 억압을 설명한다. 인간의 욕구는 "그가 말한다는 사실"로 인하여 기표들의 질서인 상징계의 질서를 통해 걸러진다. 욕구들은 발화를 통해 표명되어 요구의 형태를 취하게 될 때, 발화를 통해 "의미화의 형식" 속으로 들어가 "대타자의 위치"에 속하는 제반 사정에 이미 종속되게 된다. 따라서 욕구들은 주체로부터 일종의 소외를 겪게 되는 것이다. 이 소외는 주체 속에 "억압"을 구성한다. 이처럼 처음에 욕구의 형태를 취하는 역동적 충동은 표명되기 위해서 기표들의 질서를 통과해야만 한다. 기표들이 이러한 충동을 표명할 수 있다면 그 결과는 일련의 요구들이

25) 같은 책, 285.

되고, 만약 기표들이 그럴 수 없다면 그 역동적 운동은 여전히 작용하고 있으면서도 무의식적으로 구조화된 연속적 치환에 종속된다. 바로 이러한 형태가 욕망이라는 이름으로 알려진 것이다. 우리는 이와 같은 욕망이 지하로 숨도록 강요하고 상징계를 통해 여과되도록 강요하는 것을 억압이라고 이해할 수 있다. 상징계로 입문하는 데 기초가 되는 이 억압을 라캉은 "원초적(일차적)"이라고 말한다. 이러한 원초적 억압은 욕망의 무의식적 의미화(즉 언어의 법칙에 종속되는 동인)와 의식적 의미화의 단계에서 기표들의 연쇄가 빚어내는 주체의 "분열"(Spaltung)을 뜻한다. 라캉은 이러한 논지와 남근의 관계를 이 글에서 살피고 있다. 간단히 말하자면, 주체는 형성되기 위해서 분열을 대가로 감수해야 한다는 것이 라캉의 요지이다. 남근은 바로 여기에서 그 기능을 드러낸다는 것이다. 라캉에게 남근은 환상도 사물도 성기도 아니다. 그것은 하나의 기표이다. 그것도 기의의 효과들을 전반적으로 결정하는 기표들 중의 기표인 것이다. 즉 남근은 기의가 갖는 효과들을 모두 명명할 수 있는 특별한 권한을 지닌 기표인 것이다. 그러나, 기표로서 남근이 갖는 역설은 그것이 베일로 가려져야 역할을 수행할 수 있다는 점이며, 남근이 의미하는 욕망이 억압될 때 남근은 사라진다는 점이다. 이러한 억압을 통해서 주체는 상징계로 입문하게 되고, 그와 더불어 기표와 기의 사이의 저항선이 도입되며, "주체는 그가 의미하는 모든 것을 가로막음으로써 존재를 나타낸다"[26]는 역설이 성립하는 것이다.

남근이 욕망의 기표라면, 그리고 그 욕망이 대타자의 욕망이

---

26) 같은 책, 288.

라면, 주체가 인식해야 하는 것은 바로 대타자의 욕망이 된다. 여기에 주체와 대타자—여기에서는 어머니—사이에 욕망의 변증법이 개입하게 된다. 대타자로부터 인정받기를 원하는 주체로서 아이는 대타자가 원하는 대로 되고 싶은 욕망에서 어머니가 바라는 것이 만약 남근—즉 대타자의 욕망의 기표—이라면 그 욕망을 만족시키기 위하여 남근이 되고자 원한다. 그러나 곧 아이는 남근에 상응하는 것을 대타자(어머니)에게 주는 것으로 만족하든지, 아니면 남근을 가질 수 없다는 것을 받아들이도록 배워야 하는 것이다.

라캉은 어떤 경우에도 "인간은 완전한 주체가 될 수 없다"[27]고 말한다. 그는 "완전한 인간성"이라는 것이 현대 정신 요법의 잘못된 전제라고 말하며, 오히려 치환과 압축의 유희가 기표에 대한 주체로서 인간의 관계를 나타낸다고 주장한다. 그런데 인간에게 "남근은 로고스의 역할(즉 기표들의 질서인 상징계의 질서)이 욕망과 결합하는 자리를 나타내는 초월적인 기표"[28]가 된다

27) 같은 책, 287.

28) 『자크 라캉: 욕망 이론』(서울: 문예출판사, 1994)에서 이 부분은 "남근(phallus)은 특권을 가진 기표(privileged signifier)이며 의미 작용을 가능하게 하는 횡선(bar)을 표시한다. 횡선 속에서 차이를 만들어내는 기호와 욕망이 결합된다"(268, 민승기 역)로 오역되어 있다. 이 부분의 원전은 "Le phallus est le signifiant privilégié de cette marque où la part du logos se conjoint à l'avènement du désir"(692)라고 되어 있고, 셰리단(Alan Sheridan)의 영역은 "The phallus is the privileged signifier of that mark in which the role of the logos is joined with the advent of desire"(287)로 되어 있다. 번역자는 "mark"를 "횡선(bar)"으로, 그리고 "logos"를 "기호"로 오인하여 그

는 것이다. 라캉은 남근의 기능적 입장에서 양성간의 관계를 설명한다. 그러나 여기에서 남근이라는 용어는 새로운 애매성을 띠게 된다. 남근은 기표로서의 기능을 의미하면서 실제 또는 상상된 기관으로서의 기능도 아울러 의미하기 때문이다. 양성간의 관계 문제는 남근(욕망의 기표)이 되느냐(being), 또는 남근을 갖느냐(having) 하는 문제로 전환될 수 있다. 그러나 남근을 "갖는다"는 것은 애매모호한 말이다. 단순히 그것을 소유한다는 것은 그것이 된다는 것과 반대가 될 수도 있으므로, 성차와는 별개인 인간의 기본적 유한성을 일컬을 수도 있다. 또한, "실제로" 남근(남성의 성기)을 소유한다는 것을 일컬을 수도 있는데, 이때는 남근을 갖고 있지 않다는 것(여자로서)과 구별된다. 그러나 곧 이러한 소유/비소유의 양극성은 한편으로는 남근을 보호하기 위하여, 그리고 다른 한편으로는 남근의 결핍을 감추기 위하여 남근이라는 성기를 갖고 있는 것처럼 보이는 태도로 대치된다. 사실 각 성의 전형적인 행동 표현이 두드러지게 부각되고 성 차별화의

오인이 투사된 번역을 한 것이다. 이러한 오역은 라캉을 번역한 셰리단의 오역("an uncontrollable anxiety"라는 원문에 "on the part of the analysand"이라는 구절을 추가한 오역)에 대하여 갤롭(Jane Gallop)이 번역자인 셰리단의 "제어할 수 없는 불안"의 "투사"(projection)라고 지적하는 것과 비슷한 맥락에서 이해될 수 있다(Jane Gallop, "The American Other," *Reading Lacan*, 68). 즉 이 오역은 번역자가 갖고 있는 정확한 라캉 원전 이해에 대한 일종의 "제어할 수 없는 불안"이 무의식적으로 투사된 것이라고 이해할 수 있다. 물론 본연구에서의 번역 역시 오역에 대한 수정인 동시에 또 하나의 오역일 수 있다. 특히 라캉의 텍스트는 완벽한 번역 가능성에 대해 강한 회의를 불러일으키는 텍스트이다.

드라마가 전개되는 것은 바로 "처럼 보이는 것"의 견지에서 이루어진다.

위와 같은 관점에서 볼 때, 주체가 (대타자를 위해서 남근이 되는 것과는 반대되는 의미에서) 기표로서의 남근은 "갖고 있을 수" 있지만 (여자이기 때문에) 기관으로서의 남근은 갖고 있지 못할 수도 있다.

> 이러한 공식이 역설적으로 보일지 모르지만, 가령 여자가 가장무도(假裝舞蹈)를 통하여 여성성의 본질적 부분을 버리는 것은 바로 남근이 되기 위해서, 즉 대타자의 욕망의 기표가 되기 위해서인 것이다. 그녀가 사랑받기뿐만 아니라 욕망을 불러일으킬 수 있기를 원하는 것은 그녀가 그러하지(욕망의 기표가 되지) 못하기 때문이다. 그러나 그녀는 그녀의 사랑을 요구하는 남자의 육체에서 자신의 욕망의 기표를 발견한다.[29]

이 말에서 우리가 주지할 수 있는 것은 남근이 지니는 두 가지 의미 사이의 미끄러짐(slippage)이며, 사랑에 대한 요구/욕망이라는 양극의 중첩이다. 이처럼 남근의 의미에 대한 라캉의 논의는 거의 뜻을 읽어낼 수 없는 거듭 쓴 양피지(palimpsest)와 같은 텍스트를 만들어낼 뿐이다. 이러한 텍스트의 불확정성은 결말에 이르러 그가 덧붙인 사족에 의하여 더욱 강조된다. 이 글의 말미에서 라캉은 프로이트가 말하는 리비도가 왜 오직 남성적 리비도일 뿐인지를 지적함으로써 프로이트의 직관의 깊이를 강조하고자 한다. 그러나, 남근에 의하여 의미되는 욕망이 어떤 성차에

---

29) 같은 책, 289~90.

의한 욕망보다도 더 깊게 인간 주체 속에 내재하고 있다는 논지를 강조하기 위하여 붙인 이 사족은 오히려 주체 형성 자체가 성차를 전제로 한다는 사실을 역설적으로 강조하게 된다. 이에 대해서는 이 장의 마지막 절에서 라캉이 시사하는 주체 개념의 방향을 모색할 때 다시 언급하기로 한다.

V. 의식 주체/무의식 주체: 주체의 전복과 욕망의 변증법

셀던(Raman Selden)이 지적하듯이, "해체론적 관점에서 의식이라는 중심적 개념을 해체하려고 할 때, 우리는 새로운 중심을 도입할 위험에 처한다. 그것은 우리가 해체하려는 의식/무의식의 개념 체계 속에 들어가지 않을 수 없기 때문이다." 그가 이어서 지적하듯이, "우리가 할 수 있는 일은 어느 쪽도 중심이 되어 존재의 보증인이 되는 것을 허락하지 않는 것이다."[30] 주체에 대한 라캉의 비판과 개념 정립에 있어서도 사실 이 점을 유념해야 한다. 지금까지 라캉의 주체 개념 정립을 살펴보면서 우리가 늘 염두에 둔 것도 이와 관련된다고 할 수 있다. 라캉이 주체 개념의 정립을 통해 도달하려는 실재 주체(Real Subject)는 의식 주체가 아니라 무의식 주체이지만, 의식과 무의식의 상호 역동적인 작용에 의해서만 실재 주체로 나아갈 수 있다. 이러한 관점에서 볼 때, 「주체의 전복과 프로이트적 무의식에 있어서 욕망의 변증법」에서 라캉은 포스트 구조주의적 해체의 차원이 아니라 욕망의

30) Raman Selden & Peter Widdowson, *A Reader's Guide to Contemporary Literary Theory*, 3rd ed. (New York: Harvester Wheatsheaf, 1993), 144.

변증법적 운동에 의하여 나아가는 새로운 사유 차원의 주체를 보여준다고 할 수 있다.

「주체의 전복」에서 라캉은 "이른바 정신 분석학이라는 실행은 일정한 구조로 이루어져 있다"[31]는 전제를 제시하는 것으로 시작한다. 이 전제에는 그의 기본적인 의문이 내포되어 있다. 즉 정신 분석학을 가능케 하는 이 구조의 본질은 무엇인가?라는 질문이 함축되어 있는 것이다. 그는 이 글에서 주체의 구조에 의해서, 그리고 정신 분석학에 의해서 전복되고 있는 전통적 주체 개념화에 특별히 초점을 두고 있다. 이러한 논의를 통하여 그는 주체를 데카르트적 사유 주체로 인식하도록 한 이른바 "코페르니쿠스적 혁명"의 급진성보다도 정신 분석학에 의한 주체의 전복이 얼마나 더 급진적인지를 설명하고자 한다.

라캉에게 근본적으로 중요한 것은 데카르트적 주체의 전복(즉 와해)이다. 라캉의 생각에 의하면, 인간이 자신을 하나의 주체로 개념화하는 것에 대한 프로이트의 공격이 코페르니쿠스의 혁명이나 다윈(Charles Darwin)의 혁명보다도 더 급진적이라는 것이다. 또, 이 전복은 프로이트가 발견한 무의식을 통하여 일어났다는 것이다. 무의식은 "어딘가에서 반복되면서 유효한 (즉 의식적인) 담론과 사고에 의해 제공되는 단절 속에서 끊임없이 개입을 고집하는 기표들의 연쇄"[32]이기 때문이라는 것이다. 무의식의 발견이 시사하는 급진성을 강조하는 것은 라캉 자신의 주체 개념의 급진성을 강조하기 위한 것이다. 이와 같은 주체 개념의 급진성은 바로 언어의 구조로 파악된 주체의 급진성이라고 할 수 있다.

---

31) *Écrits: A Selection*, 292.

32) 같은 책, 297.

라캉은 프로이트에게 정말로 중요했던 것은 정신의 "상태"가 아니었으며, 또한 "말로 표현할 수 없는" 주체의 "원형적 경험"도 아니었다고 말한다. 또, 심지어 히스테리 환자의 경우에도 프로이트에게 중요했던 것은 "히스테리와 연관된 현상"이 아니라 그 환자의 "담론"[33]이었다고 강조한다.

정신 분석학과 관련하여 라캉이 주체의 담론성을 이토록 강조하는 것은 "언어의 구조가 일단 무의식 속에서 인식되면, 거기에서는 어떤 종류의 주체를 생각할 수 있을까?"[34] 하는 의문을 야기하기 위함이다. 이에 대한 대답이 될 수 있는 것으로, 우선 라캉이 말하고 있는 "나"와 무의식의 관계를 들 수 있을 것이다. 무의식 주체가 문제일 때, 우리는 또한 "누가 발화하고 있는가?" 하는 질문을 제기하게 된다. "(정신) 분석에 대한 우리의 전체적인 경험이 가르쳐주었듯이, 만약 무의식 주체가 자기가 말하고 있는 것을 모른다면, 또 자기가 말하고 있는지 아닌지조차 모른다면,"[35] 무의식 자체는 대답을 할 수 없을 것이다. 그런데 무의식은 개별 주체에 내재하는 동시에 그것을 초월한다. 즉 무의식은 "투명한 것으로 추정되는" 전통적 주체가 투명성을 상실하고 무의식적 과정들의 특징인 말 실수나 경구 등의 효과들과 함께 "사라지기" 시작하는 경계를 표시한다. 여기에서 담론상의 "절연," 즉 기표와 기의간의 단절인 언어의 기본 원리가 효과를 발휘하기 시작하며, 그 결과로 무의식적 과정들이 의식적 담론 속으로 분출된다. 이렇게 무의식적 과정들이 의식적 담론 속으로

33) 같은 책, 294~95

34) 같은 책, 298.

35) 같은 책, 299.

분출되는 것, 바로 이것이 주체 개념 정립의 핵심을 이루는 요소이다.

라캉은 이렇게 개념화된 주체를 헤겔이 개념화한 주체와 대조함으로써 부각시킨다. 여기에서 우리는 라캉이 헤겔을 수용함과 동시에 전통적인 주체 개념화를 극복하려고 시도하고 있음을 알 수 있다. 이 두 개념화의 차이는 각 경우 주체와 안다는 것(savoir)의 관계에서 나타나는 양자간의 명확한 "간극"을 통해서라고 라캉은 말한다. 안다는 것은 "아는 자"와 "알려지는 것" 사이에서 모종의 결합이 이루어지는 것을 흔히 전제로 한다. 아는 자의 인식이 알려진 대상과 일치한다면, 그 지식은 진리로 간주된다. 이러한 견지에서, 아는 자는 지식의 진실을 보증하기 위하여 지식과 일치해야 할 하나의 기준으로서 알려진 대상에 의존하게 된다. 그러나 데카르트에 이르면, 진리는 단순히 아는 자와 알려진 것의 결합만이 아니라 아는 주체 측에서의 확실성(즉 그가 안다는 것을 "아는 것")까지 요구하게 된다. 데카르트 이후로 안다는 것은 지식의 대상뿐만 아니라 아는 행위 자체의 자기 인식에도 의존하게 된다. 따라서 헤겔이 지식을 "절대적인 것"이라고 말할 때, "절대적"이라 함은 가장 근본적인 의미로 이해되어야 한다. 주석자로서 하이데거는 "절대적"이라는 낱말 absolute의 의미를 라틴어 어원(ab-solvere)에 근거하여 "떼어놓다"(to loosen)로 해석한다. 진리가 인식되려면, 안다는 것은 대상에 대한 완전한 의존으로부터 "떼어놓여져야" 한다는 것이다. 안다는 것이 대상의 존재에 대한 의존으로부터 벗어나는 정도에 따라, 그리고 아는 행위 자체를 안다는 것을 인식하는 정도에 따라 주체는 "절대적"으로 되는 것이다. 이처럼 헤겔에게 중요한 것은 어떤 경우에도 안다는 것 자체를 아는 것이다.

안다는 것 자체를 알게 되는 과정을 좀더 살펴보자. 처음에는 주체가 아는 것은 일정한 대상, 즉 인식의 대상이다. 그러나 다음 순간에, 주체는 대상을 아는 것으로써 자신을 인식하게 되고, 그래서 지식의 진실을 자신에게 확인시키기 위하여 대상에 대한 의존으로부터 자신을 "벗어나게" 한다는 것이다. 사실 이것은 변증법의 기본적인 움직임이다. 아는 주체가 대상을 "긍정"하는 초기 순간을 벗어나 그러한 초기 인식의 부적합성을 인식(즉 부정)하고, 다음 단계로 더 높은 견지에서 이전의 두 순간들로부터 새로운 화합의 순간으로 나아가는 것, 이것이 변증법의 운동이다. 주체 측에서 볼 때, 이러한 긍정 - 부정 - 종합의 운동은 "매개 작용"인데, "매개 작용"은 최초의 직접적 경험(긍정)이 부정을 통하여 종합으로 진행되게 하는 수단이다. 주체와 안다는 것의 관계를 통해 자신의 주체 개념을 부각시키려는 라캉은 헤겔의 변증법을 추진하는 것은 안다는 것 자체 속에 숨겨진 추진력이 아니라 근본적으로 욕망이라는 것을 간파한다. 라캉에 의하면, 프로이트의 경우에도 헤겔의 경우와 같은 해석이 가능하다는 것이다.

라캉은 욕망이 기표의 발화 작용을 통해서 규정되는 주체와 관련하여 어떻게 작용하는가를 일련의 도표들을 통해 설명한다. <도표 I>은 라캉이 제시하는 일련의 도표들을 구성하는 가장 기본적인 세포라고 할 수 있다. 따라서 본연구에서는 이 도표의 구성을 살펴봄으로써, 라캉의 복잡한 도표들을 읽는 기본 방식을 제시하고자 한다. <도표 I>은 주체의 본질이 "주체의 발화 속에서 기표에 의해 규정된다"[36]는 일종의 기본적인 진술을 나타내고 있다.

앞서도 언급한 바 있지만, 기표는 기의와 일대일의 대응 관계를 지니는 것이 아니라 다른 기표들과 관계를 이루며, 그럼으로써 의미화의 연쇄를 이룬다. 따라서 우리는 "기의가 기표 아래로 끊임없이 미끄러진다는 개념을 받아들일 수"[37]밖에 없다. 그러나 의미화의 연쇄에는 어떤 기의를 고정시키는 특권적인 순간들이 있다. 이 순간들은 "정박 지점"(points de capiton)이라고 불린다. 이 점들은 매트리스의 단추처럼 의미를 한 대상에 고정시키는 것이 아니라, 의미를 상징적 기능에 대한 "소급적 참조"(reference back)에 고정시킨다. <도표 I>은 기표가 의미화의 끊임없는 유동을 멈추는 정박점을 그림으로 보여준다. 궤도 S.S'는 발화하는 주체에 의하여 부여된 의미화의 연쇄를 나타낸다. 우리는 이 연쇄를 통시적 관점과 공시적 관점에서 생각해볼 수 있다. 우선 통시

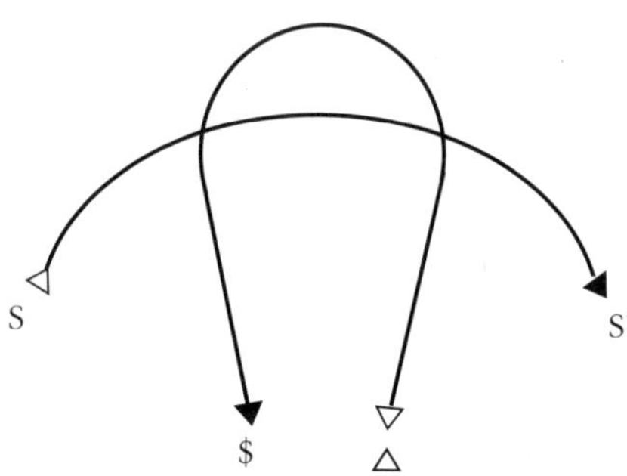

<도표 I>

36) 같은 책, 303.
37) 같은 책, 144.

적 관점에서 생각해보면, "이 정박점의 통시적 기능은 문장 속에서 발견된다. 문장이 맨 마지막 어휘에 이르러 의미화를 완성할 수 있을지는 모르지만, 각 어휘들은 다른 어휘들을 구성함에 있어서 고대되며, 역으로 그 소급적 효과에 의하여 의미가 봉인되기도 한다."[38] 달리 말하자면, 의미는 문장 끝까지 유보되고, 일단 문장이 끝나더라도 선행하는 어휘들과 소급적 관계에서 파악되어야 한다는 것이다. 정박점의 공시적 기능은 통시적 기능보다 명확하지 않다. 그것은 상징계 자체에 내재하는 기본적 형태라고 할 수 있다. <도표 I>을 보면, 의미화를 이루는 정박점의 전진-후진 운동 가운데 궤도 S.S'은 통시성의 전진 이동을 나타내고, 궤도 △. $ 는 상징계의 공시성에 의하여 가능해진 상황화된 의미의 후진 이동을 나타낸다. 여기에서 우리는 담론 주체가 누구이고 어디에 있는가라는 의문을 갖게 된다. 만약 실제로 한 개인이 담론 주체라면, 그는 발화된 담론으로부터 "내"가 사라지는 과정에서 "자신을 공제함으로써 비로소 구성된다."[39] 그러나 만약 대타자가 주체로 간주된다면, 그것은 단지 "현대 게임 이론에서 말하는 것과 같은 순수 주체가 될 뿐이다."[40] 그러나 라캉은 대타자는 주체가 아니라 "발화의 위치로서 진리에 대한 증인임을 자임하고 있을 뿐이다"[41]라고 덧붙인다.

담론 주체를 이렇게 설명하는 라캉이 에고에 대해서 어떻게 말하는가를 돌이켜봄으로써 우리는 그의 주체 이론을 의미화할

---

38) 같은 책, 303.
39) 같은 책, 304.
40) 같은 책, 305.
41) 같은 책, 395.

수 있는 소급적 참조의 기회를 가질 수 있다. 이러한 의미에서, 라캉의 에고 개념을 다시 한번 살펴보기로 한다. 에고는 거울 단계에서 유아기의 어린아이가 움직임이 자유롭지 못하며 양육이 필요한 의존적 상태에 있음에도 불구하고 환희에 차서 받아들이는 "시각적 이미지"인 것이다. 에고는 "이상적-나"의 원초적인 형태이며, "리비도적 정상화의 기능인 이차적 동일시의 근원"[42]이다. 어떻게 해서 에고가 에고 자체에 대한 모든 지식에 영향을 미치는 "편집증적 소외"[43]에 의해 희생되는지, 어떻게 해서 에고가 자신을 "소외시키는 동일성의 갑옷"[44]으로 자신을 방어하는지, 그리고 어떻게 해서 에고의 호전성이 "나르시시즘적 구조의 상관적 긴장"[45]을 띠게 되는지 하는 문제들은 앞에서 본 『에크리』의 글들에서 다루어져 있다. 여기에서 라캉은 그렇게 최초에 개념화된 에고가 (아마도 성인이 된) 주체에 의하여 소급적으로 다시 다루어져야 한다는 점을 강조한다. 이러한 강조의 관점에서 볼 때, 즉 후면 거울을 통해서 되돌아볼 때, 주체가 확인할 수 있는 전부는 그가 거울에서 자신으로 선택한 그를 만나러 오는 고대된 이미지인 것이다.

라캉이 「주체의 전복」을 발표하기에 이르러 전개하는 주체 개념과 관련하여 소급적으로 이 에고를 돌아보면, 이 에고는 데카르트가 발견한 자아이고, 칸트가 "초월적 자아"의 관점에서 분석한 자아임을 알 수 있다. 이러한 소급에 의한 에고의 재발견은

42) 같은 책, 2.
43) 같은 책, 5.
44) 같은 책, 4.
45) 같은 책, 22.

데카르트 이래로 주체의 본질로서 의식을 강조해온 것이 행위중에 있는 "나"의 투명성을 기만적으로 강조해온 것임을 분명히 밝혀준다. 즉 "나"를 규정하고 있는 기표의 불투명성—즉 의식 자체의 투명성을 넘어서 모든 담론에 조용히 스며드는 상징계의 불투명성—을 희생해가면서 의식의 투명성을 기만적으로 강조해 온 것임을 분명히 밝혀준다는 말이다. 여기에서 라캉은 논의를 헤겔로 다시 옮겨간다. 그렇게 하는 의도는 에고와 대상간에서 이루어지는 초기의 에고 발달이 고전 변증법적 구도인 "주인-노예"식의 갈등을 얼마나 충실히 따르고 있는가를 보여주기 위해서이다. 이 변증법적인 갈등의 동인이 바로 욕망인 것이다. 여기에서 라캉은 헤겔 변증법적 운동의 동인을 이루는 욕망을 "침입"[46]이라는 말로 표현한다. 이러한 욕망의 "침입"을 무시하는 철학자들의 오류를 간과해서는 안 된다는 것이 라캉의 요지이다. 라캉은 에고를 사실 부재하는 하나의 이미지로 보고, 이를 데카르트식의 자아, 칸트의 초월적 자아와 대비시킨다. 그는 후자의 자아를 오류라고 지적하면서, 욕망이 대변하는 "침입"을 수용하는 자신의 주체 개념이 그것과는 다르다고 지적한다.

라캉은 "구조적인 요소들"을 살펴봄으로써 욕망의 의미를 파악할 수 있다고 말한다. 그리고, 이러한 구조적 요소들이 가장 분명하게 보여주는 것이 바로 오이디푸스 콤플렉스라고 말한다. 오이디푸스 콤플렉스의 중심을 이루는 것은 아버지의 역할이다. 프로이트는 자기가 세운 가설적 신화의 죽은 아버지에서 이에 대한 패러다임을 찾았고, 라캉은 "아버지-의-이름"의 견지에서 아

46) 같은 책, 309.

버지의 역할을 해석하고 있다. 여기에서 문제가 되는 것은 라캉이 실제 아버지가 아니라 "아버지의 기능"을 언급하고 있다는 것이다. 아버지의 기능은 바로 기표의 위치로서 대타자에 근거하고 있다. 여기에서 대타자는 법이고, "대타자의 타자는 없다"는 말이 시사하듯이, 또한 라캉에게는 궁극적인 것이다. 그러나, 아버지가 원래 법의 권위를 대표한다는 라캉의 주장에 대하여, 사실상 주체를 대타자의 자리로 내몰고 어머니를 넘어서서 아버지가 권위를 행사하도록 하는 것이 어떠한 특권적 현존 방식으로 가능한가 하는 강력한 의문을 제기할 수 있다. 그렇다면, 라캉의 주체 이론이 갖는 근본적 문제는 이제 욕망과 대타자(즉 법, 아버지-의-이름)의 관계로 더욱 집중된다. 이 문제는 욕망하는 주체(아버지)가 욕구와 요구의 견지에서 대타자의 위치를 차지하는 자(어머니)와 관련되어 있다는 사실 때문에 풀기 어렵고 복잡하게 된다. 이와 같은 구조적 요소들을 통해 살펴본 욕망의 의미는 욕망하는 주체와 대타자의 상호 관계 속에서 정립되는 주체 개념으로 관심을 집중시킨다.

무의식은 "대타자의 담론"이라고 라캉은 말하는데, 여기에서 "의"(of)는 라틴어의 "de"(로부터)의 의미로 이해되어야 하며, 또한 "인간의 욕망은 대타자의 욕망"[47]이라는 그의 말도 "그가 원하는 것은 바로 대타자"라는 의미로 이해되어야 한다. 주체의 욕망은 사실 대타자의 욕망인 것이다. 따라서, "당신은 무엇을 원합니까?" 하고 대타자가 주체에게 던지는 질문에 대하여 대답할 수만 있다면—이를 위해서는 정신 분석학의 도움이 필요할 것

47) 같은 책, 267.

이다—우리는 "자신의 욕망의 길"로 더 확실히 나아갈 수 있을 것이다. 즉 "내가 무엇을 원하는가"보다는 "그(분석가)가 나에게서 무엇을 원하는가?"[48]의 관점에서 자신의 욕망의 방향을 더 확실하게 발견하게 될 것이라는 말이다. 주체가 욕망의 타자성을 인식하게 되고, 본래의 질문을 "당신은 나에게서 무엇을 원합니까?" 하고 대타자에게 물을 수 있게 되는 것은 분석가의 협동을 통해서 이루어진다. 만약 주체가 그러한 질문의 의미를 이해할 수 있다면, 주체는 자신의 이성적 에고에 의하여 소외의 희생자가 되었음을 인식하게 될 것이다. 따라서, "그가 주체로서 욕망하는 것은 그가 (에고로서) 원하지 않는 것을 제시해준다"라는 말이 가능해진다. 이 말은 주체와 에고의 미묘한 관계를 이해할 수 있는 단서를 제공해준다.

이 관계를 이해하는 데는 "환상"이 중요한 역할을 한다. 라플랑슈(J. Laplanche)와 폰탈리스(J. B. Pontalis)는 환상을 "주체가 주인공이 되어서 방어적 과정에 의해 어느 정도 왜곡된 방식으로 소원[욕망](결국 무의식적 소원[욕망])을 성취하는 것을 보여주는 상상적인 장면"이라고 정의한다. 그들은 "환상의 일차적 기능이 욕망을 [상상의] 무대 위에 올리는 것"[49]이라고 말함으로써 결론을 맺고 있다. 그러나 라캉은 이들이 이해한 환상을 넘어서고 있다. 라캉의 논지를 간단히 정리해보면, 주체는 "원초적 억압"(즉 기표에 종속됨으로써 겪게 되는 분리)의 순간에 "억압되며," 그 결과 발화하는 내가 발화된 담론으로부터 "사라짐"으로써만 "환상"이, 즉 상상적 "대상"과 주체의 본질적 관계가 유지될 수 있

48) 같은 책, 312.
49) 박찬부, 『현대 정신 분석 비평』(서울: 민음사, 1996), 314~18.

다는 것이다.[50] 이때 상상적 대상의 기본적 패러다임은 바로 유아가 거울 단계에서 스스로 인식한, 그리고 라캉이 에고라고 지칭한 이미지와 상응하는 육체의 이미지인 것이다.

환상의 패러다임으로서 육체의 이미지는 원초적으로 억압된 "나"의 "재료" 구실을 한다. 즉 발화하는 나는 욕망하는 주체로 사라짐에 따라서 분명하게 드러나게 되는 것이다. 어쨌든 분열된/억압된/저지된 주체와 환상의 관계는 라캉의 $ ◇ o라는 연산식을 통해서 잘 표현된다. ◇는 저지된 주체와 타자 사이의 관계를 욕망의 기능과 "원인"으로 명확히 표현한다. 이 관계의 본질은 설명하기 어렵다. 왜냐하면, 나(I)가 타자에 종속되어 기의의 주체로서 차지하는 위치는 기표의 주체로서 차지하는 위치에 대하여 탈중심적이기 때문이다. 주체는 자기가 발화하고 있다는 것도 모르는데, "무의식의 주체"를 "진술의 주체, 즉 발화자"로 지명하는 것은 어려운 일이다. 더군다나 무의식 주체를 욕망의 견지에서 언급하는 것은 더욱 어려운 일이다.

라캉은 무의식적 발화의 효과를 공식화하여 그것을 "대타자 내에 있는 결핍의 기표로 읽히는 S(Ø)"로 설명한다. 여기에서 결핍은 "대타자의 타자는 없다"는 공식으로 설명된다. 이 공식은 대타자가 대타자 자체를 넘어서는 기표들의 질서에 근거하지 않는다는 것을 뜻한다. 이러한 수수께끼 같은 공식을 설명한 후 이어서 라캉은 결핍으로서의 대타자의 기표에 대하여 언급한다. "나는 기표를 다음과 같이 정의한다: 기표는 다른 기표에게 있어서 주체를 재현해준다."[51] 이러한 정의에 따르면, 문제의 기표

50) *Écrits: A Selection,* 313.

51) 같은 책, 316.

S(Ø)는 다른 모든 기표들이 이 기표를 위하여 주체를 재현해주는 그러한 기표가 된다. 다시 말하자면, 이 기표가 없이는 다른 기표들은 아무것도 재현할 수가 없게 되는 것이다. 다른 기표들과 구별되는 이 기표를 표시하기 위하여 라캉은 −I(즉 S =−I)라는 기호를 사용한다. 만약에 이 기표가 그것에 상응하는 기의와 함께 무의식에 의하여 발화되는 진술을 생산해낸다고 할 때, 그 결과를 연산식으로 표현하면 s(무의식적 진술, 즉 기의)= $\sqrt{-I}$ (만약 데카르트의 의식적 사유 주체의 차원에서 생각하려고 한다면 "표현할 수 없는" 무리수)가 될 것이다. 그러한 무의식의 진술은 사라진 주체의 견지에서 인식되어야 한다. 즉 사라짐을 통해 일종의 죽음을 겪고 난 후, "우주는 무존재(Non-Being)의 순수성 속에서 하나의 결함이다"[52]라고 외치는 목소리가 들리는 곳에 거주하는 사라진 주체의 견지에서 인식되어야 한다는 말이다.

여기에서 라캉이 말하는 "희열"의 한계성이 도입된다. 발화하는 주체는 퇴거하여 거주하는 곳에서 무한성의 형태를, 즉 라캉이 말하는 희열을 경험할 수 있다. 흔히들 희열은 "금지된" 것으로 경험하게 된다고 하는데, 그 이유는 "사회의 나쁜 협정"[53] 때문도 아니고, 에고의 잘못 때문도 아니며, 그렇다고 "원죄"의 결과 때문도 아니다. 그보다는 희열이 법에 의하여 금지로 한정되기 때문이다. 이 말은 주체가 상징계에 진입했을 때, 즉 기표의 법에 종속되었을 때, 그래서 원초적 억압을 통해 저지되었을 때,

52) 같은 책, 317.
53) 같은 책, 320.

주체는 유한성의 결과를, 즉 희열에 부과된 한계로 인한 결과를 받아들여야만 한다. 따라서 희열의 한계성은 원초적 억압의 주체와 밀접하게 연관되어 있다. 또한 그 한계점들은 거세 콤플렉스와도 긴밀하게 연관되어 있다. 주체를 구성하는 것으로 이 거세 콤플렉스의 중요성은 아무리 강조해도 지나치지 않다. 이로써 라캉은 "주체 전복"의 중요한 의미를 제시하고 있다. "내가 변증법에 의거하여 여기에서 설명하려고 하는 바로 그 전복의 주된 동인을 우리는 이 거세 콤플렉스에서 발견하게 된다"[54]면서 라캉은 거세 콤플렉스를 강조한다. 거세란 "남성 성기(음경)의 이미지"인 남근의 희생이다. 여기에서 상징적 희생의 원리와 희생의 원리에 부여된 상상적 기능을 구별해야 하는데, 이때의 상상적 기능은 희생의 원리에 희생의 도구를 제공한다는 사실을 은폐한다. 우리는 라캉이 상징적인 것으로서의 남근(대문자 Phi[Ø])과 이미지로서의 남근(소문자 phi[ø])을 명확히 구별하고자 한다는 것을 알 수 있다. 그러나 앞에서도 지적했던 남근의 애매모호성은 여기에서도 문제가 된다. 오이디푸스 콤플렉스의 경우 대타자의 위치에 자리매김된 어머니를 넘어서서 아버지가 갖게 되는 권위의 현존 방식이 모호성을 띠었듯이, 거세 콤플렉스의 경우에도 욕망의 기표로서의 남근은 두드러진 모호성을 띤다. 이러한 모호성에서 우리는 자신의 주체 이론과 나아가 자신의 전반적 이론을 전복하려는 라캉의 위협적이고 메조히스트적인 욕망을 읽어낼 수도 있다.

54) 같은 책, 318.

VI. 라캉 주체 개념의 확장을 위한 제언

거울 단계의 주체 형성에서 볼 수 있었던 것이지만, 라캉이 말하는 주체는 오인의 구조로 형성된 에고에서 시작하여 상상계의 나르시시즘적 환상을 버리고 상징계로, 즉 문화와 언어의 상호 주관적 구조로 진입하여 욕망의 변증법적 운동을 통해 형성되는 것으로, 늘 "과정중에 있는 주체"이다. 그 주체는 사유 주체로서의 절대 주체가 될 수 있는 것이 아니라 사회적 구조에 대하여 이차적인 지위에 있다. 또 그 주체는 사회적 구조에 선행하는 존재가 아니며, 대타자를 타자로 인정함으로써, 즉 대타자의 관점과 자기에 대한 대타자의 견해를 고려함으로써 비로소 진정한 주체로 될 수 있다. "나는 생각한다, 그러므로 나는 존재한다"는 데카르트의 기본 명제와 "나는 내가 존재한다고 당신이 생각하는 것을 내가 생각한다는 것을 알고 있다, 그러므로 나는 존재한다"는 라캉의 명제를 비교해보면, 라캉의 주체 개념의 특징을 분명하게 알 수 있다. 라캉의 경우, 주체를 구조화하는 데 외부 세계가 우위성을 갖는다는 것은 유아가 생존 충분성을 어쩔 수 없이 결여하고 있기 때문에 주변 세계와 필수적 동화 내지 통합을 이룸으로써 생리학적 미숙성을 보상한다는 것을 뜻한다. 또한 그것은 주체의 가변성을 뜻하는 것이기도 하다. 이러한 사실에서 우리는 어떤 인간 주체도 고도로 개별화될 수 있을 것임을 예상하게 된다. 왜냐하면 근본적으로 인간 주체를 구성하는 시각적 이미지와 대상들은 변화가 가능하며 무한히 결합될 수 있기 때문이다. 이러한 관점에서 볼 때, 라캉의 주체 이론은 에고를 반휴머니즘적 · 진화론적인 힘들의 소산으로 개념화하는 신실증주의적 입장에 대하여 의문을 제기하고 있는 것이다. 라캉은 주체 형성의 요인들인 이미지·콤플렉스 등을 본질적·본능적인 것으로 보는 것이 아니라 사회적·후천적인 것으로 봄으로써 주체의 새로운 발전 가능성을 시사하고 있다. 라글란드-설리반이 프로이트의 이론을 "신휴머니즘적"이라고 이해했듯이, 라캉의 경우도 주체를 해체하는 반휴머니즘적 입장이라기보다 새로운 주체 추구의 방향을 제시하는 신휴머니즘적 관점이라고 평가할 수 있는 것이다.

지금까지 이 장에서는 라캉이 기존의 주체 개념을 비판하면서 새로운 주체 개념을 정립해가는 모습을 그의 일차적 텍스트를 중심으로 살펴보았다. 이제, 이와 같은 라캉의 주체 개념 정립을 기초로 하여 새로운 주체 개념의 방향을 설정할 때 유의해야 할 몇 가지 사항들을 이 장의 결론으로 제시하고자 한다. 첫째, 스쿠라(Meredith Skura)를 비롯한 많은 비평가들은 라캉이 무의식과 기표 내지 담론에 우위성을 두는 것을 문제로 지적한다. 스쿠라에 의하면, "프로이트는 <의식>을 탈중심화시켰지만 <무의식>을 중심에 놓고 있다. 이에 반해서 라캉은 의식과 무의식을 모두 <담론>으로 대체시키고 있다."[55] 그러나, 무의식이 언어의 구조를 지닌다는 라캉의 명제가 말해주듯이, 라캉 역시 무의식을 중심에 올려놓고 있는 셈이다. 여기에서 지적되어야 할 점은 라캉의 경우 정말 문제가 되는 것은 무의식에 우위성을 두는 태도라기보다 주체를 기표의, 즉 담론의 결과로만 보는 태도이다. 이에 대하여 박찬부는 "주체를 단순히 서사적 담론의 효과나 결과에

---

55) 박찬부, 375.

<불과한> 것으로 보는 시각은 극단적 해석론자나 해체론자들의 또 다른 편견"이라고 지적하면서, "주체를 공중 분해시켜 언어적 질서의 노예로 전락시킨 문제는 비판의 대상"56)이 되어야 한다고 강조한다. 이러한 관점에서 볼 때, 라캉의 주체 개념은 비판받을 여지가 많은 것이 사실이다. 하지만, "정신 분석학은 주체와 담론의 역동적 관계를 주목하는 데서 출발한다"는 박찬부의 말처럼, 주체와 담론의 역동적 관계에 역점을 두고 라캉의 주체 이론을 재해석해본다면, 그것이 새로운 주체 개념으로 확장될 여지는 충분히 있을 것이다.

둘째로, 라캉의 애매모호성은 특히 페미니즘적 관점에서 문제를 야기할 소지가 많다. 라이트(Elizabeth Wright)도 지적했듯이, 페미니즘적 정신 분석학 논의는 아마 정신 분석학적 비평의 가장 급진적 형태일 것이다. 앞에서도 언급했듯이 라캉은 아버지가 법의 권위를 원래 대표한다고 보면서도, 그러한 자신의 논리가 문제를 포함하고 있음을 인식하고 있다. 즉 그는 대타자의 위치를 차지하도록 사실 유도되고 있는 어머니라는 주체를 넘어서는 아버지의 특권적 존재 방식이 설명하기 어렵다는 문제를 인정하고 있는 것이다. 그러면서도 라캉은 이론 전개상 새로운 설명을 필요로 하는 이 문제에 대해서 더 심화된 논의가 필요하다는 것만을 지적한 채 어물쩍 넘어가고 있다. 또한 라캉은 자기가 전제하는 인간과 기표의 관계가 이른바 "문화론자"들이 생각하는 관계와는 다르다고 한다. 그러면서, 문화론적 입장의 예로 페미니즘적 입장—"프로이트가 페미니즘적 입장이라고 설명한 바 있는

56) 같은 책, 303.

어떤 입장을 갖고서 남근에 관한 논쟁에 임하는 카렌 호니에게서 기대되었던 것"[57]—을 들고 있다. 라캉은 기표와 인간의 관계를 성차를 배제한 근본적 차원에서 다루려고 했지만, 오히려 그의 논지 전개는 그 관계가 성차를 전제로 하고 있다는 것을 드러내 보인다. 나아가 그의 논지 전개는 이러한 성차에서 비롯된 문화론적 입장인 페미니즘적 입장을 지엽적인 여성의 문제로만 전락시키려고 한 의도를 표면화시킨다. 그리고 기표들 중의 기표인 초월적 기표로서의 남근의 의미화에서 나타난 애매성 역시 페미니즘적 관점이나 문화론적 관점에서 볼 때 라캉의 주체 개념 확장과 새로운 방향 정립을 위해서 보완되어야 할 문제점으로 제시된다. 이렇게 보면, 라캉 이론의 전개 자체가 스스로의 맹점을 드러내고 있다고 할 수도 있을 것이다. 하지만 이러한 맹점들은 더 높은 차원으로의 변증법적 지양을 위한 부정의 요소들이라고 할 수 있다. 그러한 문제점들 자체가 라캉의 주체 개념을 비판적으로 대하는 본연구의 기본 입장에서 볼 때 구축 가능한 새로운 주체 개념의 모습을 역으로 그려준다고 볼 수도 있기 때문이다. 라캉의 주체 개념에 내포된 이러한 문제점들을 극복할 수 있는 주체 개념의 정립이 바로 본연구에서 주체 개념에 대한 비판적 논의를 통하여 지향하는 바인 것이다.

---

57) *Écrits: A Selection,* 284.

제4장 알튀세: 마르크스주의적 주체 비판

윤혜준

I. 마르크스와 알튀세

탈근대를 근대와 구분하는 기준들 가운데 하나는 계몽주의적 주체, 즉 인식·판단·실천의 주체를 어떻게 대우하느냐 하는 문제와 관계 있다. 주체의 위상을 중심에 두고 또한 중심에 선 주체를 단일한 단위로 보는 것이 크게 보아 근대의 특징이라면, 탈근대는 주체의 중심됨을 문제삼고 주체의 하나됨을 부인한다. 주체가 주인이자 중심이 아니라면, 주체는 또 다른 중심에 의해 만들어지는 대상이나 객체일 수밖에 없다. 또한 이렇게 만들어지는 주체는 스스로 생각하는 모습과 이질적일 수 있기 때문에, 이중·삼중으로 주체가 분열할 가능성이 열린다. 주체에 대해 이와 같은 의혹을 품는 일은 꼭 1968년을 전후한 데리다(Jacques Derrida), 라캉(Jacques Lacan), 알튀세(Louis Althusser), 푸코(Michel Foucault) 등이 대표하는 프랑스 지성계의 독창적 산물이라고 할 수는 없다. 주체의 주체됨을 문제삼는 것이 탈근대의 특징이라면, 탈근대의 시작은 적어도 니체(Friedrich Nietzsche)의 계몽주의 비판까지는 거슬러올라가서 찾아야 옳은 일이며, 사실 자유주의적 개인 주체에 대한 가장 체계적인 비판은 마르크스(Karl Marx)의 글에서 찾을 수 있다. 그렇다면, 이미 150여 년 전에 서양 관념론 및 계몽주의적 주체 개념에 대한 비판을 개시한 마르크스의 사상적 계보에 서 있다고 자부하는 알튀세가 새롭게 비판한 주체는 어떠한 주체이고 그 비판의 손익이 어떠한가를 따져보는 일은—탈근대의 참신성에 대한 환영이 점차 사라지면서 이제 그것에 대한 역사적 평가가 요청되는 새로운 세기의 문턱에 선 현 시점에서—탈근대 전체의 '진실'에 대한 중요한 단서를 제공하는데 일조할 수 있다. 알튀세의 지적인 실천의 '진실'이 탈근대의 '진실'과 밀접한 관련을 맺기 때문이다.

이 알튀세의 '진실'이란 무엇인가? 가장 통속적인 차원에서 보면 그것은 알튀세라는 개인의 삶이 보여주는 일정한 의미일 것이다. 알튀세는 본연구서에서 다루는 탈근대 사상가들인 데리다, 라캉, 푸코처럼 엘리트 교육이 제도화되어 있는 프랑스에서 가장 우수한 학생 집단을 가르치며 살았다는 점에서는 같으나, 이들과 달리 사뭇 충격적인 종말을 맞이한 인물이다. 그가 부인을 죽였고, 이후 정신병자로 남은 여생을 전전하다가 어느날 신문지 한 구석에 자신의 죽음을 몇 줄로 알릴 무렵에는 이미 마르크스와 마르크스주의의 이름하에 이루어진 사회주의 실험들이 숨을 거뒀다는 사망 판정이 나온 뒤였다. 모든 죽음의 경우가 그러하듯이, 알튀세의 죽음과 '현실 사회주의'의 죽음을 대하는 살아 있는 자들의 몫은 무엇보다도 그 죽음의 원인을 규명하는 것이다. 알튀세와 현실 사회주의의 사인은 무엇인가? 이미 알려진 원인들 중에는 예컨대 계획 경제나 중앙 집권적 독재 체제 같은 것이 포함될 것이다. 그렇지만 그 외에도, 이미 19세기에 마르크스가 적절하게 '죽인' 근대 부르주아 주체를 마르크스를 시정한다는 명분하에 '부정의 부정' 논리에 의해서—즉 계몽주의적 주체를 죽인 마르크스를 죽임으로써—오히려 다시 되살린 오류도 그 사인에 포함되지 않는가 하는 것이 우리 연구자들의 생각이다.

(1) 마르크스의 추상적 "인간" 개념 비판

마르크스와 엥겔스(Friedrich Engels)의 사상적 발전의 큰 획을 긋는 작품이지만 그들의 생전에는 출판되지 않았던 『독일 이데올로기』(*The German Ideology*)는 소위 헤겔(G. W. F. Hegel) 좌파라고 불린 부르노 바우어(Bruno Bauer), 루드비히 포이에르바하(Ludwig Feuerbach) 등을 풍자적으로 비판한 『신성가족』(*Holy Family*)의 논지를 좀더 심화시켜서 하나의 체계적인 대안적 논리를 세우려는 시도를 담고 있다. 이 책에서 마르크스와 엥겔스는 후대 마르크스주의 담론 전반과 특히 알튀세에게 중요한 출발점 중 하나인 이데올로기론을 펴는데, 그들은 당시로서는 진보적인 입장을 취한 편인 헤겔 좌파의 이론이 갖는 독특한 굴절을 "독일적인 이데올로기"로 명명한 후, 그것과 자기들의 입장간의 차이를 다음과 같이 지적한다.

> 하늘에서 땅으로 내려오는 독일 철학과는 정반대로, 우리는 이 책에서 땅에서 하늘로 올라가고자 한다. 다시 말해서, 우리는 실제 육신을 가진 사람에 도달하기 위해서 사람들이 하는 말이나, 상상하고 생각하는 내용이나, 아니면 서사나 사유·상상·개념 속에 등장하는 사람의 모습에서 출발하지 않는다. 우

> 리는 실제로 활동하는 사람들에서부터 시작해서 이들의 실제 삶의 과정에 근거해서 이 삶의 과정의 이데올로기적 반영체와 메아리들의 전개 양상을 제시한다. 사람의 두뇌에서 형성되는 환영들 또한 필연적으로 이들의 물질적 삶의 과정이 승화된 것들인데, 이러한 물질적 삶의 과정은 경험적으로 검증될 수 있으며 물질적 전제 조건에 묶여 있다. 도덕·종교·형이상학과 기타 이데올로기 및 이데올로기에 부합되는 의식의 형태들은 이처럼 더 이상 독립적인 듯한 양상을 유지하지 못한다. 이것들은 역사를 갖지도, 발전을 하지도 않는다. 다만 사람들이 물질적 생산과 물질적 교류를 발전시킴으로써 자기들의 실제 생활과 아울러 사유와 사유의 산물들을 바꾸는 것이다. 삶이 의식에 의해 규정되는 것이 아니라 의식이 삶에 의해 규정되는 것이다.[1]

사적 유물론의 기본 입장을 비교적 간결하게 축약해놓은 이 유명한 진술을 여기에서 다시 한번 세밀히 분석해볼 필요가 있다. 그것은 이 고전적 텍스트에서 알튀세식 마르크스주의의 특징과 편향을 이미 암시적으로 비판하고 있는 점이 엿보이기 때문이다.

먼저 마르크스와 엥겔스의 주장을 다시 풀어서 설명하자면 다음과 같다. 헤겔의 논리대로, 정신의 세계에서 현실로 나아가는 "독일 철학"은 관념 - 이론이라는 하늘에서부터 현실 - 실천이라는 땅으로 거꾸로 내려온다. 반대로, 마르크스와 엥겔스의 방법론은 현실의 구체적인 조건에서 출발해서 관념과 이론의 세계를

1) Karl Marx and Frederick Engels, *The German Ideology*, Part One, ed. C. J. Arthur (New York: International, 1947), 47.

설명한다. 이 비유를 보다 구체적으로 설명하자면, 특정 담론의 주체와 담론상에서 재현된 인간 주체의 일정한 모습에서 출발해서 실제 인간의 모습을 설명하는 것이 아니라, 역으로 현실의 삶의 논리 속에 연루된 실천 주체로서의 인간과 이러한 삶의 실천 과정에서 불가피하게 파생되는 "삶의 과정의 이데올로기적 반영체와 메아리들"을 설명한다는 말이다. 그런데 이것은 담론과 재현의 주체 및 그 담론과 재현에 담긴 인간 주체의 모습이 어디서 어떻게 굴절되어 있는지를 설명하는 과정과 일치한다. 인간의 두뇌 속에 생겨나는 관념은 "경험적으로 검증할 수 있는" 물질적 전제 조건의 승화된 반영물들이다. 바로 여기에서 현실의 물질적 조건으로부터 독립했다는 주장에 근거한 관념의 독자성과 그 독자성에서 생기는 권위는 허물어지게 된다. 그런데 현실은 끝없이 변화하는 속성을 갖고 있다. 반면에 현실을 초월했다고 생각하는 관념의 세계는 변화와 역사를 모른다. 그러나 현실의 굴절된 반영으로서 관념의 세계는 물질적 생산 관계의 발전과 변화에 연루될 수밖에 없고 물질적 조건의 변화와 함께 관념과 관념의 산물들도 변화하기 마련이다. 이러한 의미에서, 삶이 의식에 의해 규정되는 것이 아니라 삶의 조건이 의식을 규정하는 것이다.

위의 설명에 기초해서 이제 『독일 이데올로기』의 주장이 함축하고 있는 몇 가지 명제들을 추출해보자. 첫째로, 관념과 이론의 세계는 상대적인 독자성을 갖고 있고 물질적 조건으로부터 자유롭다는 환상에 기초한다. 둘째로, 사적 유물론이란 무엇보다도 이러한 이론과 관념의 환상을 깨면서 동시에 그 원인과 조건을 밝히는 것을 일차적인 임무로 삼는다. 셋째, 이러한 의미에서의 사적 유물론이 가능하려면 “물질적 전제 조건”의 세계가 존재론적 실체성을 지니고 있다는 사실을 인정해야 하고, 이것에 대한 경험적 인식의 가능성도 열려 있어야 한다. 만약에 그렇지 않다면 관념과 이데올로기에 대한 비판의 근거와 방법이 동시에 허물어지게 되고, 사적 유물론은 자기가 만들어내는 환상에 갇힌 채 또 다른 이데올로기로 고착될 수 있다. 이렇게 된다면, 아무리 자신을 ‘과학’이나 ‘이론’의 이름으로 치장한다 해도 사적 유물론으로서의 특징은 약화된다. 사적 유물론이 밝혀내는 ‘진실’은 변화하는 물질적 조건들에 대한 구체적이고도 집요한 탐구 속에서 가능한 것이지, 관념적 체계의 명징성에서 오는 것은 아니기 때문이다. 그런데 알튀세는, 뒤에서 다시 거론하겠지만, 사적 유물론을 역사적 가변성의 세계로부터 독립한 관념적 체계의 내적인 결속력에 의지해서 정립하고자 했다. 따라서, 알튀세의 이론은 마르크스의 이름하에 부활된 가장 강력한 관념론이 아닌가 하는 반문이 생긴다. 만약 그렇다면, 이 ‘마르크스주의적 관념론’이 비판한 관념론적 유산들이 폐기되기는커녕, 오히려 겉으로만 부정된 형태로, 데리다식으로 말하면 “지워진 채”(under erasure) 다시 되살아날 뿐이다.

본연구에서 다루는 주체의 문제가 단적인 예이다. 주체(subject)가 “누구에게 종속됐다”(subjected to)는 의미에서 어떠한 행위의 주인(subject of)이라는 의미로 변화하는 역사적 과정은 일정한 대가를 요구한다. 그것은 다름 아니라 이 주체가 구체적인 상황과 조건 속에서의 주인이라기보다는 추상적 보편성 속에서 주인으로서 인정받았다는 점이다. 데카르트(René Descartes)의 “Cogito ergo sum”이라는 명제에서 주체 - 주어는 “나는 생각한다”는 추상적 행위의 주체일 뿐이고, 그러한 극단적 추상성의 영역에서만 자신의 존재를 확인할 수 있지, 그 밖에 모든 사실은 깊은 의심의 대상일 뿐이다. 이러한 추상성을 담보로 해서 독립한 개인 주체는 후에 계몽주의와 프랑스 혁명의 시대에 추상적 보편성의 영역이 아니라 변화하는 정치적 현실 속에서 모든 인간의 주체성·주인됨을 주장하는 거대한 실험에 돌입하는 전환기를 맞게 된다. 추상적인 '인간'의 보편적 권리와 주인됨을 옹호하는 행위에는 한편으로는 모든 특수성을 초월하는 추상적 보편성을 주장할 수 있는 이점이 있다. 그러나 동시에 그것이 추상적인 만큼 거기에는 온갖 특수한 이익과 권리들이 은폐될 수 있는 여지가 얼마든지 있기 마련이다. 예컨대, 미국의 독립선언문을 쓴 토마스 제퍼슨(Thomas Jefferson)은 숱한 노예를 소유한 주인이었고, 계몽주의자들이 선언한 "인간"(Man)의 권리 속에는 여성의 권리는 포함되지 않았다.

마르크스의 사상은 바로 계몽주의가 만들어낸 이러한 추상적 개인 주체의 한계에 대한 인식에서 출발한다. 그리고 이러한 추상적 보편성의 한계 속에 머문 포이에르바하식의 진보 사상은 마르크스가 밟고 넘어가야 할 마지막 걸림돌이었다. 포이에르바하는 '인간'을 옹호하고 '인간'의 이름으로 헤겔의 관념 철학을 비판했으나, 그의 '인간'은 '독일인'을 보편화시킨 위장된 추상성일 뿐이라고 마르크스는 생각했다. 마르크스에 의하면, 포이에르바하는 "이론의 영역에 머물면서 인간을 주어진 사회적 조건하에서, 즉 인간이 인간이 되도록 만드는 그들의 실제 삶의 조건들하에서 파악하지 않는다. 따라서 그는 실제로 활동하는 사람들의 경지에 절대로 도달하지 못하고 '인간'이라는 추상화 앞에 멈춘 채, '진정한 개별적·육체적 인간'을 정서적 차원에서 인정하는 단계 이상으로 나아가지 못한다."[2] 마르크스는 여기에서 분명히 "실제로 활동하는 사람들"과 "인간"이라는 추상적 개념을 대조시킨다. 반면에 알튀세는 인간이라는 추상적 보편성에 "구조"나 "이론"이라는 또 다른 추상적 보편성을 대조시킨다. 그러나 현실 속에서 "실질적으로 존재하는 적극적 인간들"을 배제한 마르크스주의에게 열려 있는 길은 바로 마르크스가 벗어났던 "독일 이데올로기"로 돌아가는 것뿐이다.

(2) 알튀세의 "이론적 반휴머니즘"

알튀세는 1959년에 출판된 초기작 『정치와 역사: 몽테스키외, 루소, 헤겔, 마르크스』(*Politics and History: Montesquieu, Rousseau, Hegel and Marx*)에서 헤겔과 마르크스의 관계를 논하면서, 헤겔이 마르크스에게 물려준 유산은 "역사를 하나의 과정으로서 생각하는"[3] 사고 방식이라고 주장한다. 이러한 과정으로서의 역사에서는 칸트(Immanuel Kant)가 설정했던 판단과 인식의 단일한 중심으로서의 주체는 불가능해진다. 끝없는 변화의 과정 속에서는 변화를 인식하는 주체도 어떤 식으로든 같이 변화하기 때문이다. 이처럼 헤겔에 있어서도 이미 계몽주의적 주체는 "일정한 주체가 없이 전개되는 소외의 과정, 또는 주체가 없는 변증법적 과정"[4]으로서 파악된 역사 속으로 사라져가는 경향을 보인다. 그러나 여기에

---

2) 같은 책, 64.

3) Louis Althusser, *Politics and History: Montesquieu, Rousseau, Hegel and Marx*, trans. Ben Brewster (London: Verso, 1972), 181.

4) 같은 책, 182.

대한 보완으로서, 바로 이러한 변화 과정의 목적론적 성격, 말하자면 변화의 '섭리'가 주체의 위상을 대신한다. 즉 개인 주체는 사라졌으나 전개되는 전체 과정의 합목적성이 일정한 방향으로 드러나고, 이러한 의미에서 '과정'은 어떤 중심을 지향한다.[5] 그렇다면 이러한 변화의 일정한 모양새를 보장해주는 조건은 무엇이겠는가? 이 질문에 대해 마르크스는 "생산 관계와… 그 밖의 다른 (정치적, 이데올로기적) 관계 속에서만 과정이 가능하다"[6]고 했다고 알튀세는 주장한다. 변화 "과정"의 통일성이나 방향성, 또는 원동력을 외적으로 설정된 "관계"로 본 것이다. 이렇게 해서 전자의 가변성과 시간성에 후자의 불변성과 공간성이 대조될 뿐 아니라, 후자가 전자보다 우월한 위치에 놓이게 되는 것이다.

그러나 초기 알튀세는 헤겔이 의미한 과정의 합목적성에 대한 추상적・관념적 인식을 비판하고 마르크스가 설정한 생산 관계의 중요성을, 즉 구체적 조건의 중요성을 이해하면서도, 헤겔과 마르크스간의 연관성을 인정해주는 유연성을 보이고 있다. 그러나 이것도 잠깐, 60대의 알튀세는 헤겔과 헤겔적 요소에 대한 대대적인 숙청 작업에 나선다. 알튀세의 헤겔 비판은 서양 형이상학 전체를 공격한 데리다와 일견 유사해 보이는 반면, 헤겔의 『정신 현상학』(*Phenomenology of Spirit*)의 영향을 받은 흔적이 많은 라캉과는 대조된다고 할 수 있다. 이들과는 달리, 니체적인 전통에서 출발한 푸코에게는 애초에 헤겔을 문제삼을 의무가 크게 없었다고 할 수 있다. 하지만 마르크스주의를 주장하는 사람에게 헤겔은 불가피한 문제이다. 마르크스 자신이 헤겔에 대한 입장을

---

5) 같은 책, 184.
6) 같은 책, 186.

정리함으로써 자신의 사상을 구축하기 시작했기 때문에, 어떤 면에서는 모든 마르크스주의자에게는 나름대로의 헤겔론을 피력할 의무가 주어진다. 마르크스주의자를 자처하는 알튀세는 어떠한가? 『마르크스를 위하여』(*For Marx,* 1965) 이후로 알튀세는 마르크스와 헤겔의 연관성을 철저히 부인할 뿐만 아니라, 마르크스 내부에도, 즉 마르크스라는 주체의 내부에도 헤겔적 마르크스와 비헤겔적 마르크스 사이의 단절이 있다는 논리를 전개하면서, 선언적 개념으로서의 "이론적 반휴머니즘"(theoretical antihumanism)이 마르크스 사상의 본모습이라고 한다.[7] "반휴머니즘"이란 것은 헤겔에 대한 알튀세의 입장을 단적으로 보여주는 말이다. 객관적 조건의 구속력과 맞서 나아가는 자유로운 '정신'의 현상학이 가능하고, 그 과정에서 '인간'이 인간으로서 존재할 수 있다는 시각에 반대하는 "반휴머니즘"은 인간이란 전혀 그렇게 대단한 동물이 아님을 냉정하게 지적한다. 이러한 반휴머니즘은 대부분의 사람들이 실제 현실을 살면서 전혀 자신의 정신적 자유를 체험하지 못하는 시대에는 쉽게 일반 정서에 와닿을 수 있다.

그런데 문제는 반휴머니즘이 필히 "이론적 반휴머니즘"이어야 한다는 알튀세의 주장이다. 추상적 인식의 구체적·물질적 조건을 따지는 마르크스의 입장에서는 "이론적"이라는 수식어가 굳이 필요하지 않을 뿐더러 오히려 해가 될 수도 있다. 이론적으로 아무리 명확한 입장을 표명하더라도 그 자체로는 현실을 규정할 가능성이 보장되지 않기 때문이다. 오히려 이론을 포함한 "의식"

---

7) Louis Althusser, *For Marx,* trans. Ben Brewster (London: NLB, 1977), 229.

을 규정하는 것이 “삶”이라면 말이다. 따라서 이론의 문제를 중시하는 것은 그만큼 이론을 규정하는 물질적 조건들과 관계들로부터 자유로운 특별한 불변의 영역을 옹호하는 행위일 가능성이 크다. 이러한 의미의 이론가로서 마르크스가 알튀세의 주된 관심사라고 할 때, 그것은 마르크스가 수행한 숱한 정치적 논쟁, 실증적 연구와 시사적 산문 등 대부분의 “반이론적”인 글들을 배제하고 오직 가장 이론적인 대목들, 특히 일반론을 모아놓은 서문 따위에 치중하여 재구성해낸 모습이 될 수밖에 없다. 이처럼 이론을 독립시키는 행위는 이론과 이론이 생겨난 조건간의 괴리를 야기하고 나아가 특수한 현실들과 그 현실의 일반화간의 괴리로 이어진다. 이 괴리가 바로 알튀세 사상의 핵심적 모순이다. 또한 바로 이것이 특수와 일반, 추상성과 구체성간의 변증법적 인식의 붕괴를 특징 중의 하나로 삼는 탈근대 시대의 사상가 대열에 알튀세를 포함시키게 하는 점이다.

알튀세는 마르크스 사상의 출발점이었던 추상적 인간의 문제에서 자신의 논의를 시작한다. 그에 의하면 마르크스는 개별적 개인들 속에 자리잡았다고 부르주아 계몽주의가 생각했던 인간의 보편적 본질에 대한 이론을 다음과 같이 비판했다는 것이다.

> 만약 인간의 본질이 하나의 보편적 속성이 되려면, 구체적 주체들이 절대적으로 주어진 전제가 되는 것이 필수적인데, 이것은 주체의 경험주의를 함축한다. 이 경험적 개인들이 인간이 되려면, 각자가 자기 내부에 인간적 본질을 그대로, 실제로가 아니라면 적어도 원칙상으로라도, 지니고 있어야 한다. 이것은 본질론적 관념론을 함축한다. 따라서 주체의 경험론은 본질론

> 적 관념론을 함축하고 그 역도 성립한다. 이 관계는 그 "반대"로 역전되어서 개념의 경험론 대 주체의 경험론으로 짝지어질 수 있다. 그러나 문제 틀(problematic)을 역전시켜도 문제 틀의 근본 구조는 존중되는 셈이며, 고정되어 있다… 인간의 본질을 자신의 이론적 토대로 삼지 않음으로써 마르크스는 이 공리들의 유기적 체계 전체를 거부했다. 그는 주체, 경험주의, 관념적 본질 등의 철학적 범주들을 그것들이 지배했던 모든 영역들에서부터 추방해버린 것이다.[8]

알튀세가 마르크스의 어떠한 텍스트를 근거로 이와 같이 마르크스의 업적을 일목요연하게 대변하는가 하는 문제를 검토하기 이전에, 이 인용 자체를 다시 한번 살펴볼 필요가 있다. 알튀세는 경험론과 관념론이 외견상의 대립에도 불구하고 개인 주체를 이미 하나의 주어진 당위로 본다는 점에서 구분이 없다고 주장한다. 그런데 그 이유가 주체를 "주어진" 전제로 받아들이기 때문이라는 논리는 명료한 만큼 또한 단순해 보인다. 오히려 이 주체가 어떠한 전제이고 그것이 어떻게 전제로 주어졌는가가 중요한 것이지, "주어졌다"는 사실 그 자체가 중요하지 않기 때문이다. 게다가 어떠한 전제가 "주어지는" 것은 모든 사유 과정에 수반될 수밖에 없는 조건이다. 알튀세가 이처럼 개인 주체가 주어졌다는 사실만을 놓고 볼 때 관념론과 경험론은 같은 동전의 앞뒤가 된다고 하면서, 마르크스가 이러한 '문제 틀'을 통째로 폐기했기 때문에 주체의 위상 그 자체가 주어진 전제나 논의의 출발점이 되지 않는다고 주장한 것은, 그 매력적인 논법에도 불구하

---

8) 같은 책, 228.

고, 그가 옹호하는 마르크스주의에 오히려 손실을 미칠 수 있다. 단적으로, 관념론에서 생각하는 추상적 사유를 하는, 예컨대 칸트의 순수 이성을 사유하는 주체와—마르크스가 보다 많은 관심을 가졌던—경제 행위 같은 구체적 관계 속에서의 개인 주체를 구분하지 않고 이것들을 한꺼번에 '주체'로 묶어놓다보면, 자본주의에 대한 비판적 인식은 애초에 불가능해진다. 뿐만 아니라, 자본주의 체제하에서 사는 "경험적 주체"들이 어떻게 현실을 감내하고 개선해 나아갈 것인가 하는 정치적 실천의 문제도, 전제로서 경험적 주체를 배제하기 때문에, 생각하기 어려워진다. 경험적 주체와 함께 경제도 없고 정치도 사라진다면, 도대체 그람시(Antonio Gramsci)가 말한 실천의 철학(philosophy of praxis)으로서 마르크스주의가 실천할 영역으로는 무엇이 남는가? 이러한 반론의 타당성을 부분적으로 인정하는 의미에서 알튀세는 경험적 주체를 전제로 하는 "휴머니즘"이 "이론"이 아닌 "이데올로기"로서는 유용하다고 한다. 다만, 그것이 "이론적 휴머니즘"과는 철저한 거리를 둘 필요성을 강조하는데, 왜냐하면 "이론적 휴머니즘"은 "마르크스의 문제 틀"과는 상관없기 때문이다.[9)]

이처럼 "이론"과 반경험적 사유를 지고의 가치로 여기는 알튀세의 논리는 그가 줄곧 거명하는 마르크스보다는 반실증주의적 과학 철학자 가스통 바슐라르(Gaston Bachelard)와 더 가깝다. 바슐라르에 따르면, 과학 또는 알튀세식으로 말해서 "이론"은 "합리성의 실현"이고, "과학의 경험 - 실험"(experience -experiment)은

9) Louis Althusser, *Reading Capital*, trans. Ben Brewster (London: Verso, 1970), 142~43.

이러한 합리성의 확증일 뿐이다. 바슐라르에 있어서 이론과 경험 간의 관계는 명확하다. 이론이 경험적 관찰에 선행해서 "경험의 필요성"을 인가해주어야만 경험이 설자리를 얻는다. 이처럼 이론의 위상이 중요한 이유는 경험적 증거들에 대한 불신 때문이다. "모든 새로운 진실들은 증거가 없어도 태어나고, 모든 새로운 경험들은 직접적 경험이 없어도 태어난다"는 도전적인 명제에서 볼 수 있듯이, "진정한 과학적 현상학"이라면 "보이는 것 뒤에서 내비치는 것들을" 파악해야 한다고 바슐라르는 주장한다.[10] 경험적 현상에 대한 이러한 플라톤적 불신은 자연과학처럼 실체적 현상을 다루는 분야에서도 근본적인 문제를 제기할 것이 분명하다. 그러나 자연과학은 수학적 질서라는 순수하게 이론적인 세계 위에 자신의 학문적·담론적 체계를 세울 수 있다. 반면에 역사·사회·계급·정치·이데올로기 등을 논하는 마르크스의 전통에 있어서는 이러한 반경험적 입장이 훨씬 더 복잡한 결과를 초래할 수밖에 없다. 노사간의 첨예한 대립에 있어서, 마르크스주의 '이론'이 "경험의 필요성"을 인정해주든 말든, 대립과 갈등의 경험은 스스로 하나의 '현상학'을 만들어내지 않는가?

물론 마르크스 자신도 일반적 의미의 경험론에 대해 비판적 입장을 표명하고 있다. 더 정확히 말해서, 마르크스는 즉물적(immediate) 경험을 추상적인 것으로 보는 헤겔의 시각을 따른다. 마르크스는 특히 알튀세가 지적하듯이 고전주의 정치경제학 이론이 경제 활동의 경험적 주체로서 추상화해놓은바, 재화들에 대한

---

10) 이상과 같은 바슐라르의 주장에 관해서는 Gaston Bachelard, *Le Nouvel esprit scientifique* (Paris: Presse universitaire de France, 1934), 9~16 참조.

수요를 충실하고 어김없이 갖고 있는 주체들로 인간을 보는 "순진한 인류학"[11]을 폐기한다. 그러나 이것이 꼭 경제에 대한 "인류학적" 시각에서 "구조적"[12] 시각으로의 전환이라는 결론을 보장하지는 않는다. 이 점에 대한 알튀세의 설명은 다음과 같다.

> "노동은 무엇보다도 인간과 자연간에서 일어나는 과정이고 이 과정에서 인간은 자신의 활동에 의해서 자신과 자연간의 물질적 교환을 시작하고 규제하고 조정한다. 인간은 자연의 힘으로서의 자연에 대해 자신을 대립시킨다"고 말하면서, 마르크스는 물질적 자연을 생산물로 변형하는 행위가, 따라서 물질적 체계로서의 노동 과정이, 자연과 기술의 물리적 법칙에 지배당한다고 주장하는 것이다. 노동력 또한 이 체계에 포함된다. 이러한 물질적 조건들로 노동 과정을 규정하는 일은 바로 그 물질적 차원에서 이루어지는 순수한 창조로서의 인간 노동에 대한 일체의 "휴머니즘적" 개념을 부인하는 것이다.[13]

과연 그러한가? 알튀세가 이러한 주장의 근거로 삼고 있는 「정치경제학 비판 서설」("*Introduction to a Critique of Political Economy,*" 1857)을 보면, 마르크스는 물질적 조건에서부터 상대적으로 자유로운 "순수한 창조로서의 인간 노동"의 예를 예술적 노동과 그 생산물에서 찾으면서 글을 끝내고 있다. 즉 고전 시대의 희랍 예술이 특정한 역사적 조건들의 산물임에도 불구하고 문제는 "희랍 예술과 서사시가 사회 발전의 특정 형태와 어떻게 연관되었

---

11) *Reading Capital*, 162.
12) 같은 책, 167.
13) 같은 책, 171.

는가를 이해하는 것"이라기보다, "이것들이 여전히 우리에게 미적 쾌감을 주고 몇 가지 점에서 하나의 표준이자 도달할 수 없는· 이상이라고 생각되는 것"[14]이라고 마르크스는 말한다. 이것은 그 자체로 알튀세의 구조 중심적 시각에 대한 반론이 되지는 않을지 모르지만, 문제의 복잡성을 암시해주기는 한다.

「정치경제학 비판 서설」에 담긴 마르크스의 고전주의 정치경제학 비판 개요는 분명히 주체 개념에 대한 비판에서 출발한다. 생산을 경제의 중심에 놓고 있는 정치경제학은 거기에서 더 나아가 특정 생산 주체를 설정하게 되는데, 이 생산 주체는 사회적으로 자유로운 경쟁 상태에서 자신의 필요에 따라 이익을 추구하는 주체이다. 그러나 일견 자본주의의 경험적 현실이 뒷받침하는 듯한 이러한 주체 개념은 실제 현실의 제반 조건들을 추상화한 것일 뿐이다. 예컨대 시장이라는 현실을 감안할 때, 자신의 이익을 추구하는 여러 주체들은 자유로운 경쟁을 한다기보다 시장을 구성하는 각종 이권과 독점적 체제에 맞물린 채 활동한다. 따라서 이러한 현실의 제반 관계를 추상화한 경제인(homo oeconomicus)의 개념을 마르크스는 무인도에서 혼자 부를 향유하고 자기만의 필요에 따라 노동을 하고 부를 창출하는 로빈슨 크루소(Robinson Crusoe)의 신화와 같은 환상일 뿐이라고 한다.[15] 실제 현실에서 생산이란 언제나 "사회 발전의 특정 단계에 있어서의 생산, 한 사회 속의 개인들에 의한 생산"일 뿐만 아니라, "생산의 넓거나 적은 범위의 총체성에 연루되는 대상은 특정 사회

14) Karl Marx, "Introduction to a Critique of Political Economy," *The German Ideology*, 150.

15) 같은 책, 124.

의 구성체이자 하나의 사회적 주체"[16]임을 마르크스는 강조한다. 마르크스가 말하는바, 구체적인 사회 현실 속에서 생산을 실행하는 "사회적 주체"는 순진무구한 로빈슨 크루소주의를 배격하는 개념임이 분명하지만, 그것은 주체의 자리 자체를 없애버린 "구조"의 세계와도 다르다. 특히 경험의 문제에 관한 한 오히려 경험적 현실을 축약해놓거나 배제했던 고전주의 정치경제학과는 달리, 마르크스는 생산을 구체적 경험으로 보고 그 경험이 필히 수반하는 사회적 조건의 "총체성"을 문제삼는다. 여기에서 마르크스가 말하는 "사회"가 경험적 현실과 같은 말이 아니라면, 또 사회적 조건의 "총체성"이 경험적 현실을 가장 큰 단위에서 포괄한 개념이 아니라면 무엇이겠는가?

알튀세처럼 모든 경험론이 모든 관념론과 대립하고 있다고 보는 것은 성급한 태도이다. 관념적인 경험론, 즉 허위적 경험론이 그 추상성의 측면에서 관념론과 통할 뿐이지, 그것이 구체적인 현실을 깊이 천착하는 유물론적 경험론까지 폐기할 이유가 되지는 않는다. 바슐라르의 시적인 명제들에도 불구하고, 경험은 꼭 이론의 허가를 받으려고 묵묵히 기다리고 서 있지 않다. 경험은 이론의 관념성과 권위에 끝없이 도전한다. 적어도 마르크스에 있어서 '진실'은 이론 때문이 아니라, 이론에도 불구하고 드러난다.

(3) 이론적 실천과 증상적 독법

그러나 우리가 여기에서 문제삼는 경험이 직접적·감각적 현실 체험만을 지칭할 수는 없다. 물론 직접적 현실 체험이 경험의

---

16) 같은 책, 125~26.

범주에 포함되기는 하겠으나, 현실에 대한 일정한 '이론적' 안목, 즉 숨겨진 현실의 논리 속에서 경험이 갖는 '의미'에 대한 이해를 포함한 경험만이 추상적 경험주의에 맞설 수 있을 것이다. 이러다 보니 오히려 일상 체험이 반복적으로 만들어내는 경험적 인식은 사회의 총체적 관계를 보지 못하게 한다는 점에서 추상적 경험주의에 속한다. 이러한 측면을 감안하면 예컨대 자본주의 현실의 '진실'은 시장 상인들보다는 지식인들이 간파할 가능성이 더 크고, 마르크스주의도 이러한 지식인들의 실천 전통이라는 알튀세의 강변은 어느 정도 타당할 수 있다.

> 사적·변증법적 유물론의 창시자들은 지식인들이었다… 그들의 이론은 지식인들에 의해 발전되었고… 노동자들의 "자발적인" 이데올로기는, 그대로 놓아두면, 단지 공상적 사회주의, 노동조합주의, 무정부주의, 무정부주의적 생디칼리즘 따위밖에는 만들어내지 못한다. 반면에 마르크스주의적 사회주의는, 하나의 과학과 선례가 없는 하나의 철학을 정립하고 발전시키는 거대한 이론적 노동을 전제하는 만큼, 오직 철두철미한 역사적·과학적·철학적 훈련을 거친 최고급 지식인들의 작업이 될 수밖에 없는 것이다.[17]

그런데 이렇게 말하므로, 사적 유물론이 가장 중시하는 노동현실의 주체, 일반적 노동의 주체는 부차적인 위치로 밀리면서, 동시에 이 과정을 통해서 직접적인 노동의 세계와 거리를 두고 존재하는 '이론적 노동'의 주체가 부상한다. 그리고는 이 지식인

---

17) *For Marx*, 24.

주체, 적어도 마르크스주의 전통에 선 주체들은 최고급 역량을 갖춘 영웅적 주체로까지 격상되는 것이다. 이렇게 해서 알튀세의 손에서 사적 유물론은 과학과 철학의 역사, 말하자면 사상사의 일부로 편입되어 버리는 것이다.

과학과 철학으로서 마르크스주의가 대우받는 것이 알튀세를 포함한 지식인들에게는 즐거운 일일지 모른다. 하지만 알튀세의 이와 같은 주장을 받아들일 때 몇 가지 문제가 제기된다. 먼저, 마르크스주의가 지식인들의 '이론적 노동'의 전통이자 그 산물이라고 할 때, 이 점이 마르크스주의만의 고유한 특성, 즉 마르크스주의가 다른 '주의'나 담론들과 구분되는 유일한 특징이겠는가 하는 문제가 있다. 그런데 상식적으로 보아도 '주의'와 담론이란 본래 지식인들의 이론적 노동의 전통일진대, 유독 마르크스주의만이 그것을 내세울 이유가 없다. 오히려 이렇게 주장함으로써, 마르크스주의를 여타의 주의와 담론들의 영역에 포함시켜 그 독특한 실천적·대중 운동적 특성을 와해시키고자 한다는 의혹마저 든다. 물론 보기에 따라서는 이러한 와해가 마르크스주의와 그것의 주도적 인물들의 이론적·철학적·담론적 권위를 높이는 이득을 염두에 둔 것일 수도 있으나, 다른 한편으로는 사회 변혁을 위한 정치 운동을 포함할 수밖에 없는 마르크스주의 전통의 특성을 감안할 때 손실이 아닐 수 없다. 실제로 철학가들이 현실을 "해석"만 하고 있을 것이 아니라 현실을 "변혁"하자는 마르크스의 유명한 『포이에르바하 테제』(*Theses on Feuerbach*)의 요구에 대해 마르크스주의 철학자로 자처하는 알튀세는 어떻게 응답할 것인가? 그의 응답은 "이론적 실천"이라는 하나의 반어법인데, 그는 이 궤변적 표현을 통해서 이론과 실천의 변증법적 갈등을 해소 내지는 유보하고자 한다.

"이론적 실천"이라는 묘한 표현을 어떻게 이해해야 하는가? 알튀세는 이 말을 "마르크스주의적 실천"이 제기하는 "이론적 문제"들에 대한 "문제의 제기·검토 및 해결"이라고 정의한다.[18] 그런데 "이론적 실천"이 "마르크스주의적 실천"이라면, 현실에 대한 해설의 차원을 어떻게 넘어서며, 그것이 어떠한 자격으로 "실천"에 포함될 수 있는가? 알튀세는 이론적 실천도 일반적 실천의 한 부분으로서, 주어진 소재를 규정된 생산물로 변형시키는 행위라고 한다.[19] 말하자면 실천을 노동 행위와 동일시한 셈이다. 이 동일시는 하나의 비유이다. 이론적 실천에게 주어진 소재는 노동 행위자에게 주어진 물질적 질료들이 아니라 그것에 대한 담론들과 언어들이다. 따라서 주어진 소재를 변형시키는 이론적 실천은 쉽게 말해서 주어진 현실적 자료를 일반화된 일정한 명제로 "변형"시킨다는 의미가 된다. 그렇다면 이것이 왜 굳이 마르크스주의만의 "이론적 실천"인가? 여기에 대한 대답을 아래의 대목에서 찾아보자.

> 기원의 철학과 그것의 유기적 개념들에 대한 이데올로기적 신화 대신에 마르크스주의는 원칙적으로 모든 구체적 "대상"의 복잡한 구조가 미리 주어진 것이라는 개념을 정립한다. 이 구조는 대상의 발전과 그것에 대한 지식을 생산해내는 이론적 실천의 발전을 동시에 지배한다. 지식이 과거를 아무리 캐내어 봐도, 더 이상 그 어떤 독자적인 본질은 없고 오직 언제나 미

18) 같은 책, 165.
19) 같은 책, 166~67.

> 리 주어짐(ever-pre-givenness)만 있을 뿐이다. 더 이상 그 어떤 단순한 합일체도 존재하지 않고 오직 복잡하게 구조화된 합일체만이 존재한다. 더 이상 그 어떤 독창적인 단순한 합일체도 존재하지 않고… 그 대신 복잡하게 구조화된 합일체의 언제나 미리 주어짐만이 있을 뿐이다.[20]

마르크스주의가 여타의 이론적 실천과 다른 것은 이미 모든 대상들을 미리 구조화해놓은 원칙을 "동시에" 파악하기 때문이다. 여기에서 핵심적으로 부각되는 말은 "구조"이다. "기원의 철학," 즉 역사적으로 우연히 주어진 현실을 인정하는 태도와는 달리 이미 짜여진 복합적 구조물만이 주어져 있는 필연성의 세계를 이론적 실천은 간파하고자 한다. 말하자면 '태초에 구조가 있었고' 또한 지금도, 앞으로도 오직 구조만이 늘 언제나 미리 주어져 있을 뿐이다. 이러한 식으로, 앞서 보았듯이 "주어진" 전제로서의 개인 주체를 거부한 알튀세는 "언제나 미리 주어진" 전제로서의 "구조"를 거의 주술적인 반복의 수사법을 통해서 절대화하고 있다. 다만 이렇게 미리 주어진 구조라는 화두에다 복잡성이라는 제한만을 달아 놓았을 뿐이다. 이 주어진 구조가 복잡할 뿐만 아니라 영원히, 미리 주어진 것이라면, 여기에 맞서 이론적 실천의 주체가 이렇게 주어진 소재를 과연 "변형"시킬 수 있을지는 매우 의심스럽다.

알튀세가 말하는 이론적 실천이 진정한 실천이 되려면, 그것이 마르크스주의의 전통에 속한다고 주장하는 한, "변형"을 핵심으로 삼는 총체적 실천이자 변화하는 현실 자체인 정치 운동을 통

---

20) 같은 책, 198~99.

해서 검증받아야 할 것이다. 따라서 이론적 실천이 정치적 실천에 대한 입장과 이론을 분명히 갖고 있다면, 이론적 실천에 대한 의구심에도 불구하고 그 정당성을 인정해줄 수도 있을 것이다. 그런데, 알튀세는 서유럽 공산당 중에서도 가장 역동적인 정치감각을 자랑하는 이탈리아 공산당의 젊은 운동가 마리아 안토니에타 마키오치(Maria Antonietta Macciocchi)와 1968년에 나눈 서신에서 이론적 실천의 주체가 갖춰야 할 자세에 대해 이렇게 말한다. "나는 할 수 있는 최선의 일이란 가능한 한 많이 배우는 것이라고 생각합니다. 가능한 한 가장 심오하고 충분히 비판적인 방식으로, 현실에 개입하려고 너무 서두르지 않으면서 말입니다."[21] 위에서 살펴본 "이론적 노동"에 대한 인용에서 대중주의적 마르크스주의를 비판하면서 일종의 레닌주의를 지향하는 듯한 인상을 준 알튀세는, 사실 이 편지에서 드러나듯이, 다소 소박한 수동적·방관적 지식인의 모습만을 보여준다. 이론적 실천가가 현실에 개입하기를 주저하면서 심오한 비판만을 모색한다면, 이러한 이론적 실천이 일정한 변형과 변혁을 본질로 삼는 실천과 접맥될 수 있는 여지는 별로 많지 않다.

그러나 이론적 실천이 단순한 관찰과 해석만은 아니다. 그것은 현실의 무지에 대한 교정이기도 하며, 이러한 점에서 직접적 현실에 참여하는 일반적 실천에 대해서 적어도 보완 관계를 가질 수는 있다. 같은 편지에서 알튀세는 이렇게 덧붙인다.

---

21) Maria Antonietta Macciocchi, *Letters from Inside the Italian Communist Party to Louis Althusser*, trans. Stephen M. Hellman (NLB, 1973), 48.

> 사람들은 말을 할 때 나름대로의 생각을 말하곤 합니다. 그러나 또한 그들이 숨기거나 은폐하는 것들, 대개 의식적으로, 그러나 더 많은 경우 무의식적으로 회피하는 것들이 있습니다. 청취자는 이러한 침묵들을 발견할 수 있어야 하고 말하는 이에게 질문을 던져서 그가 그러한 외부의 도움 없이는 말할 수 없었을 방식으로 자신을 표현하도록 해주어야 합니다. 이러한 "침묵의 영역들"을 발견하게 해주는 것, 그리고 그것들을 극복하도록 해주는 것은 마르크스주의-레닌주의 이론에 근거한 당신의 정치적 경험입니다. 이러한 형편을 감안할 때 운동가는 정신 분석가와 다소 유사합니다. 그는 자기에게 이야기를 해주는 사람보다 더 많이 "알게" 되지만, 그것은 말하는 자가 "아는" 것과는 다른 차원에서 "아는" 것입니다.[22]

현실을 사는 사람들이 하는 말과 그 말에 담긴 생각들이 이들의 무지와 무의식을 은폐하면서 동시에 그것을 드러낸다면, 이것을 들춰내고 규명하는 일은 단순히 방관자와 해석자의 임무가 아니라 말하자면 치유자의 몫이 된다. 이론적 노동의 주체는 이처럼 숨겨진 진실에 대한 '앎'의 주체가 되고, 그러한 측면에서 정신 분석학, 특히 라캉의 정신 분석학은 이론적 실천의 표본이 된다. 반면에 일반적 실천의 주체들은 기본적으로 일종의 '환자'들이 되는데, 이들의 '병'의 핵심적 내용은 바로 자신이 '환자'라는 것을 모르는 점이라는 논리가 성립된다. 그런데 이론적 실천의 노동이 실천이라는 이름 값을 하려면, '환자'들의 말을 단순히 들을 뿐만 아니라 치유까지 해줌으로써 더 나은 현실적 실천을 적어도 간접적으로라도 도모해야 할 것이다. 예컨대 알튀세 본인

22) 같은 책, 51.

이 이러한 이론적 실천을 예시해야 할 것이다.

실제로 알튀세가 마르크스주의 철학자로서 명성을 드높이게 된 작업인 『자본론 읽기』(*Reading Capital*)는 바로 이러한 정신 분석학적 '실천'의 모범이자 한계를 보여주는 이론적 노동이다. 알튀세가 보기에 마르크스의 가장 마르크스적인 저서인 『자본론』(*Capital*)을 장황하게 해석하는 이 책에서, 알튀세는 텍스트가 아는 것뿐만 아니라 모르는 것들(그 숨겨진 무지와 기만)을 소위 "증상적 독법"(symptomatic reading)을 통해서 끌어내어 『자본론』의 '진실'을 밝히는 데 몰두한다. 앞의 편지에서 현실을 사는 민중들을 선동하고 지도하는 운동가를 정신 분석학자에게 비유했던 알튀세는 마르크스라는 특정 주체와 그 주체가 위치한 담론의 특성에 대해 분석을 수행하는 분석적 독서의 주체, 말하자면 마르크스라는 환자에 대한 정신 분석가가 되고, 이러한 독서 행위는 이론적 실천의 실제 내용이 된다. 그러나 이렇게 『자본론』을 증상적으로 읽는 것이 실천의 영역에 어떠한 영향을 미칠지는 분명하지 않다. 그것이 당시 학계, 지성계, 프랑스 공산당 내부에 미친 실질적 파급 효과가 어떠했는가 하는 지식 사회학적 문제와는 별개로, '읽기'로 귀착된 이론적 실천이 실천 일반과 갖는 관계를 스스로 어떻게 밝힐 것인가 하는 문제가 남는 것이다.

증상적 독법은 무엇보다도 하나의 독서 전략이다. 증상적 독법은 "읽는 텍스트에서 드러나지 않은 사건을 드러내고, 같은 움직임 속에서 그것을 첫번째 텍스트에 필수적인 부재(不在)로 나타나 있는 하나의 다른 텍스트에 연결시킨다."[23] 왜 이렇게 읽어야

23) *Reading Capital*, 28.

하는가? 그것은 이데올로기로부터 벗어나기 위해서인데, 그렇다면 증상적 독법은 매우 중요한 실천의 전략이 될 수 있다. 왜냐하면, 알튀세에 의하면 이데올로기는 현실을 지배하는 통념들이라기보다 질문들을 가능하게 하거나 불가능하게 하는 "문제 틀"과 관계가 깊고, 문제 틀이란 역으로 "이데올로기에 의해 주어진 대답들을 통제하는 질문들의 체계"[24]이기 때문이다. 따라서, 이데올로기는 생각의 근거를 이루는 "문제 틀"을 의식하지 못하는 상태라고 규정할 수 있다.

> 이데올로기는… 자신의 문제 틀이 스스로를 의식하지 못한다는 사실로… 특징지어질 수 있다. [이 문제 틀은]… 활동중이지만 인정하지 않는 문제 틀로, 이데올로기의 문제들의 의미와 움직임, 따라서 그 대답까지 이데올로기에게 정해준다. 그러므로 문제 틀이란 펼쳐 놓은 책처럼 일반적으로 읽을 수 있는 것이 아니다. 그것은 묻혀 있으므로 대개는—이데올로기 자체나 그 진술 및 선언들에도 불구하고—실제로 작용하는 이데올로기의 심연에서부터 끌어내야만 한다.[25]

이처럼 이데올로기는 현실적 실천에 영향을 미치는 힘이 아니라 사유의 한 측면, 말하자면 사유 행위의 억압된 무의식과 동일시된다. 이데올로기가 무의식이라면, 이데올로기 비판은 이 무의식을 끄집어내는 업무로 간편하게 축소되며, 이 과정에서 이데올로기에 구속당하는 현실은 정신 분석과 거의 동의어가 되어버린 이론적 실천의 분석 및 치유의 대상이 된다. (이론적) 실천은 현

---

24) *For Marx*, 67. 각주 30.
25) 같은 책, 69.

실의 변형 자체라기보다 현실의 무지를 깨닫는 인식으로 '변형'된다. 실제로 그렇게 볼 소지가 있다고 치자. 예를 들어, 노동 운동가가 그저 봉급을 올려달라고만 할 것이 아니라 자본주의의 근본적인 모순에 대한 질문을 던지는 것이 더욱 심오한 (이론적) 실천일 수 있기 때문이다. 하지만 알튀세가 분석의 대상으로 삼는 '현실'은 이러한 실제 현실이 아니라, 단 한 사람의 저작물 내지는 저작 행위일 뿐이다. 알튀세의 이론적 실천은 오직 마르크스라는 한 주체의 노동, 그것도 『자본론』이라는 이론적 노동만을 분석의 대상으로 삼는다. 이러한 극도의 지식 노동 우대와 거기에 깔린 엘리트주의적 '문제 틀'이야말로 알튀세의 대표작인 『자본론 읽기』가 드러내는 '증상'인 것이다.

마르크스의 전통을 따르는 담론의 입장에서, 마르크스를 어떻게 읽을 것인가 하는 질문은 매우 중요한 것임이 분명하다. 그러나 그것이 마르크스가 제기한 모든 문제들에 대한 진지한 탐구와 그의 가설들의 적용을 대체할 수 있는 것은 아니다. 아무리 "이론적 실천"이라는 오묘한 표현을 반복해도 마찬가지다. 물론 마르크스 "읽기"가 중요하다. 하지만 그것은 어떤 마르크스를 읽을 것인가, 마르크스주의적 탐구와 실천의 출발점으로 어떠한 마르크스를 중심에 둘 것이며, 마르크스를 어떻게 해석할 것인가, 즉 마르크스의 어떠한 질문들에 어떠한 대답을 모색할 것인가 하는 '문제 틀'의 선택이 될 수밖에 없다. 알튀세는 여기에 대해서 아주 명백한 입장을 표명한다. 20세기 서구 마르크스주의가 헤겔로부터의 영향을 많이 보여주는 '젊은' 마르크스를 선호해온 전통에 전면적으로 도전해서 알튀세는 '성숙한' 마르크스를 옹호한다. 이처럼 마르크스라는 한 개인 주체의 청년기와 장년기가 서로 투쟁을 벌이도록 하는 일이 멋진 이론적 실천의 모습임은 분명하지만, 이러한 이론적 실천은 역사가 E. P. 톰슨(Thompson)의 지적대로, "이론의 빈곤"을 드러내기도 한다.

알튀세는 마르크스의 『독일 이데올로기』가 "이데올로기적 철학"에서 "역사의 과학"으로 전환하는 분기점을 이룬다고 한다. "1845년에 마르크스는 인간 본질이 역사와 정치의 토대라고 보았던 모든 이론들과 근본적인 단절을 하게 된다"[26]는 것이다. 따라서 알튀세가 보기에, 이러한 결정적 단절 이전에 쓴 원고들인 초기 마르크스의 글들을 더욱 마르크스다운 글이라고 보아온 20세기 서구 마르크스주의의 편향성은 마르크스를 하나의 "윤리적 이론"으로 축소하고자 하는 전략으로 이해된다. 이러한 시각에서 보면, 서구의 "철학자들, 이데올로기 창출자들, 신학자들은 모두 비판과 전환이라는 거대한 기획에 착수하여 마르크스를 마르크스의 기원으로 되돌려놓고, 성숙한 모습이 젊은 시절의 위장일 뿐임을 인정하도록"[27] 하는 음모를 갖고 있음을 알튀세는 발견한다. 그러나 알튀세가 보기에는 성숙한 마르크스와 헤겔의 영향권에 있었던 초기 마르크스간에 전혀 연계성이 없다. 알튀세는 그것이 헤겔적 의미의 지양(Aufhebung)이 아니라 (왜냐하면 지양에는 발전의 요소가 포함되므로), 단지 "환상에서 현실로 돌아온"[28] 것일 뿐이라고 말한다. 이렇게 해서 알튀세는 루카치(Georg Lukács) 이후 헤겔적인 시각에서 마르크스를 재해석해온 서구 마르크스주의 전통에 전면적으로 도전하면서 그야말로 제

26) 같은 책, 33, 227.
27) 같은 책, 77~78.
28) 같은 책, 77.

대로 된 '마르크스를 위하여' 새로운 이론을 정립할 필요성을 역설한다.

그러나, 이러한 단절의 논리는 에릭 홉스봄(Eric J. Hobsbawm)이 지적하듯이, 스탈린주의에 대한 알튀세의 공개적 반대에도 불구하고, 초기 '휴머니즘'적 마르크스를 잘라내어 버린 스탈린주의의 모습과 유사하게 보인다.[29] 이것은 입장 표명의 차원뿐만 아니라 마르크스 원전의 인용의 문제와도 관계가 깊다. 가장 마르크스다운 마르크스는 헤겔의 철학적 영향권에 머물던 초기로부터 완전히 단절된 마르크스라는 알튀세의 주장은 실제로 마르크스 텍스트들의 인용을 통해서 입증되어야만 설득력을 갖게 될 것이다. 마르크스에서 출발한 담론에서 마르크스를 어떻게 인용할 것인가, 어떤 마르크스를 인용할 것인가는 중요한 문제가 아닐 수 없다. 여기에 대해서 톰슨은 알튀세를 포함한 여러 마르크스주의 이론가들이 어떠한 식으로든 마르크스의 텍스트를 근거로 삼으면서 하나의 특별한 저자, 특별한 주체로서 마르크스를 부각시키는 것은 "닫혀진 사고 체계"[30]로 마르크스주의를 축소시키는 일이라고 한다. 이것은 "증상적으로" 마르크스를 읽을 경우에도 예외가 아니다. '읽기'라는 이론적 노동은 마르크스를 읽기 위해서 눈앞에 펼쳐놓은 마르크스 텍스트로부터 벗어날 수 없다. 그런데 "『자본론』을 읽자"는 구호가 마르크스 자신의 초기작, 후기작, 그리고 그의 평생 동지였던 엥겔스의 글 등을 일절

29) E. J. Hobsbawm, "The Structure of Capital," *Althusser: A Critical Reader*, ed. Gregory Elliott (Oxford: Blackwell, 1994), 4.

30) E. P. Thomspon, "The Poverty of Theory or An Orrery of Errors," *The Poverty of Theory and Other Essays* (London: Merlin, 1978), 167.

읽지 말자는 구호가 된다면, 그것은 해석학이나 문헌학의 이론적 노동으로서도 부적절하다. 그렇게 문헌적 환경과 맥락들로부터 단절된 책으로 『자본론』을 읽을 때, 그것이 과연 제대로 된 읽기일까 하는 의문이 드는 것이다.

『자본론』만을 읽자고 하는 알튀세는 마르크스 사후 엥겔스가 쓴 서간문들을 비난하면서 이렇게 주장한다.

> 엥겔스는 일련의 놀라운 텍스트들을 통해 이 후자[고전주의 정치경제학에 대항하는 것은 "역사의 이론"이 아니라 실제 경험적 역사의 변화상이라는 마르크스의 입장]에 대한 해석으로 우리를 몰고가면서 (경험적-이데올로기적 의미에서의) 역사를 심지어 마르크스의 이론적 범주들에까지 이입시키려고 한다. 특히 문제는 엥겔스가 마르크스의 이론이 실제 대상의 속성, "본질에 있어서 개념 정의에 의한 취급에 반발하는 역사적 사실의 역동적인 속성"으로 인해 진정한 과학적 정의를 생산해내지 못했다고, "그리고 고정적이고 '영구적인' 형태들은 단지 역사적 발전의 끝없는 역동성만을 드러내보이고 만다"고 고집하는 주장이다.[31]

이어서 알튀세가 "놀라운 텍스트"의 예로 비교적 길게 인용하는 글들은 마르크스 사후 엥겔스가 편집한 『자본론』 3권에 대한 엥겔스의 서문과 엥겔스의 『반(反)듀링론』(*Anti-Dühring*)인데, 이 텍스트들에 대항하여 알튀세는 오히려 자신이 읽자고 제안한 『자본론』 자체보다도 1857년 「정치경제학 서설」에 주기적으로 의존

31) *Reading Capital*, 113.

한다. 게다가 이 짧은 텍스트마저도 직접 인용하는 것이 아니라, 간접적인 언급을 통해 마르크스를 대변할 뿐이면서 마르크스를 거명하는 행위가 만들어내는 텍스트적 권위를 향유하려고 한다.

> 그러나 마르크스는 『1857년 서설』에서 이 두 "체계"["개념의 이론적 발전"과 "실제 역사의 발생"]를 조심스럽게 구분한다. 즉 한편으로 과학적 증명의 담론 같은 개념의 연속 체계에서 나타나는 용어들과, 다른 한편으로 실제 역사의 발생 체계에서 나타나는 용어들을 일대일로 대응시키는 것이 불가능함을 보여주는 것이다. 엥겔스는 바로 이러한 불가능한 상관 관계를 가정하고 있다.[32]

이처럼 알튀세가 축약 및 개칭하여 놓은 마르크스의 「1857년 서설」은 그 중요성에도 불구하고 알튀세의 대변을 통해서만 언급된다. 알튀세의 마르크스 인용은 그 자신의 해석으로 대치되는 것이다. 실제로 알튀세는 『자본론 읽기』나 『마르크스를 위하여』 등의 핵심적 저서들에서 자기에게 유리한 몇몇 진술을 번안하는 경우가 적지 않다. 게다가 인용이 지극히 선별적이어서 정작 『자본론 읽기』에서도 『자본론』에 대한 직접 인용이 그리 많은 편은 아니다. 이것은 물론 텍스트를 "증상적으로" 읽는 그의 전략이기는 하겠으나, 이 읽기 전략이 「1857년 서설」 같은 특정 텍스트를 반복적으로 거명하는 증상으로 나타나기도 한다.

알튀세는 마르크스를 읽기는 하지만, 그야말로 "증상적"으로 읽고 있다. 그 증상은 현실적 실천으로부터 가능한 한 거리를 두

32) 같은 책, 114.

고자 하는 강력하고도 집요한 욕구를 드러낸다. 이것은 무엇보다도 『자본론 읽기』에서 알튀세가 강하게 오독(誤讀)하고 있는 주체에 대한 대목에서 가장 선명하게 드러난다. 이것은 이 책 이후에 주체에 대한 하나의 일반 이론으로 순탄하게 발전하지 않은 채, '읽기'의 차원에 머물렀다는 점에서 더욱 더 증상적으로 보인다.

II. 알튀세의 주체 이론

(1) 구조의 "담지자"(Träger)로서의 개인 주체

흔히 알튀세의 '주체 이론'이 "호명"(interpellation) 개념으로 요약된다고 이해하는 것은 국내 지성계의 천박함을 단적으로 드러내주는 증상이 아닐 수 없다. 「이데올로기와 이데올로기적 국가 장치」("Ideology and Ideological State Apparatus")라는 비교적 짧은 텍스트에서 그것도 이데올로기라는 중심 주제에 대한 논의 끝에 나오는 하나의 가설을 정립된 이론의 지위로 격상시키는 일은 알튀세만큼이나 이론적 실천의 환상에 탐닉하는 한국 지식인들의 자세를 잘 보여준다. 논의의 출발점은 최소한 알튀세의 가장 중요한 저서인 『자본론 읽기』가 되어야 한다.

『자본론 읽기』에서 문제가 되는 대목들은 이러하다.

> 『자본론』은 이 [주체에 대한] 문제 제기에 필요한 원칙들을 우리에게 제공한다. 그것은 자본주의 생산 양식이 여러 기능들에 따라 요청하고 생산하는 개인성의 상이한 형태들을 규정하는데, 그 기능들과 관련하여 개인들은 구조의 상이한 "층위"들에서 노동의 분화를 담당하는 "버팀목"(Träger)들인 것이다.[33]

> 생산 관계의 구조는 생산의 행위자들이 차지하고 택하는 위치와 기능들을 결정하는데, 그 행위자들은 그러한 기능들의 "버팀목"(Träger)으로서만 그러한 위치들을 점유한 사람들이지, 그 이상은 절대로 아니다. 따라서 진정한 "주체"들은 (이 과정의 구성적 주체들이라는 의미에서) 점유자나 기능자가 아니다. 이들은 모든 외관상의 증거와 "주어진" 인류학의 "명백함"에도 불구하고, "구체적 개인들"이나 "실제 사람들"이 아니라, 이러한 위치들과 기능의 규정 및 분배이다. 진정한 "주체"들은 이러한 결정과 분배를 하는 주체, 즉 생산 관계(및 정치적·이데올로기적 사회 관계)이다.[34]

『자본론』을 읽는다고 하면서도 꼼꼼히 읽기를 거부하는 알튀세식의 증상적 독법에 맞서서 좀더 문제를 차분히 검토해보기 위해서는 자본의 "버팀목"(대변인 또는 담지자)으로서의 개인을 논하기에 앞서 돈과 개인성의 관계부터 따져보아야 한다. 그런데 돈의 소유와, 예컨대 밀(J. S. Mill)이 『자유론』(*On Liberty*) 3장에서 "개인성의 자유로운 발전"이 모든 사회적·문화적 영역들의 "필연적 부분이자 조건"[35]이라고 하면서 자유의 대전제로 삼고 있는 개인성(individuality)은 묘한 대립적 양상을 띤다. 마르크스의 『그룬트리쎄』(*Grundrisse*)의 한 대목은 이 점을 잘 요약해주고 있다.

> 돈의 소유는 소유자의 개인성의 그 어떤 특별한 본질적 측

---

33) 같은 책, 112.

34) 같은 책, 180.

35) J. S. Mill, *Utilitarianism, On Liberty, Considerations on Representative Government*, ed. Geraint Williams (London: Everyman, 1993), 124.

> 면도 계발하지 않는다. 그것은 오히려 개인성을 결핍한 소유인데, 왜냐하면 돈이라는 사회적 관계는 기계적으로 손에 넣거나 같은 방식으로 잃어버릴 수 있는 감각적 외적 대상으로서 존재하기 때문이다. 따라서 개인에 대한 돈의 관계는 순전히 우연한 것으로 나타나지만, 동시에 자기의 개인성과 아무런 상관이 없는 이 물건과의 관계는 물건의 특징 덕택에 소유자에게 사회에 대해서 쾌락의 충족과 노동 등과 같은 세계 전체에 대한 일반적 힘을 제공한다.[36]

돈이라는 물건에 의존해서 자신의 개인성을 확립하는 것이 개인성을 본원적으로 결핍되도록 만드는 이유는 돈이 갖는 철저한 비개인성 내지 사회성 때문이다. 한 그루의 화초를 소유하고 거기에서 기쁨을 얻는 것과 달리 돈의 소유 자체는 개인적 체험의 내용이나 의미를 전혀 구성하지 않는다. 반면에 질적인 내용을 철저히 결핍한 돈은 사회가 돈을 소유한 개인에게 제공할 수 있는 모든 대상들에 대한 권리와 향유를 약속한다. 특정 개인성으로부터 자유로운 돈을 소유한 자는 돈의 양이 허용하는 만큼 무한한 소유의 자유를 즐길 수 있는 것이다.

그렇다면 사회의 다수 임금 노동자들보다 훨씬 더 많은 돈을 소유한 기업가들은 자유로운 사람들임이 틀림없다. 이들은 돈을 물 쓰듯이 쓰는 유한층이나 '상류층'으로서는 시간과 공간의 향유, 기타 재화와 서비스에 대한 향유에 있어서 남들과 다른 차원의 자유를 누릴 것이 분명하다. 그러나 부유한 개인이 자본가로

---

36) Karl Marx, *Grundrisse: Foundations of the Critique of Political Economy*, trans. Martin Nicolaus (New York: Random, 1973), 222.

서 역할을 할 때는 마음놓고 돈을 써대는 한량의 처지와 다르다. 자본가에게 돈은 단순한 상품 교환의 매체가 아니다. “단순한 상품의 순환, 즉 사기 위해서 파는 행위는 그 순환 관계의 외부에 놓인 궁극적 목적, 즉 사용 가치의 이용과 필요의 충족을 위한 수단이 된다. 이에 반해서, 자본으로서 돈의 순환은 그 자체가 목적이 된다.”[37] 자본은 돈을 가진 주체가 재화를 상품의 유통망으로부터 빼내어서 개인적인 필요를 충족시키는 사용 가치가 아니라 돈이 계속 유통되는 과정을 목적으로 삼는다. 따라서 돈을 소유한 개인은 오직 이 돈의 흐름에 기여해야만 하는 것이다. 달리 말하면, 돈을 소유한 개인 주체와 돈의 관계를 놓고 볼 때, 개인의 의지, 취향, 그리고 자유가 중요한 것이 아니라 자본으로서 돈의 필요와 돈의 논리가 중심이 된다는 것이다. 자본의 입장에 서서 이 사실을 극단적으로 표현하면, 자본가는 자신이 소유한 자본의 의인화 내지 인격화에 지나지 않는다.

자본으로서의 돈과 그 자본을 소유한 개인 주체로서의 자본가, 둘 중에서 누가 더 진정한 ‘주체’인가 하는 문제에 대해 마르크스는 아예 『자본론』 초판본 서문에서 분명히 입장을 밝히고 있다. “이 책에서 사람들(Personen)은 경제적 범주들의 의인화, 즉 특별한 계급 관계와 이익의 담지자(Trägers)인 한에서만 중요하다.”[38] 이 명제가 나오는 맥락은 자본주의가 특정 개인의 주체적 노력이나 의도에 의해 형성되거나 유지되는 것이 아니라 철저한

---

37) Karl Marx, *Capital: Critique of Political Economy*, vol.1, trans. Ben Fowkes (New York: Vintage, 1977), 253.

38) *Das Kapital: Kritik der politischen Ökonomie*, erster Band, Marx-Engels Werke, Band 23 (Berlin: Dietz, 1987), 92.

사회적 실체로서, 개인이 "경제적 사회 구성체"를 "주관적으로는 아무리 초월한다고 해도" 결국 객관적으로는 "그것의 피조물"에 지나지 않음을 강조하는 대목이다. 이 서문의 진술만 놓고 보면, 알튀세의 구조주의적 해석을 받아들여야 할 이유가 있는 것처럼 보일지 모른다. 그러나 생산 관계를 하나의 고정된 공간으로 인식하고 개인 주체를 그 공간적 구조물을 구성하는 버팀목으로 간주하면서, 역설적으로, 진정한 주체는 바로 이러한 공간적 구성체 자체라고 보는 알튀세의 해석과 마르크스의 텍스트를 비교해보면 적어도 표현의 차이가 있음을 알 수 있다. 즉 마르크스는 건축 구조물의 비유가 아니라 연극적인 비유를 쓰고 있다. 독일어의 "Person"은 단순한 개인이나 사람이라는 뜻 외에도 연극의 등장인물이라는 뜻을 강하게 전달하는 말이다. 이 인물들은 게다가 일정한 계급적 이해 관계를 의인화한 우의적 인물들이다. 자본주의라는 무대에서 중심 역할을 하는 인물들은, 말하자면 중세 도덕극에서 시기 · 탐욕 · 자선 등의 도덕적 개념을 의인화한 배우들처럼, 자신들의 다른 인간적 속성과 역량 · 이상 · 의지 · 정서 등과는 상관없이 자본주의적 생산 관계가 만들어내는 일정한 입장을 반영하는 역할을 해야 하는 것이다. 이 인물들은 알튀세의 해석이 함축하는바 뻣뻣한 기둥처럼 건물을 받치고 있는 자들이 아니라 적극적으로 주어진 역할을 표현하는 연기자들이다. 이러한 연극적 비유는 본문에서 더욱 구체적으로 나타난다.

> 탐사를 진행하면서 우리는 일반적으로 인물들이 착용한 경제적 성격 가면(die oekonomischen Charactermasken der Personen)들이 다만 경제 관계의 의인화일 뿐임을 발견하게 될 것이다.

> 이러한 경제 관계의 담지자(Träger)로서만 이들은 서로 접촉하게 되는 것이다.[39]

생산 관계를 의인화한 인물들은 이제 고대 희랍 극의 인물들처럼 각 인물을 특징짓는 감정의 표정이 새겨진 가면을 쓰고, 자본의 생산 및 재생산이라는 지속적이고도 사실 매우 따분한 연극에서 각기 주어진 역할을 주어진 시간만큼 하다가 사라지는 것이다. 물론 이것이 이 인물들이 다른 배우들과 마찬가지로 무대 밖에서 개인 생활의 자유를 누릴 수 있는 여지를 배제하는 것은 아니다.

그런데 위의 마르크스 인용문들에서는 매번 "의인화"라는 표현과 아울러 알튀세가 "버팀목"으로 번역해 쓰는 "담지자"(Träger)라는 말이 나온다. "Briefträger"(우편 배달부)라는 말처럼 짐을 나르는 사람이라는 일차적 의미를 갖는 이 낱말을 알튀세는 대들보나 기둥이라는 그 파생적 의미로 해석하고 있는 것이다. 그렇게 해석한다면 개인이 생산 관계라는 '구조'의 버팀목이라고 보는 시각이 가능하기는 하지만, 원래의 맥락을 보면 분명히 인격화되고 의인화된 실체로서 "Träger"라는 표현을 쓰고 있다. 그렇다면 담지자로서의 자본가는 자본이라는 물체를 나르는 운반자가 되는 셈인데, 이것을 위의 연극적 비유와 합쳐본다면, 경제적 이해를 의인화한 가면을 쓰고 있는 인물이 등에 무거운 짐을 지고 행동하는 모습을 구성해 볼 수 있다. 이 인물이 공간에 묶여 있는 버팀목이 아니라 어떤 식으로든 움직이고 돌아다니는 사람인 것만은 분명하다.

자본의 인격화된 모습을 연기하는 자본가, 또는 자본의 짐을

---

39) *Capital*, vol.1, 179.

등에 지고 운반하는 자본가가 어떤 식으로든 움직이는 역동적 주체라면, 이 움직임의 동력은 어디서 나오는가? 마르크스의 대답을 들어보자.

> 이 움직임의 의식적 담지자로서 돈의 소유자는 자본가가 된다. 그의 신체, 아니 그의 주머니는 돈이 출발하고 다시 돌아가는 지점이다. 이 순환의 객관적 내용… 즉 가치의 가치화[잉여가치의 실현]는 그의 주관적 목적이 되고, 추상적 부를 더욱 더 취득하는 것이 그의 행동의 유일한 동기인 한에 있어서만 그는 자본가로서, 즉 의식과 의지를 갖도록 의인화된 자본으로서 기능하는 것이다.[40]

움직임의 동인을 생각하려면 무엇을 움직이는가 하는 문제부터 규명해야 한다. 담지자로서 자본가가 운반하는 것은 자본으로서 돈의 움직임이다. 투여된 돈이 원래 양보다 늘어서 되돌아오는 M-M'의 움직임을 의식적으로 매개하는 자본가는 돈의 출발점 및 귀착점으로서 핵심적 역할을 한다. 자본의 증식이라는 객관적 목표가 자본가라는 충실한 배우들에게는 자신의 주관적 행동의 동인이 된다. 자본가로서 한 개인의 의식과 의지는 오직 이러한 자본의 목표와 의지의 의인화일 뿐이다. 이 인용구에 바로 이어서 마르크스는 이 행동의 주관적 동인을 "절대적 축재 충동"(absolute Bereicherungstrieb)이라고 부른다. 여기에서 사용된 "충동"(Trieb)이라는 표현의 의미를 우리는 개인의 충동에 대하여 체계적으로 설명하는 프로이트(Sigmund Freud)의 글을 통해서 밝혀

40) 같은 책, 254.

낼 수 있다. 프로이트는 「충동과 충동의 운명」("Triebe und Triebschicksale")이라는 글에서 본능적 충동의 두 가지 중요한 특징을 들고 있다. 본능적 충동은 첫째, 외부의 자극이 아닌 유기체 내부의 자극에서 생긴다는 것과, 둘째, 일시적이 아니라 지속적인 힘이라는 것이다. 그러다 보니 충동은 영원히 만족될 줄 모르는 속성을 갖게 되고, 개인은 "어떠한 도주 행위에도 소용없이" 항시적으로 이 충동에 시달린다는 점을 분명히 하고 있다.[41) 자본가 개인이 자본의 인격화가 된다는 것은 바로 자본 고유의 내적 충동, 즉 투입한 돈보다 더 많은 돈을 거둬들여야 한다는, M과 M' 사이의 차익에 대한 영속적인 내적 갈망을 자신의 인간적 갈망 및 충동과 일치시킨다는 뜻이다. 남달리 정신 분석학의 힘을 즐겨 빌리는 알튀세가 충동과 본능의 문제처럼 정신 분석학과 마르크스를 그대로 연결하는 대목에 대해서는 침묵한 것을 어떻게 해석할 수 있을까? 이것이 『자본론』이 만들어내는 '정신분석학적 인류학'을 경계한 결과든, 아니면 『자본론』에 대한 선별적 읽기의 결과든, 알튀세와 마르크스의 거리, 마르크스가 『자본론』에서 속시원하게 폭로한 자본의 실상과 알튀세의 『자본론 읽기』의 거리만은 분명하게 느껴진다.

(2) 이데올로기의 호명과 주체

"담지자"로서 개인 주체라는 개념을 일반 명제로 확장한 알튀세와는 달리, 『자본론 읽기』의 뒷부분을 썼던 그의 동료 에티엔

---

41) Sigmund Freud, "Instincts and Their Vicissitudes," *The Standard Edition of the Complete Psychological Works of Sigmund Freud,* trans. James Strachey (London: Hogarth, 1977), 119.

발리바(Etienne Balibar)는 "『자본론』은 일종의 서사로 제시된 분석적 작품이다. 이 서사가 단선적이지 않고 문체적·논리적 단절들을 포함하고 있다고 하더라도 일정한 형식적 주체는 필요하다. 이 주체는 '자본,' 아니 더 정확히 말해서… 일정한 개인적 및 집단적 인물, 즉 '자본가'로 변할 소지를 갖고 있는 '자본의 자기 전개'이다. 여기에서 부르주아지는… 심지어 하나의 조직적 정치 세력, 즉 국가로서 개입하는 경우조차도 생산 관계의 '담지자'들일 뿐이다"42)라고 한다.

발리바가 분명히 인정하듯이 『자본론』의 텍스트 전략의 한 측면을 대변하는 이 "담지자"라는 표현을 새로운 인류학의 근거로 삼게 된다면, 즉 그것이 하나의 주체 이론, 인간에 대한 이론이 된다면, 그것은 어떠한 결과를 낳을 수 있는가? 이것이 특히 일반적 실천과 행동의 주체로서 인간의 행위를 어떻게 설명할 수 있겠는가? 알튀세가 이 문제를 푸는 방법은 새로운 "문제 틀"로 옮겨가서 새로운 물음에서 출발하는 것이다. 그래서 『자본론 읽기』 이후의 알튀세는 '구조' 대신 '이데올로기'에 대해 질문을 제기하고, 이데올로기의 한 작용으로 주체를 이해하고자 한다.

『마르크스를 위하여』 등의 저서에서 알튀세는 이미 살펴본 대로 이데올로기를 "문제 틀"에 대한 무의식의 문제로 파악하고 있으나, 다만 이것을 주체에 대한 이론으로까지 발전시키지는 못했다. 『마르크스를 위하여』에서 알튀세가 내리고 있는 이데올로기의 정의를 다시 한번 보자.

---

42) Etienne Balibar, *Masses, Classes, Ideas: Studies on Politics and Philosophy Before and After Marx,* trans. James Swenson (New York: Routledge, 1994), 142~43.

> 이데올로기는… 사람들과 “세계”와의 관계를 표현한다. 즉 이데올로기는 사람들과 실제 존재 조건들간의 실제적 관계와 상상적 관계의 (중층 규정된) 합일체인 것이다. 이데올로기에서 실제적 관계는 불가피하게 상상적 관계에 연루되어 있는데, 후자는 단순히 현실을 묘사하는 것이 아니라 하나의 (보수적·순응적·개혁적 또는 혁명적) 의지나 희망, 염원 등을 표현하는 관계이다.

이러한 의미에서 이데올로기는 “심오하게 무의식적인… 구조들”인데, 이 구조들은 “대다수의 사람들에게 부가되는 힘이지만 사람들의 ‘의식’을 통하지는 않는다. 이 구조들은 관찰되고 수용되고 감내되는 문화적 대상들이고, 사람들이 알지 못하는 과정을 통해서 사람들에게 작용한다.”[43)]

이후 “이데올로기적 국가 장치”에 대한 글에서 알튀세는 바로 개인들이 이데올로기를 받아들이는 “알지 못하는 과정”에 대해 좀더 분명한 설명을 시도한다. 명성에 비하면 어떤 면에서 다소 단순하다고 할 수도 있는 이 글의 논지는 대략 이러하다. 먼저, 알튀세는 지배 체제가 유지되는 이유를 국가의 무력에 의해서만이 아니라 “이데올로기적 국가 장치,” 예컨대 이전 시대의 교회나 오늘의 학교 같은 기관들에 의해 만들어지는 일정한 자발적 순응에서 찾고 있다. 이것은 알튀세보다 수십 년 전에 이미 안토니오 그람시가 “헤게모니”(hegemony)라는 개념으로 설명한 바 있는데, 그람시는 알튀세와는 달리 자발적 순응의 문제를 지배 체제의 변혁 운동에 대한 논리로 발전시켰다. 그에 비해 알튀세는

---

43) *For Marx*, 233~34.

이러한 "보이지 않는" 이데올로기의 교묘한 작용에 매료된 채 그것이 개인 주체들을 어떻게 규정하는가 하는 데만 궁극적으로 관심을 둔다. 그래서 나온 유명한 명제가 바로 "모든 이데올로기는 주체의 범주가 기능을 발휘하도록 만들기 때문에 구체적 개인들을 구체적 주체들로 불러내거나 호명한다"[44]는 생각이다.

이 때 "호명"이 이데올로기와 주체간의 관계에 대한 열쇠로 등장하는 가장 큰 이유는 개인 주체를 주체이게 하는 자유에 대한 환상을 설명하고자 하는 취지 때문이다. 알튀세가 호명의 예로 드는 것은, 길거리를 지나가다 경찰이 "거기 당신!" 하고 부르면 개인 이 "예, 나요?" 하고 반문하는 상황이다. 개인은 이데올로기가 자기만을 특별히 선정해서 자신을 인정해준다는 환상을 갖게 된다는 의미이다. 그러나 이러한 환상에도 불구하고 "개인이 하나의 (자유로운) 주체로 호명되는 이유는 그들이 추상적 의미의 주체가 내리는 계율들에 자유롭게 순종하도록 하기 위함, 즉 그가 (자유롭게) 자신의 주체화-종속화(subjection)를 받아들이도록 하기 위함, 그래서 그가 그 주체화-종속화의 제스처와 행동들을 '오직 자기 스스로' 하도록 하기 위함이다. 그들의 주체화-종속화에 의해서, 그리고 그것을 위해서만 주체가 존재하는 것이다. 그래서 그들은 '오직 자기들 스스로' 하는 것이다."[45]

이렇게 이데올로기가 개인을 주체로 불러내면서 동시에 이데올로기에 종속시킨다면, 근대 서양 사상의 근간을 이루었던 개인

---

44) Althusser, "Ideology and Ideological State Apparatuses (Notes towards an Investigation)," *Mapping Ideology,* ed. Slavoj Žižek (London: Verso, 1994), 130.

45) 같은 책, 138.

주체가 종속(subjected to)의 위치에서 주인됨(subject of)으로 전환되는 역사는 전면 부인되는 것이다. 또한 개인 주체와의 대립적 차원에 서서 개인 주체를 불러내고 규정하는 실체로서 "이데올로기"는 푸코가 말하는 "권력"과도 유사하지만, 푸코가 개인을 주체화하는 실체를 분석하는 쪽에 강조점을 둔다면 알튀세는 주체화되는 개인에 대한 일종의 정신 분석학에 관심을 표명한다. 또한 알튀세가 『자본론 읽기』에서도 즐겨 썼던 라캉류의 정신 분석학적 논법이 이제는 이데올로기에 의한 호명이라는 명제를 만들어내는 데 동원되고 있다. 그러나 곧 이어 다시 언급하겠지만, 라캉이 말하는 상상계나 상징계, 실재 등에 있어서 결국 초점이 되는 주체의 분열, 즉 주체가 자신과 같지 않음의 문제를 알튀세의 이데올로기론은 제기하지 않는다. 알튀세의 호명 이론이 마르크스주의와 정신 분석학을 제대로 결합했다고 하기 어려운 이유는—애초에 알튀세의 "마르크스주의"가 과연 사적 유물론인지 의심스러운 점도 있으나—정신 분석학이 요구하는 개인 주체의 복잡성과 다원성에 대한 관심과 인식이 거의 발견되지 않는다는 점 때문이다.

주체를 이데올로기의 호명에 의한 효과 내지 환상으로 보는 알튀세의 시각은 개인의 객관적 위상뿐만 아니라 주관적 입장까지도 설명할 수 있다는 점에서 개인을 구조의 담지자로만 보던 『자본론 읽기』의 시각에서 분명히 진일보한 것이라고 할 수 있다. 그러나 호명에 의한 주체화라는 명제가 반드시 이데올로기, 나아가 사회 구조 전반과의 특별한 관계까지 설명해주지는 않는다. 미셸 페쇼(Michel Pêcheux)가 지적하듯이, 호명은 정립된 개념이라기보다 비유에 더 가깝다. 페쇼의 말에 의하면, 이 비유는

“(‘신원’을 할당·입증·검사하는 법적·정치적 장치인) 억압적 국가 장치와 이데올로기적 국가 장치 사이의, 즉 (법률상 자신과 동등한 다른 주체들과 관계를 맺는) 법적 주체와 (‘저건 난데’라고 스스로에게 말하는) 이데올로기적 주체 사이의 상부 구조적 연결을 가시화해주는… 예시”46)가 된다.

이렇게 복잡하게 말할 것 없이 폴 리쾨르(Paul Ricoeur)의 말을 빌면, 알튀세의 이데올로기론은 “소명, 즉 신에 의해 부름받음에 대한 신학적 개념”47)을 이데올로기론에 적용한 것으로 볼 수 있다. 후자의 경우로 해석해보면, 알튀세는 탈근대의 극단에 서 있을 뿐만 아니라 예컨대 17세기 파스칼(Pascal)적 세계인 근대 초기로 회귀하는 셈이며, 그가 애써 비판한 “순진한 인류학”으로 되돌아가서 실존적 자의식의 주체로서 인간이 지닌 자발성과 자유로움의 측면을 깎아내리는 가운데서도, 초월적 절대자와 외롭게 대면하는 개인이라는 실존적 인류학의 “문제 틀”에 근접해가는 경향마저 보이는 셈이다. 인간이란 무엇인가? 알튀세에 의하면 인간은 “국가 장치”가 불러낸 대상들임에도 불구하고 자기가 자발적으로 존재한다는 환영에 빠져 있는 존재이다. 그렇다면 “이론적 실천”이 할 일은 분명해진다. 바로 이러한 환영에서 깨어나서 개인 주체가 처한 근본적으로 궁핍하고 왜소한 상황을 깨닫게 하는 것이다. 그렇게 한 다음은? 파스칼의 세계라면 하느님의 권위에 절대 굴복하여 자신의 왜소함을 하느님의 영광으로 보완하는 길이 열려 있다. 그러나 알튀세의 세계에는 무엇이 남

46) Michel Pêcheux, “The Mechanism of Ideological (Mis)Recognition,” *Mapping Ideology*, 148.

47) Paul Ricoeur, “Althusser's Theory of Ideology,” *Mapping Ideology*, 64.

아 있는가? 이론적 실천이 현실 변혁으로 이어지는가? 다시금 우리는 사적 유물론이 알튀세에게 던지는 질문들을 나열하지 않을 수 없다. 그러나 알튀세의 문제 틀에서는 이러한 질문들에 대한 답변이 없거나 불가능하다. 각자가 이데올로기적 국가 장치의 호명에 의해서만 존재하는 형편에 감히 현실 변혁을 운위할 자격조차도 없기 때문이다.

이러한 개인과 세계(국가)간의 관계에 대한 탐구는 사회 구성체의 변화 논리를 규명하고 개인 대 국가가 아닌 계급 투쟁의 차원에서 이데올로기 문제를 제기한 마르크스의 사상과 아무런 상관이 없어 보인다. 또한 이러한 호명 과정이 개인을 주체로 만든다는 명제는 개인의 단일성과 동일성을 당연시하는 다분히 휴머니즘적인 "순진한 인류학"을 전제로 하고 있는 셈이다. 이데올로기적 국가 장치가 호명하고 동원하는 '나'는 과연 '나'의 전부인가? 예를 들어, 아내를 살해한 알튀세라는 개인의 두뇌와 그 두뇌 속의 의식적 생각, 살해라는 행위의 주체로서 그의 신체, 그리고 이러한 신체나 생각과는 다른 차원에서 양자에게 영향을 미치는 무의식과 욕망과 충동 등, 적어도 이 세 가지 다른 주체들을 모두 이데올로기와의 관계로 설명하는 것은 무리가 아닐 수 없다. 여기에서 다시 한번 우리는 알튀세의 "이론적 실천"이 이론의 영역에서 투명한 진술들을 추구한 나머지, 일반적 실천의 세계에 있어서 다양하고 복잡하고 지극히 모순적인 제반 관계와는 거리가 있는 것임을 확인한다.

III. 알튀세의 유산과 효용

알튀세의 호명 이론은 그 참신성에도 불구하고 사회와 개인의 관계를 비롯한 여러 가지 문제들에 대해서 구체적인 설명을 해주지 못했다. 이것을 이어받아 좀더 체계적인 사회 이론으로 발전시킨 사람들로는 "포스트 마르크스주의자"임을 자처한 에르네스토 라클라우(Ernesto Laclau)와 샹탈 무페(Chantal Mouffe), 그리고 라캉의 전통에 서서 이데올로기와 주체 문제를 정리한 슬라보이 지젝(Slavoj Žižek) 등이 있다. 라클라우와 무페가 위에서 지적한바 알튀세의 이데올로기론에 함축되어 있던 그람시의 헤게모니론과의 친화성을 부각시키는 쪽으로 나아갔다면, 지젝은 알튀세가 사용하고 있는 라캉적인 어법을 더욱 라캉에 맞게 끌고나아갔다.

먼저, 지젝은 주체의 주체화-종속화를 "이데올로기적 환상"[48]과 연관지으면서 객관적 인식 자체의 근본적 환상성을 주장한다. 그는 예컨대 하나의 유기적 사회가 존재한다는 생각 자체도 이데올로기적 환상이라고 지적한다.

> 사회에 대한 이데올로기적 환상에 걸려 있는 과제는 진짜로 사회가 존재한다는 환상, 부분들간의 관계가 유기적이고 보완적인 사회의 모습을 만들어내는 일이다. 가장 명확한 경우는 물론 유기적 총체성으로 사회를 보는 단체주의적 환상이다… 말하자면 "조직체로서의 사회"라는 생각이 바로 모든 환상의 근본이 되는 이데올로기적 환상이라고 할 수 있다.[49]

---

48) Slavoj Žižek, *The Sublime Object of Ideology* (London: Verso, 1989), 30.
49) 같은 책, 126.

이렇게 말하면 주체의 인식이 갖는 근본적인 환상성을 강조할 수는 있으나, 마르크스의 전통에서 제기되는 “의식”(또는 “무의식”)과 물질적 삶의 조건간의 관계에 대한 탐구를 봉쇄하는 결과를 낳을 수 있다. “사회” 자체가 환상이라면 ‘물질적 조건’이 설 자리는 당연히 사라진다. 오직 이러한 환상의 주체들로서 늘 기만당하고 또한 스스로를 기만하는 개인들만 존재할 뿐이라면, 대다수 민중은 그저 “자신의 증상을 즐기는”[50] 일 이외에 별로 할 일이 없게 된다.

반면에 라클라우와 무페는 “주체 위치”(subject positions)라는 개념을 통해서 호명된 개인 주체와 호명하는 사회·국가·세계간의 실존적 관계 설정이 함축하고 있는 신학적 또는 ‘인류학적’ 문제 틀에서 벗어나고자 한다. 이들의 출발점은 호명되는 개인이 단일한 개체라기보다 상이한 정체들이 서로 얽혀 있는 장(場) 속에서 유동적이고 가변적으로 존재한다고 보는 것이다. 나아가 이 정체들은 개인이 자신을 단일한 주체로 세우고자 하는 노력을 방해하고 다른 정체성을 부여하려는 이질적인 힘들과의 “갈등” 관계를 만들어내는데, 바로 이 갈등과 투쟁의 양상이 “주체 위치”[51]로 구현된다는 것이다. 개인 주체가 이처럼 사회적 갈등의 장이자 연결 고리가 되면, 사회 또한 정체적 구조물이 아니라 가변적이고 불안정한 대상으로 열려진다. 이들이 누차 강조하듯이, 여기에서 생기는 효과는 알튀세식의 비관적 구조주의에서 봉쇄되어 있던 정치 운동들이 가변성의 세계가 새롭게 열리면서 해

---

50) 같은 책, 21.

51) Ernesto Laclau and Chantal Mouffe, *Hegemony and Socialist Strategy: Towards a Radical Democratic Politics* (London: Verso, 1985), 13.

금되고, 구조와 호명의 논리는 "헤게모니"를 추구하는 발현 - 접맥(articulation)의 논리로 전환된다. 그러나 이들에게도 정치적 실천이 전개되는 '사회성'(the social)이라는 장은 "담론성의 장"(field of discursivity)[52]으로서 그 물질성과 실체성은 유보되어 있다. 결국 실천은 다시금 "이론적" 또는 "담론적" 실천에 머물고 말 위험에 처해 있는 것이다.

결국 문제는 현실적 실천의 여지와 내용이 빈곤해진 탈근대 시대를 사는 지식인들에게 "이론적 실천"이 갖는 매력이다. 알튀세의 이론을 수용하면서 전개되는 이러한 "이론적 실천"들이 앞으로 또 어떻게 전개될지, 아니면 그 맥이 완전히 단절될지는 더 두고 보아야 할 일이다. 그러나 이론가들간에 서로 업적을 이어받고 발전시키는 것이 알튀세가 속해 있다고 주장하는 마르크스 사상의 모든 것을 대변하지는 않는다. 마르크스의 경우 실천은 이론적 개념을 고안하고 재구성하는 "담론성의 장"의 문제가 아니기 때문이다. 그래서 우리는 마지막으로, 다시 한번 이러한 질문들을 제기해야 한다. 알튀세는 우리에게 어떠한 효용이 있는가? 그가 비판한 경험적·역사적 실천의 주체들인 우리 자신들에게 알튀세의 이론적 실천은 어떠한 의의를 갖는가? 이러한 질문은 20세기가 끝나가는 현 시점에 대한민국에서 한국인들이 던지는 질문이기 이전에 이미 알튀세의 전성기였던 1960년대 말(1968년 5월)에 프랑스 파리(Paris)의 길거리에서 제기되었던 질문이다. 유구한 혁명의 역사를 이어받아 다시금 길거리를 점거한 프랑스 청년 학생들의 구호 가운데는 "알튀세는 쓸모없다"(Althusser

---

52) 같은 책, 111.

à rien/Al, tu sers à rien)가 있었다고 한다. 이때 알튀세는 프랑스의 고급 엘리트들 중의 엘리트들을 키워내는 기관이자 그야말로 "이념적 국가 장치"의 가장 핵심적인 고리의 하나인 파리고등사범학교(Ecole Normale Supérieure) 안에서 마르크스, 라캉, 바슐라르를 논하느라 분주했다.[53] 알튀세가 길거리의 시위대들에게 별 소용이 없었던 만큼, 길거리의 현실 역사도 알튀세에게는 별 의미가 없는 '휴머니즘적' 실천일 뿐이었다. 구조들은 길거리에서 시위를 벌이지 않는다. 다만 경험적 개별 행동 주체들만이 그럴 수 있는 것이다. 이러한 경험적 행동 주체들을 폐기하고 나면, 오직 창백한 구조와 극소수 사상가들이라는 특별한 주체들만이 살아남을 뿐이다. 그러나 이들에 대해 길거리의 시위대가 내린 판결은 한 마디로 "쓸모없다"는 것이었다.

알튀세가 고등사범학교에서 즐겨 논했던 사상가 중에는 칼 마르크스가 있었다. 마르크스라는 이 유태계 독일 혁명가는 평생 망명 생활로 극도의 빈곤에 시달리면서 때로는 신문 기사를 써서 연명을 하고, 때로는 친구 엥겔스의 도움으로 먹고 살면서도 불굴의 지적 노동을 수행했던 사람이다. 이러한 마르크스는 순탄한 고등교육을 받고 최고의 대우를 받으면서 나폴레옹이 지어준 건물에서 최고급의 학생들을 가르치던 알튀세와는 다른 차원에서 "이론적 실천"을 했던 사람이다. 이러한 마르크스의 이름을 이어받는다는 서구 지식인들은—가야트리 스피박(Gayatri Spivak)이 지적하듯이—마르크스에게 가장 중요한 주체들이었던 노동자들을 깨끗이 망각한 채, 대학의 울타리 속에 안주하는 주체로 세

53) David Macey, "Althusser and Lacan," *Althusser: A Critical Reader*, 146.

워놓은 다음, "나쁜 이데올로기를 묘사하는 것"을 최고의 실천으로 여기고, "허위 의식에서 비롯된 개념들을 시정하는 데 정신분석학을 완벽한 도구"로 삼아왔다.

하지만, 마르크스에게는 이러한 "철학자"들의 의식이나 실천이 아니라, 다시 스피박의 말을 빌리면, "노동자들의 의식"과 실천이 문제였다.[54] 현실 속에서 소외된 노동의 주체들에게 문제는 한편 더 간단하기도 하고, 다른 한편 더욱 더 고질적이기도 하다. 일상적 체험을 통해 자본주의의 모순을 가장 첨예하게 느끼면서도 거기에 대한 대안을 찾아보기 힘든 현실 속에서, 이 급박한 현실에 대처하는 일이 시급한 마당에 다른 이론가들이나 "읽는" 이론적 실천으로 문제가 해결될 리는 만무하다. 궁극적으로 알튀세의 교훈과 효용은 바로 이러한 이론적 실천의 맹점과 한계를 후세에 주지시켜서 그가 거부하고자 했던 마르크스의 다음과 같은 고전적 명제로 우리를 돌아가게 하는 데 있다. "철학자들은 지금까지 세상을 여러 가지 방식으로 해석하기만 했었다. 그러나 문제는 세상을 변혁시키는 것이다."[55] 그리고 세상을 변혁시키는 일은 사회를 구성하는 개별 행위 주체들의 지속적인 행동을 통해서만 이루어진다.

---

54) Gayatri Chakravorty Spivak, "Ghostwriting," *Diacritics* 25 (Summer 1995), 21.

55) *Theses on Feuerbach, German Ideology*, 123.

제5장 푸코: 주체의 계보학과 윤리학

윤평중

I. 주체는 죽었는가?

널리 운위되고 있는 세기 말의 불투명성과 불확정성이라는 테제는 주체라는 철학적 범주의 위상과 역할에 대한 회의가 확산되어온 현상과 밀접한 상관 관계를 갖는다고 할 수 있다. 예컨대 현실 사회주의의 파산은 이성적 주체의 계획과 실천에 근거해서 억압 없는 사회를 만들어보자는 20세기의 거대한 꿈이 실패했음을 극적으로 웅변하는 사태다. 모더니티(근대성 또는 현대성)의 기획에 대한 해체적 비판으로서 등장한 각종 포스트주의들은 모더니티의 핵심 구성 요소인 이성적 주체의 개념을 비판의 주된 목표로 삼아왔다.[1] 이는 투명한 자의식을 지닌 주체의 합리적 판단

---

1) 한때 우리 사회에서 "지적 유행"으로 유포되었던 포스트 모더니즘에 대한 논란은 사실 철학적으로 훨씬 정밀하게 다루어졌어야 했다. 그 중요한 이유 중의 하나가 바로 주체의 위상을 철학적으로 어떻게 해명할 것인가의 문제이다. 이에 대한 시론적 언급으로

과 인식, 그리고 행위를 대상 세계에 대한 이해와 역사의 형성에 있어 중심 축으로 삼아왔던 모든 종류의 휴머니즘이 본격적 비판의 대상이 되었음을 뜻한다. 주체의 사망, 또는 저자의 죽음이라는 표현들은 인간 중심주의에 대한 회의가 지식인 사회에 넓게 퍼져 있다는 사실을 보여준다.

현대 사상에 큰 영향을 끼친 구조주의와 포스트 구조주의는 반(反)휴머니즘과 반(反)역사주의를 주요 표어로 삼고 있다. 예컨대 구조주의적 마르크스주의자로 불리기도 했던 알튀세(Louis Althusser)는 서구 마르크스주의가 헤겔주의의 잘못된 유산에 사로잡혀 휴머니즘과 역사주의의 오류를 범하고 있다고 비판하였다. "주체도 목적도 없는 과정"이라는 알튀세의 표어는 프롤레타리아라는 집합 주체가 능동적으로 만들어가는 합리적 역사를 표준적인 그림으로 받아들여온 마르크스주의 내부에서 뜨거운 논쟁을 유발함으로써, 주체의 역할과 선형적 역사관에 대한 치열한 성찰을 가능하게 했다. 주체에 대한 사망 선고는 역사를 만들어 나아가는 창조자이면서 세계 인식과 이해의 축으로 기능해왔던 주체 상(像)의 자명성을 교란하였다. 투명한 이성과 합리적 행위의 담지자로 그려진 주체가 의문시되면서, 그러한 주체가 추동해 나가는 역사의 행로도 불투명해지기 시작한 것이다. 선형적 발전 사관(史觀)과 주체 철학[2]이 동전의 양

윤평중, 『포스트 모더니즘의 철학과 포스트 맑스주의』(서울: 서광사, 1992)를 참조.

2) 주체 중심의 철학을 뜻하는 주체 철학은 의식 철학과 많은 부분에서 서로 겹친다. 하버마스는 투명한 자기 의식의 담지자인 주체

면을 구성하는 것과 같은 것은 이 때문이다.

철학적 범주로서의 주체의 위상에 대한 해체적 비판이 진행되는 양상은 이론 철학과 실천 철학의 두 영역에서 각기 추적 가능하다. 이론 철학 영역에서 근대 이후의 문제 설정을 주도했던 지식 이론(인식론)의 출발이 주체에 의해 "명석 판명하게" 인식되는 대상으로서의 진리를 확신할 수 있다는 데카르트적 이상에서 비롯된 것임은 주지의 사실이다. "서양 근대 철학의 아버지"인 데카르트(René Descartes)는 주체를 진리 파악의 기원점으로 "실체화"함으로써 인식의 명징성과 확실성을 확보하고자 하였다. 이와 관련하여 푸코(Michel Foucault)는 "데카르트로부터 후설에 이르는 이론 철학에서 자아(생각하는 주체)에 대한 지식은 지식 이론의 첫걸음으로서 가일층 중요성을 띠기 시작한다"[3]고 요약한 바 있다. 데카르트적 문제 설정의 궁극적 아포리아는 근-현대 철학사에서 여러 방식으로 재생산되지만, 현대에 와서는 주관 철학의 한 극점이라고 할 수 있는 후설의 선험 현상학이 난파하는 데서 극적으로 나타나며, 영미 인식론의 공소성에서 우회적인 형태로 시사된다.[4]

를 서양 근대에서 현대에 이르기까지 가장 중요한 역할을 수행한 철학적 범주로 간주한다. 구조주의와 후기 구조주의 철학(또는 포스트모던 철학)에 대한 비판서인 『현대성의 철학적 담론』은 주체 철학의 절정이자 균열의 서막을 가장 거대한 주체 철학의 완성자인 헤겔로 귀속시키면서 분석을 시작하고 있다. Jürgen Habermas, *Der Philosophische Diskurs der Moderne* (Frankfurt: Shurkamp, 1985) 참조.

3) Michel Foucault, "Technologies of the Self," *Technologies of the Self: A Seminar with Michel Foucault* (Amherst: The U of Massachusetts P, 1988), 22.

4) 근-현대 인식론의 철학적 문제 설정 자체가 이미 막다른 골목을

실천적으로는 합리적 계약의 당사자이며 행위 주체인 근대 시민은 국가의 주권성과 권력 행사의 정당성에 대한 최종적 판결자임을 자임함으로써 중세까지 상식이었던 왕권신수설을 타파하였다. 마키아벨리에 의해 물꼬가 트인 근대 정치 철학은 폴리스라는 공적 무대에서의 훈련 과정을 거친 도덕적 자기 완성에 주안점을 둔 고대의 목적론적 정치 철학과 범주적으로 차별화된다. 이러한 맥락에서 마키아벨리는 "우리가 어떻게 사는가의 영역은 어떻게 살아가야 하는가의 당위적 영역과는 준별된다"[5]고 선언한다. 정치 행위는 이기적이면서 동시에 합리적인 개인의 자기 보존과 이익의 극대화에 초점이 모아지며, 따라서 아리스토텔레스와는 정반대로 "개체는 전체에 선행하는" 것이다.[6] 홉스

예비하고 있기 때문에 문제 의식 자체를 전환해야 한다고 주장하는 리차드 로티(Richard Rorty)는 '인식론에서 해석학'으로의 전환을 시도한다. Richard Rorty, *Philosophy and The Mirror of Nature* (Princeton: Princeton UP, 1979) 참조.

5) N. Machiavelli, *The Prince and the Discourses* (New York: Modern Library, 1950), 56.

6) 아리스토텔레스는 『정치학』에서 "전체는 부분에 선행"한다고 역설한다. Aristotle, *The Politics* (Oxford: The U of Oxford P, 1995), 1253 a: 18 참조. 사적 영역과 공적 영역의 두 존재 질서에 속할 수밖에 없는 사회 구성원이 진정한 시민으로 승화되기 위해서는 경제 활동이 주축인 사적 영역을 넘어서서 정치적 실천이 핵심인 공적 영역으로 상승해가야 한다. 이는 근대 사회 계약론의 원자론적 개체라는 이념이 그에게는 전혀 낯선 것이며, 정치적 공공 영역에서의 실천만이 우리를 진정한 사회적 존재로 만들어준다는 아리스토텔레스의 확신을 보여준다. '인간은 정치적 동물'이라는 그의 언명도 이 같은 맥락에서 이해된다. 아렌트는 특히 근대에

(Thomas Hobbes)에 의해 "만인에 대한 만인의 투쟁"으로 묘사되었던 근대 시장 사회의 논리, 즉 이익 사회의 동학(動學)은 원자론적 시민이 정치 행위의 원점으로 전제되는 상황에서는 논리적으로 불가피한 것이다. 한편 지나치게 커지고 비인간화된 근대 사회의 모순을 고발하면서 대안을 제시하려고 한 루소의 인민 주권론은 일반 의지의 형성과 매개, 그리고 행사 과정에 대한 구체적인 언급을 빠뜨림으로써, 즉 누가 현실 권력 관계 속에서 일반 의지를 표상할 것인가 하는 문제를 공백으로 남김으로써, 가장 아름다운 민주주의가 최악의 전제 정치와 연결될 수 있는 길을 열어놓았다.

고대 공동체주의와 근대 사회 계약론의 합리적 문제 설정은 받아들이면서 그 난점들을 지양하려고 했던 헤겔(G. W. F. Hegel)의 정치 철학은 그 자신의 본의와는 달리 과도한 국가주의적 해석에 의해 왜곡되었고, 헤겔의 논리에 내재한 진테제 우위의 경향은 사태를 한층 악화시킨다.[7] 헤겔의 실천 철학적 문제 설정을 유물론적으로 전화시키는 고전적 마르크스주의는 자유 민주주의의 보편사적 성취를 형식적인 것으로 폄하함으로써 본질주의적 정치관의 함정으로 빠져들어가며, 그 결과 현존 사회주의 체제의 인간 소외는 자본주의 체제의 그것과는 또 다른 심각한

와서 정치적 실천 행위가 사회경제적 활동과 구별되지 못함으로써 빚어지는 심각한 폐해를 경고한 바 있다. H. Arendt, *The Human Condition* (Chicago: The U of Chicago P, 1958), 7~78 참조.

7) 이러한 취약점을 시인한다고 해서 현대의 실천적 기획인 재구성된 시민 사회의 정치 철학을 모색하는 데 최대의 기여를 한 고전가인 헤겔의 현재적 의의가 감소되지는 않는다.

양상으로 전개되었다.

두 정치 철학의 범주적 대립, 그리고 양자의 상호 접합의 필요성과 어려움은 현대 정치 철학 최대의 논쟁인 자유주의와 공동체주의 논쟁에서 집약적으로 드러난다. 근대 주체 철학의 실천적 담지자인 원자론적 개인 개념의 허구성과 반인륜성을 끄집어내는 데 있어 공동체주의자들은 강력한 호소력을 과시한다. 그러나 선명한 한계를 드러낸 마르크스주의적 공동체주의의 대안을 일단 논외로 친다고 하더라도, 신아리스토텔레스주의적-신헤겔주의적 공동체주의는 계약론적 자유주의와 결합한 시장 제도를 대치할 수 있는 구체적 대안을 형상화시키지 못했다. 여러 종류의 공동체주의가 현재의 지배적 사회 구성체의 대안으로 나타나지 못하고 지엽적 비판의 수준에 머물고 있는 현실은 근대 주체 철학에 입각한 실천적 범주가 모순을 확대 재생산하면서 위태롭게 버텨나가고 있는 세기말의 암울함을 더욱 어둡게 채색한다. 역사의 창조자이자 진리의 파지자(把持者), 의미의 창출원이자 자신의 주인을 자임해온 주체상은 해소할 길 없는 난관 앞에서 망연자실해 있는 것이다.

이러한 맥락에서 보자면, 인간 중심주의나 주체 철학(의식 철학)의 모든 형태를 신랄하게 비판하는 사상가로 일반적으로 알려져온 푸코의 주체관은 매우 흥미로운 탐구의 대상으로 떠오른다. 주체 형성의 역사에 대한 푸코의 정밀한 독해는 인간 중심주의의 의미를 정확히 판독하는 데 필수적인 자료이며, 나아가 인간 중심주의에 대한 비판이 철학과 사회 이론에서 어떤 함의를 지니는가에 대해 포괄적이고 심원한 방식으로 문제를 제기한다. 따라서 비판적 실천 철학의 패러다임을 모색하는 과정에서 푸코의 주체관은 중요한 논제로 부상하게 된다. 또 한편, 주체에 대한 푸코의 논의는 사상가 푸코를 정확히 이해하는 데 핵심적인 관건이다. 바꾸어 말하면, "당신이 누구이며, 어디에 서 있는가"라는 질문에 대한 답을 일관되게 회피해온 회색의 철학자 푸코의 철학적 정체성, 그리고 그의 철학적 실험이 내포하고 있는 독창성과 기여, 균열과 내적 긴장을 선명하게 드러내는 화두가 바로 주체의 문제라는 것이다.

II. 주체의 고고학

사상가로서 푸코의 등장은 주체의 위상을 둘러싼 논쟁의 한가운데서 시작된다. 제2차 세계 대전 이후 프랑스 지식인 사회의 대부 역할을 맡아온 사르트르(Jean-Paul Sartre)의 현상학적 실존주의에 대해 레비스트로스(Claude Lévi-Strauss)의 구조주의 인류학은 1960년대에 맹렬한 비판을 개시하기 시작한다. 사르트르가 무에서 유를 창조해가는 주체의 결단과 능동성을 강조함으로써 전후의 폐허 상황에 대처하는 실천 철학을 역설하는 데 비해, 레비스트로스는 주의주의(主意主義)적이고 휴머니즘적인 실존주의와 현상학을 통해 커다란 심층 구조로서의 사회와 문화를 엄밀하고 과학적인 방식으로 연구하려는 것이 결정적인 한계를 지닌다고 비판하였다. 사실 역사와 자신을 만들어가는 주체는 그러한 심층 구조의 표층적 반영에 지나지 않는다는 것이다. 이에 대해 사르트르는 구조 인류학이 역사적 실천의 역동성을 이해하지 못하는 정태적(靜態的) 학문이며, 그 결과 현존하는 부르주아 질서에 대해 무비판적이라고 반박하였다.

주체의 위상과 역할, 역사에 대한 이해, 그리고 학문적 방법론과 직결되는 이와 같은 논란은 다음과 같은 사실을 비교적 선명하게 보여주었다. 현상학적 실존주의는 의식의 분석과 주체의 결단에 과도하게 의존함으로써 사회 구성체 같은 거시적 대상을 분석하는 데 분명한 한계를 드러냈다. 또 한편 구조주의는 심층구조에 대한 과학적 분석에 집착함으로써, 역동적으로 진행되는 역사에 대한 감수성을 상실한 것이다. 여기에서 푸코는 인간 중심주의에 대한 구조주의의 비판을 의미심장한 것으로 받아들이면서도 동시에 역사성에 대한 인식을 자신의 체계 안에 적극적으로 포섭하려고 시도하는데, 이는 특히 주체의 계보학에서 인상적인 형태로 나타난다. 매우 이질적이고 적대적인 두 사조를 비판적으로 융합하려는 시도는 푸코 사상의 전개에서 매우 흥미로운 양상을 보이며, 이는 그의 주체관에서 압축적으로 드러난다.[8)]

흔히 푸코는 전통적 휴머니즘과 주의주의적 역사관에 대해 가장 파괴적인 시각을 견지해온 비판가 중의 한 사람으로 간주된다. 그러나 주체에 대한 해체적 분석에 전념해왔으며, 반(反)인간중심주의의 대표 주자로 여겨진 푸코의 주체관을 좀더 입체적으로 추적하고 그 기초 위에서 주체의 계보학을 재구성하기 위해서는 푸코 자신의 목소리를 좀더 주의깊게 경청할 필요가 있다.

---

8) 물론 너무나 당연하게도 푸코의 지적 배경은 두 사조에 국한되지 않는다. 현상학적 실존주의와 구조주의, 푸코의 삼각형적 구도는 프랑스 지성사의 맥락에서 푸코의 특색을 강조하기 위한 것이다. 그러나 주체의 문제와 관련해서 이 구도는 매우 중요한 의미를 지니며, 『성의 역사』 2~3권에서 개진된 주체의 윤리학의 문제 설정을 제대로 이해하기 위해서도 필수적인 배경이라 할 수 있다.

생애 말년의 중요한 글에서 푸코는 자신의 지적 여정을 꿰뚫고 흐르는 세 가지 중심점을 "지식·권력·윤리의 축"[9]으로 규정한다. 여기에서 푸코는 전통적인 인간 중심주의에 철저히 반대하면서도 주체의 철학적 "문제 설정"에 전념하는 흥미로운 모습을 보여주는데, 그는 주체의 형성사를 발굴하고 재구성하는, 즉 주체를 "문제화"하는 자신의 작업을 "역사적 존재론"이라고 부르기도 한다. 역사적 존재론은 "지식을 가진 주체로서 우리가 어떻게 구성되는가"를 다루는 고고학과, "권력 관계를 행사하기도 하고 그 앞에 복종하기도 하는 주체들인 우리가 어떻게 형성되는가"를 보여주는 계보학, 그리고 "행위의 도덕적 주체로서 우리가 어떻게 구성되는가"[10]를 탐색하는 계보학으로 이루어진다. 따라서 푸코의 철저한 반휴머니즘은 주체가 지식의 대상, 권력의 대상, 윤리의 대상으로 형성되어온 역사에 관한 고고학적-계보학적 작업으로 형상화된다는 역설적 판단이 가능한 것이다.[11]

---

9) Foucault, "What is Enlightenment?," *The Foucault Reader* (New York: Pantheon Books, 1984), 48.

10) 같은 책, 49.

11) 고고학과 계보학은 각기 실천 철학적 함의와 윤리학적 함의를 품고 있음이 분명하다. 이러한 해석은 푸코 자신이 견지한 스토익한 태도와 궁극적인 차원에서는 배치되지 않는다는 것이 푸코 철학의 실천적 함의에 대한 우리 연구자들의 적극적 해석이다. 우리는 고고학과 계보학이 범주적으로 차별화되어야 한다고 믿는 것이 아니라, 전자가 후자로 발전적인 방식으로 통합된다고 생각한다. 그리고 권력과 연관된 주체 개념에 대한 계보학적 작업과, 도덕 행위의 주체 개념에 대한 계보학적 분석에서 엿보이는 윤리적 함의 사이에는 중대한 편차가 있는 것이 사실이다. 푸코 계보학의 윤리적 정향은 매끈하게 통합되어 있다고 하기

먼저 우리는 주체의 고고학이 어떻게 진행되는가를 들여다볼 필요가 있다. 푸코와 구조주의 사이의 학문적 친화성은 지식을 가진 주체로서 우리가 어떻게 구성되는가를 문제삼는 고고학적 작업에서 가장 분명하게 드러난다. 푸코의 초기 저작의 제목이나 부제에서 집중적으로 등장하는 "고고학"이라는 낱말은 "언표와 담론의 형성과 변형의 일반적 체계"를 기술하는 것을 목표로 삼으며, 고고학적 탐구는 주로 『병원의 탄생: 의학적 시선의 고고학』(*The Birth of the Clinic: An Archaeology of Medical Perception*, 1963), 『말과 사물: 인간과학의 고고학』(*The Order of Things: An Archaeology of the Human Sciences*, 1966), 『지식의 고고학』(*The Archaeology of Knowledge*, 1969)에서 집중적으로 이루어진다.

역사적 존재론의 첫째 단계인 고고학은 경험에 질서를 부과하는 근본적인 문화적 규약을 발굴하는 과정을 통해 전통적인 인간 중심주의의 자화상을 해체한다. 푸코의 고고학은 지식이 어떤 질서 체계와의 연관 속에서 구성되었으며, 어떤 "선험적 역사"[12]에 근거해서 합리성·관념·학문·경험의 양식이 형성되고 소멸되었는가를 천착하는 작업이다. 여기에서 푸코는 일정한 시기 동

어렵다. 근본적으로 이는 권력-지식 연계론의 함정으로부터 저항의 발원점을 획득해야 하는 실천적 요구와, 정합적인 권력 이론을 수립해야 한다는 이론적 요구 사이의 갈등으로 읽힐 수도 있다. 이 점에 관해서는 4절의 윤리적 주체 형성의 계보학에서 더 자세히 설명하고자 한다.

12) Michel Foucault, "Preface," *The Order of Things* (New York: Vintage Books, 1973), 22.

안에 지식 형태와 학문 체계들을 생산하는 에피스테메(episteme)의 역할에 주목한다. 에피스테메는 우리의 인식·실천·문화를 가능하게 하는 감추어진 질서로서 담론적 실천들을 결합하는 관계들의 총체이다. 흔히 쿤(Thomas Kuhn)의 패러다임 개념과 비교되기도 하는 에피스테메는 일반적으로 숨겨져 있고 무의식적이며 이면에 은폐된 상태로 자리잡고 있기 때문에, 이를 검토하는데 고고학이 요구되는 것이다.[13)]

푸코의 이러한 고고학적 가설은 15세기 이후 서양의 전체 지성사를 네 가지의 에피스테메가 단절적으로 교차하는 상황으로 확정하려는 시도를 통해서 구체화된다. 푸코에 의하면, 유사성의 에피스테메가 지배하던 르네상스 시대에는 언어가 숨겨진 의미를 드러내는 암호였다. 이에 비해서 17세기부터 시작되는 고전주의 시대는 동일성과 차이성을 중심으로 하는 표상의 에피스테메에 의해 규정된다. 이 시대로의 진입은 표상 체계의 확립과 일치하며, 이제 언어는 중층적 의미의 담지자가 아니라 일대일로 대

---

13) 쿤의 포스트 경험주의적·포스트 실증주의적 과학관에서 '패러다임' 개념은 핵심적 역할을 수행한다. '패러다임이 변하면 세계가 변한다'는 그의 언명은 '관찰의 이론 의존성 테제'를 급진화시킨 것이다. 푸코의 에피스테메와 쿤의 패러다임에 대한 비교는 매우 흥미로운 논제이지만, 우선 패러다임 사이의 불가공약성(不可公約性)과 패러다임 변환의 단절성은 푸코의 경우 에피스테메의 성격 규정과 연결되는 측면이 있다. 또 한편 패러다임은 원래 특수한 자연과학 이론들을 지칭하는 것으로서 에피스테메보다 훨씬 미시적이며, 숨겨져 있지 않고 과학적 토론과 검증 앞에 열려 있기 때문에 수정 가능하다는 차이점이 있다. T. Kuhn, *The Structure of Scientific Revolutions* (Chicago: The U of Chicago P, 1970) 참조.

응되는 사물을 지시하는 것으로 국한된다.

19세기 이후의 근대에 들어서면, 표상의 구조가 무너지고 주체의 개념이 중심적인 것으로 떠오른다. 주체의 자기 표상이 주된 에피스테메로 정착하는 것이다. 고전주의 시대에 표상의 한 부분으로서의 역할밖에 주어지지 않았던 인간이 이제 표상을 가능하게 하고 인식을 근거짓는 원천으로 간주됨으로써 지식의 영역이 전반적으로 재편성된다. 바꿔 말하면, 표상을 통해서 인간이 이해되는 것이 아니라 인간을 통해서 표상이 이해되는 시대가 바로 근대라는 것이다. 구체적으로 이는 인식을 가능하게 해주는 근거인 선험적 주체의 정립으로 나타나며, 근대를 주체 철학의 전성기로 기록하게 만든다.

1950년대 이후 구조주의의 출현과 맞물리면서 시작된 현대는 "인간학적 잠"에 매몰된 근대의 주체 철학적 전통을 확연하게 넘어서는 시대로 정의된다. 의식을 핵심적 구성 요소로 보았던 근대 인간관과는 다르게 이제 무의식이 화두로 떠오르게 된다. 인간과 관련된 무의식을 다루는 정신 분석학, 문화와 연관된 무의식을 취급하는 문화 인류학, 기호와 연결된 무의식을 다루는 구조 언어학이 현대 에피스테메를 체현하는 대표 주자들이다. 주체 형성사에 대한 고고학적 독해는 인식과 실천의 원점으로 간주되었던 주체 개념을 냉정하게 해체한다. 니체(Friedrich Nietzsche)와 프로이트(Sigmund Freud)에 의해 효과적인 방식으로 수행된 휴머니즘 전복 작업은 푸코에 의해 학문적으로 정밀화된다. 르네상스 이후의 서양 학문과 개념 체계의 형성이 휴머니즘적 주체관과 어떻게 맞물리면서 진행되었는가가 밝혀지면서, 여러 인간 과학의 주된 대상으로 착근된 주체라는 존재는 "에피스테메의 일반적 재분배 과정이 산출한 하나의 사건"[14]으로 환원된다. 그러한 맥락에서 푸코는 "바닷가의 모래밭에 그려진 얼굴이 파도에 밀려 사라지듯이 인간도 지워질 것"[15]이라는 말로 근대적 인간관과 주체 철학의 일면성을 고발하면서 그 말로를 예견하는 것이다.

III. 주체의 계보학

권력 개념과 연관된 주체의 계보학적 분석은 고고학과 계보학의 시각이 맹아적 형태로 혼재했던 푸코의 초기작 『광기와 문명』(*Madness and Civilization*)으로까지 소급된다. 푸코는 유럽인의 경험 세계 안에서 "광기가 아직 차별화되지 않았던 출발점,"[16] 즉 이성과 비이성이 본격적으로 크게 분리되기 시작한 시점을 추적함으로써 서양인의 경험과 인식 체계에서 이성과 비이성, 정상성과 비정상성이 언제 어떤 방식으로 구별되며, 그러한 구별이 주체 이해와 관련해서 어떠한 사회-정치적 효과들을 산출했는가 하는 궤적을 계보학적으로 재구성하는 것이다.

광기의 역사에 대한 계보학적 추적이라는 점에 있어서 1656년과 1793년은 상징적 중요성을 갖는다고 푸코는 역설한다.[17] "종

14) *The Order of Things*, 345.
15) 같은 책, 387.
16) Michel Foucault, *Madness and Civilization* (New York: Vintage Books, 1965), xi.
17) 『광기와 문명』과 『감시와 처벌』을 권력-지식 연계론의 시각에서 서술한 아래의 부분은 윤평중, 『푸코와 하버마스를 넘어서: 합리성과 사회비판』 (서울: 교보문고, 1990), 153~64에 크게 의존한다.

합병원"이라는 이름을 가진 감금 시설이 파리(Paris)에 설립된 해가 1656년이고, 인도주의적 의료 개혁가였던 피넬(Pinel)이 비세트르(Bicêtre) 병원에서 광인들을 묶고 있던 쇠사슬을 풀어준 것이 바로 1793년이었다. 17세기 유럽 전역에서는 사회의 일탈된 주변 계층에 소속된 사람들을 가두어 수용하는 시설들이 대대적으로 건설되는데, 이는 단순한 우연이 아니라고 푸코는 해석한다. 17세기의 대감금 시설은 경제적 고려 외에, 부르주아 사회를 지탱하는 질서와 윤리를 효과적으로 확대 재생산해나가는 정책의 일환으로 수립되었다. 이 과정에서 다른 수용자들과는 달리 광인들에게는 부르주아 사회의 본질적 미덕으로 간주되는 노동의 준칙을 효과적으로 주입시킬 수 없었다. 그 결과 광기의 경험은 다른 비합리성하고도 질적으로 차별화되는 특이한 범주로 부상하였고, 그에 대한 유일한 처방으로 잔혹한 구타나 고문 등이 일상화되었던 것이다.

이성의 시대라 불리는 18세기에 들어와서 광인들이 다른 일탈 집단과 분리되어 정신병원에 수용되고 시대의 분위기에 걸맞게 인도주의적 개혁이 도입되었던 현상은 주체의 계보학의 관점에서 보면 대단히 의미심장한 일이다. 푸코는 의학의 진보나 휴머니즘적 박애정신의 확산이 광인에 대한 처우 개선과 분리 수용 현상의 진정한 원인이라고 보지 않는다. 정신병원 개혁의 진정한 목표는 사회정치적인 것으로서, 수용자들을 권력과 지식의 대상으로 재구성함으로써 그들을 더욱 효과적으로 순치하고 재교육하는 데 있었다는 것이다. 광기라는 경험의 조직화와 정신병원의 분리 및 공고화는 뗄 수 없이 서로 맞물림으로써, 이제 광기와 감금은 서로 분리해서 생각할 수조차 어렵게 되었다.

인도주의적 개혁에 의해 세련되게 된 처우는 사실 광기의 경험을 조직화하는 효과를 산출한다. 광인과 광인의 모습은 이른바 정상인이라고 자처하는 사람들에게 완전히 낯선 타자로 구체화된다. 그 결과 광기와 정상성이 만날 때, 광인이 갖는 죄의식·열등감·부끄러움 등은 필연적인 것으로서 광인 자신의 내면에 깊이 각인된다. 이러한 관점에서 보자면, 인도주의적 개혁은 과거의 육체적 감금보다 훨씬 철저하고 효과적인 정신에 대한 감금으로의 이행에 불과하게 된다. 여기에서 흥미로운 사실은 프로이트까지를 포함하는 19세기 정신 의학의 발달사도 사실은 실증주의의 고유한 물화 현상을 동반한다고 푸코가 확신한다는 것이다. 왜냐하면 정신 의학자들이 자랑스러워 하는 객관성과 과학성의 신화는 과학이 새로운 종교의 역할을 하고 있는 오늘날 지배와 억압의 효과를 역설적으로 극대화하기 때문이다.

이성의 시대에 들어서서 비로소 이성과 비이성이 질적으로 명쾌하게 차별화되었으며, 이성의 우위 앞에서 광기(또는 이성에게 불가해한 것으로 여겨지는 모든 것들)가 침묵할 수밖에 없었다는 푸코의 고발은 근대의 주체 철학의 핵심 요소인 이성 중심주의 자체가 하나의 특정한 담론 체계로서 다른 담론 체계들을 비정상적이고 열등한 것으로 억압한다는 사실을 보여준다. 보편 이성의 이념 자체는 특정한 시대의 권력-지식 연계가 만들어낸 결과이며, 이성과 비이성의 구별은 그러한 구별이 이루어진 당시 사회의 지배층을 축으로 형성된 담론 형식의 결과로 간주되어야 한다. 특정한 규범과 진리가 보편성과 절대성의 외양을 가진 채 역사 안에서 나타나는 방식에 대한 계보학적 분석을 푸코는 "권력의 미시물리학"이라고 부른다.

권력의 미시물리학, 또는 권력-지식 연계의 계보학은 『감시와 처벌』(*Discipline and Punish*)과 『성의 역사: 앎에의 의지』(*The History of Sexuality: An Introduction*) 제1권에서 완숙한 형태로 논변된다. 여기에서 푸코는 모든 사회에서 담론의 형성·유통·분배·소멸이 권력 작용과 서로 뗄 수 없이 연결되어 있다고 주장한다. 계보학으로의 이행기를 상징하는—콜레쥬 드 프랑스(Collège de France) 취임 강연이었던—「담론의 질서」("The Discourse on Language")에서는 담론의 기능이 "금지, 구분-거부, 참과 거짓의 대비"[18)]라는 부정적 방식으로 주로 묘사된다. 그러나 이제 푸코는 「담론의 질서」에서 묘사된 권력의 양상, 즉 배제하고 억압하며 검열하는 양상이 지극히 일면적이라는 사실에 착안하여, 권력은 사회 구조 전체를 둘러싸고 있으면서 그 구조 안에 내재하는 생산적 관계망이라는 사실을 인식한다. 바꿔 말하면, 권력은 어떤 대상을 지식을 통해 배제하고 억압하는 데 그치지 않고, 적극적으로 개인을 구성하고 학문적 탐구 대상들을 생산하며 주체를 만들어낸다는 것이다. 바로 여기에서, 근대 주체 철학에서 자명한 것으로 인정되어온 의미와 행동의 원천으로서의 주체관을 해체하는 반휴머니스트, 반(反)주체 철학자로서의 푸코의 모습이 가장 선명하게 드러난다.

『감시와 처벌』에서 푸코는 18세기에 발생한 형벌 제도의 대대적 변화가 진정으로 겨냥하는 목표가 무엇인가 하고 묻는다. "공개 고문, 인도주의적 개혁, 사법적 감금" 등 역사적으로 존재해

18) Michel Foucault, "The Discourse on Language," Appendix to *The Archaeology of Knowledge* (New York: Pantheon, 1972), 216.

온 처벌 권력의 세 가지 형태가 순차적으로 변화하는 것은 주체의 계보학에 대해 깊은 의미를 갖는다. 18세기 계몽사상의 확산과 함께 도입된 처벌의 인간화는 그 표면적인 관대함과는 달리 사실상 처벌 효과를 극대화하려는 지향성의 소산이었다. 인도주의적 개혁과 함께 시행된 처벌의 표면적 유연화는 처벌의 효율을 증가시키려는 응용 방법의 변화로 이해되어야 한다. 개혁의 목표는 불법적 행위를 처벌하고 억제하는 것을 사회의 정규 기능으로 확립하기 위한 것이었으며, 그러한 만큼 "주안점은 덜 처벌하는 데 있지 않았고 오히려 더 효과적으로"[19] 처벌하는 데 있었다. 물리적 가혹성은 줄었을지 모르지만 법과 규율을 어기면 반드시 처벌하고야 만다는 보편성과 필연성을 증가시켰고, 나아가 사회 제도 안에 처벌하는 권력을 더욱 깊숙하고 광범위하게 확산시키는 결과를 낳았다. "처벌하는 권력의 새로운 경제학"[20]이 인도주의적 개혁과 함께 나란히 성장한 것이다.

인도주의적 개혁의 결과로 19세기 초부터는 사법적 감금이 처벌의 주요 형태로 정착한다. 사법적 감금은 범죄자에 대한 일련의 평가·규정·처방·판단 등이 제도적으로 치밀하게 이루어지고 정교해진다는 사실을 뜻한다. 바꿔 말하면, 범죄자를 통제하는 가장 효과적인 수단은 그에 대한 지식과 정보를 축적하는 것이고, 이러한 지식 기제는 범죄자를 교화하는 데 동원된다. 인도주의적 개혁과 사법적 감금은 사회 구성체 전체가 범죄에 대한 예방적·교정적·공리주의적 처벌의 권한을 갖도록 유도한다. 감옥 제도의 변천사에 대한 푸코의 이러한 전복적 독법이 주체의

---

19) Michel Foucault, *Discipline and Punish* (New York: Vintage, 1977), 82.
20) 같은 책, 101.

계보학에 대해 갖는 의미도 여기에서 분명해진다.

모든 사회에서 사람의 몸은 통제하고 금지하며 조절하는 권력 앞에 노출된다. 감옥뿐만 아니라 군대·학교·병원·공장·회사 등의 모든 장소에서 몸을 효과적으로 통제하기 위해 일련의 기법들을 총동원하는 현상을 보면 이 사실은 명확하게 이해된다. 권력 행사에 있어서 이성의 시대라 불리는 18세기가 새로운 까닭은 "길들여진 몸"[21]을 만들기 위해, 즉 몸의 유순함과 유용성을 증가시키기 위해 전(全)사회적 차원에서 아주 새로운 형태의 기법들이 전면적으로 도입되었다는 데 있다. 이 시기에는 전체적인 몸뿐만이 아니라 그 미세한 운동이나 자세까지도 권력의 대상이 되었고, 그 목적은 몸이 갖는 효율성을 최대한 진작시키는 데 있었다. 길들여진 몸을 만드는 여러 다양한 기법과 전술을 통틀어서 푸코는 "규율"이라고 명명하는데,[22] 규율적 권력이 동원하는 세 가지 주요 기법이 바로 "관찰, 규범적 판단, 검사"이다.

관찰, 규범적 판단, 검사의 기법들은 권력-지식 연계가 생산해내는 주체의 계보학에서 핵심적인 위치를 차지한다. 개인이 항상 관찰되고 있다는 사실은 그 사람의 복속(服屬)을 유지시키는 확실한 관건이다. 정보화 사회가 목전에 다가와 있는 우리의 현실은 이를 실감나게 한다고 할 수 있다. 규범적 판단의 보편화는 사회 구성체의 모든 곳을 관류하면서 개체를 끊임없이 비교·분리·계층화·동질화하는 데 목표를 둔다. 여기에서 우리는 가정·학교·공장·군대·회사 등의 장소에서 동원되는 다양한 규범적 판단의 실례들을 떠올릴 필요가 있다. 간단히 말해서 규범

---

21) 같은 책, 136.
22) 같은 책, 137~38 참조.

적 판단의 목표는 대상을 "정상화"하는 데 있다.

또한 검사는 개인과 집단의 분석을 돕는 자료 축적과 등록 체계를 수반한다. 검사가 효과적으로 실시됨으로써 개인은 기술되고 분석될 수 있는 대상으로 정착된다. 끊임없는 판단과 검사를 통해 인간 행동의 객관화와 자료화가 달성되며, 인간 자체에 관한 어떤 이미지가 형성되는데, 푸코는 이것이 여러 종류의 근대 인간 과학이 탄생하는 데 크게 기여했다는 흥미로운 주장을 내세운다. 푸코의 반휴머니즘은 이러한 관점에 힘입은 바 크다. "개인은 분명히 사회의 '이데올로기적' 표상이 산출한 허구적 원자이지만, 동시에 특별한 '규율적' 권력 기법이 생산한 실재이기도 하다"[23]는 그의 언명은 인간 자체가 능동적이고 자유로운 의미 창출의 당사자라기보다 오히려 권력-지식 연계에 의해 만들어지고 유통되는 담론적 실천의 산물임을 분명히 하고 있다.

IV. 윤리적 주체 형성의 계보학

권력-지식 연계에 기초한 주체의 계보학을 성에 관한 담론 분석으로 연결시키는 『성의 역사』 1권에서 푸코는 전통적으로 유포되어온 "성의 억압 가설"을 전복시킨다. 이때 전복은 억압 가설이 오류라고 단순히 주장하는 것이 아니라, 억압 가설이 어떠한 과정을 거쳐 출현했으며, 우리가 억눌려왔다고 왜 단호한 어조로 분개하는지, 그리고 억압 가설이 어떤 권력 효과를 생산해왔는지를 밝히는 태도라고 할 수 있다. 억압 가설의 논지는 다음

23) 같은 책, 194.

과 같다. 빅토리아 시대로 상징되는 근대 부르주아 사회의 출범과 함께 성에 대한 억압과 금기가 부쩍 강화되었는데, 프로이트의 출현 이후 비로소 성에 관한 논의의 물꼬가 트이기 시작했다는 것이다. 따라서 프랑스의 68사태 이후 본격화된 성 혁명과 함께 상식화된 성에 관한 담론의 유통이 확산될수록 성의 자유화가 증대할 것이라는 결론이 자연스럽게 도출된다. 억압을 타파한 연후에 비로소 우리가 해방될 수 있다는 것이다.

성의 억압 가설은 금지-억압 기능을 권력의 본질로 보는 권력관과 자연스럽게 연결된다. 그러나 푸코는 성에 관한 담론이 영국 빅토리아 시대 이후 지금까지 일관되게 확대 일변도의 길을 걸었다고 본다. 흥미로운 역사적 실례들이 뒷받침하는 이러한 관찰은 15세기 이후 성에 관한 언설과 지식 체계가 억압되어왔다기보다 끊임없이 관리·조절·유포·선동되어 오면서 정교한 "성 장치"를 구축했음을 의미하는 것이다. 따라서 푸코는 프로이트를 성 담론의 해방자로 보는 시각을 뒤집어서, 정신 분석학의 출현 자체가 성을 효과적으로 관리-통제하는 근대적 성 장치의 도구이자 "성의 과학화"의 결정적 구성 요소라고 간주한다.[24] 따라서 『성의 역사』 1권은 주체를 권력-지식 연계의 산물로 보는 생체 권력론의 충실한 연장선상에 놓여 있는 것이다.

『성의 역사』는 원래 모두 6권으로 기획되었다. 그러나 1권을 1976년에 마친 후 푸코는 8년간을 침묵한 후에 크게 수정된 형태의 연작을 내놓았고, 그 결과 『성의 역사』 제2권과 3권은 1984

---

24) Michel Foucault, "An Introduction," *The History of Sexuality*, vol. 1 (New York: Vintage Books, 1978) 참조.

년 푸코가 사망하기 직전에 출간되어 유작의 형태를 띠게 된다. 완성되지 못한 『성의 역사』 제4권은 『육체의 고백』이라는 제목을 가진 것으로 알려졌다. 8년간의 침묵과 계획의 수정, 그리고 어렵게 발간된 『성의 역사』 2~3권은 푸코 해석에 있어 많은 논란의 대상이 되었다. 이 논란 가운데서, 초기부터 『성의 역사』 1권까지 고고학과 계보학의 시기 전체를 통하여 극히 조심스러운 태도를 견지하면서 규범적 개입을 회피해온 푸코의 입장에 큰 질적 변화가 일어났다는 해석은 주체의 계보학을 재구성하는 작업과 관련하여 매우 중요하다.

푸코가 사망한 해인 1984년에 집중적으로 가진 몇몇 회견 가운데에는 푸코의 시각에 중대한 변화가 발생하지 않았는가 하는 해석을 충분히 가능하게 하는 진술들이 많이 들어 있다. 특히 철학의 임무를 비판적으로 정의하고, 권력-지식의 역학 관계가 "최소한의 지배로만 행해질 수 있어야 한다"[25]고 명시적으로 선포하는 대목은 의미심장하다. 왜냐하면 이 언명은 그때까지 푸코가 가치 판단을 유보해왔던 태도와는 달리 철학적 비판의 규범적 근거 문제를 분명한 방식으로 언급하고 있기 때문이다.

앞에서 지적한 것처럼, 이 회견은 『성의 역사』 2~3권의 주제를 어떻게 해석해야 하는가 하는 문제와 긴밀히 연결된다. 『성의 역사』 2~3권에서 그가 윤리적 주체를 핵심적 연구 주제로 삼았다는 사실 자체가 『광기와 문명』, 『감시와 처벌』, 그리고 『성의 역사』 1권까지 집중적으로 드러난 반휴머니즘적 지향성과는 사뭇

25) Michel Foucault, "The Ethic of Care for the Self as a Practice of Freedom," *The Final Foucault*, 129. 이 책은 *Philosophy and Social Criticism* 12 (Summer 1987)의 특집호이다.

다른 접근으로 받아들여질 수 있었고, 규범적 근거의 문제를 도입한 것과 관련된 단절적 변화로 읽힐 수 있는 여지가 충분히 있었다.

그러나 이러한 독법이 푸코 자신의 평가와 일치하는가의 여부를 판단하는 데 있어 우리는 조심스러울 수밖에 없다. 왜냐하면 앞에서 이미 지적한 것처럼, 푸코는 다른 중요한 논문에서 자신의 지적 여정을 정리하는 가운데 지식·권력·주체에 대한 관심이 세 가지 축점을 구성하며 이 축점들도 주체의 형성사를 중심으로 설정된 것임을 분명히 하고 있기 때문이다. 바꾸어 말하면, 푸코는 초기부터 『성의 역사』 1권이 발간된 시기까지 일관되게 반휴머니즘을 견지했지만, 그 반휴머니즘은 흥미롭게도 주체를 가장 핵심적인 논제로 삼는 문제화의 겉모습이었다는 것이다. 그러나 푸코의 이러한 역설적 태도에는 내밀한 긴장이 엄존하며, 여기에서 발견되는 내적 균열을 그 자신이 명쾌하게 정리하지 못했다고 평가하는 것도 가능하다.[26)]

이러한 균열이 발생한 가장 중요한 이유는 권력-지식 연계론이 집중적 비판의 대상이 되면서, 푸코 스스로 자신의 이론 체계 안에 비판적 실천을 추동할 수 있는 근거점이 불투명하다는 사실

---

26) 우리의 이러한 평가는 이 장의 구성 방식에서 우회적으로 표출된다. 4절인 윤리적 주체 형성의 계보학을 『성의 역사』 1권까지의 주체의 계보학과 분리한 이유는 『성의 역사』 2~3권인 『쾌락의 활용』과 『자기에의 배려』의 정향이 『성의 역사』 1권까지의 흐름과 상당한 부분에서 상이점을 드러내기 때문이다. 이 상이점은 통어성(governmentality) 개념과 사목적 권력 개념을 도입하더라도 완전히 사라지지 않는다.

을 깨달을 수밖에 없었을 것이기 때문이다. 규범과 대안의 제시 자체가 또 다른 억압을 불러오는 악순환을 단절하기 위한 푸코의 무정부주의적 전략은 이러한 불투명성을 대가로 지불할 수밖에 없었다. 이러한 약점은 편재한 규율적 권력에 대항해 싸움을 전개할 수 있는 비판과 투쟁의 당사자인 행위자 개념이 권력-지식 연계론 안에서 불필요할 만큼 과도하게 소거되었기 때문에 발생했다. 푸코는 『성의 역사』 1권의 출간 이후 1978년과 1979년에 행한 콜레쥬 드 프랑스 강의에서 이 부분을 보완할 수 있는 통어성(統御性: governmentality) 개념을 기존의 권력관에 부가하였다. 통어성에는 매우 다양한 측면이 복합적으로 혼재되어 있다. 통어성은 "스스로를 어떻게 다스릴 것이며, 어떻게 남을 통제하고 남에게 통제받을 수 있는가, 그리고 누가 우리를 통치하기로 인정할 것인가"[27] 하는 문제를 함께 포괄하는 것으로서, 16세기의 특징으로 부상하였다는 것이다.

윤리적 주체 형성의 계보학과 관련해서는 특히 처음 항목이, 즉 자신의 행위와 연관된 자기 통제가 중요하며, 이를 알기 위해서는 주체를 "정상화"하는 생체 권력의 측면뿐만 아니라, 주체를 긍정적인 의미에서 "개체화"하는 권력의 역학에 대해 푸코가 개안하게 된 과정도 아울러 탐색할 필요가 있다. 이제 푸코는 『감시와 처벌』에서 집약적으로 서술된 권력-지식 연계론이 주체를 담론적 실천의 피동적 산물로 완전히 "신민화"하는 효과만을 자아내는 데 불편해하기 시작한다. 여기에서 푸코 자신의 고백을

---

27) Michel Foucault, "Governmentality," *The Foucault Effect: Studies in Governmentality* (Chicago: The U of Chicago P, 1991), 87.

들어볼 필요가 있다. "아마 나는 지배와 권력의 기술(technology)에만 너무 집착해온 것 같다. 이제 나는 한 주체와 다른 주체들 사이의 상호 작용, 개인적 지배의 기술들, 그리고 자기의 기술에 있어 개인이 스스로에게 어떤 영향력을 행사하는가 하는 문제를 훨씬 흥미롭게 생각한다."[28]

이와 같은 맥락에서 그는 주체를 길들여 담론적 실천과 분석의 대상으로 전화시키는, 즉 "객관화시키는" 힘으로서의 권력(생체 권력) 이외에, "인간이 스스로를 주체로 변화시키게 만드는,"[29] 즉 주관화하는 권력에 주목하기 시작한다. 바꿔 말하면, 주체의 계보학과 관련해서 푸코의 권력관에는 지배의 기술과 윤리적 자아 형성의 기술이 병존한다는 것이다. 권력과 지배의 기술을 현미경적으로 분석하는 푸코의 얼굴에만 주목하면 또 다른 얼굴인 윤리적 자아의 측면을 놓치게 된다. 그리고 후자는 전자에 대해 쏟아진 비판, 즉 권력-지식 연계론이 함축하고 있는 무정부주의적이고 허무주의적인 정향에 대한 푸코 나름의 처방이었음에 분명하다. 물론 이러한 응전 방식이 성공적이었는가의 여부는 또 다른 논(쟁적 주)제이다. 1978년과 1979년에 개진된 통어성에 대한 논술에서 시작된, 행위자로서 이해된 윤리적 주체(행위 주체)에 대한 관심은 1980년대 이후 푸코를 사로잡게 된다.

이제 푸코는 "권력 관계의 핵심에는 강인하고 꺾이지 않는 의지와 자유"[30]가 전제된다고 역설하게 된다. 정상화를 수행하는

---

28) "Technologies of the Self," 19.

29) Michel Foucault, "The Subject and Power," H. Dreyfus and P. Rabinow, *Michel Foucault: Beyond Structuralism and Hermeneutics* (Chicago: The U of Chicago P, 1983), 208.

생체 권력의 시선에 대항할 수 있는 공간이 주관화를 수행하는 통어성의 권력에 의해 마련될 수 있을 것이라고 생각하게 된 것이다. 이와 같은 푸코의 방향 전환은 생체 권력과 차별화되는 개념으로 "사목적(司牧的) 권력" 개념을 도입함으로써 더 분명해진다. 왜냐하면 생체 권력과 달리 사목적 권력은 주체를 권력-지식 연계의 대상으로 환원해놓는 차원뿐만 아니라, 개인의 주체 형성에 적극적으로 참여하는 "개체화시키는 권력"의 차원도 복합적으로 포함하기 때문이다. 따라서 통어성과 연관된 사목적 권력 개념은 『성의 역사』 1권과 2~3권 사이의 표면적인 단절을 이어주는 내용상의 연결 고리가 되는 셈이다.

이와 같은 상황을 고려하면서 윤리적 주체 형성의 계보학을 추적해보기로 하자. 『성의 역사』 제2권인 『쾌락의 활용』(*The Use of the Pleasure*)과 3권인 『자기에의 배려』(*The Care of the Self*)에서 푸코는 인간이 스스로를 성의 주체로 인지하게 되는 경험을 계보학적으로 추적해가며 일정한 윤리적 함의를 분명히 한다. 『성의 역사』 1권에서 주로 다루어진 성과 권력의 연관이 아니라, 성과 개인 사이의 관계가 핵심적인 탐구 주제로 부각되는 것이다. 바꿔 말하면, 푸코는 개인이 자신을 "욕망하는 인간"으로 고백해가는 과정에서 떠오르는 실천의 방식에 주목하게 된다. 그 결과 윤리적 주체 형성의 계보학은 "자아와 자아의 관계," 혹은 "자아가 자신을 주체로 구성하는 과정"[31]에 집중적으로 천착한다.

서양의 경우 기독교가 도입되기 이전의 고대 사회는 희랍의 예처럼 남성들 사이의 동성애도 자연스러운 성 행위로 인정하는

30) 같은 책, 221.

31) Michel Foucault, *The Use of Pleasure* (New York: Vintage Books, 1986), 49.

등 기독교 문화보다 훨씬 개방적이었다고 보는 것이 우리의 일반적 견해이다. 그러나 푸코는 고대 서양 사회의 성 윤리가 우리의 상상보다 엄격했다는 사실을 방대한 자료와 문헌들을 통해 고증한다. 고대 그리스나 로마 시대에 쓰여진 여러 원전에서 드러난 성에 관한 담론들은 외설적인 것과는 상당한 거리가 있었으며, 오히려 적지 않은 경우 기독교 문화의 엄격성을 예비하고 있었다는 것이다. 성 담론과 관련해서 고대 그리스-로마와 초기 기독교 사이에는 적지 않은 표면적 유사성이 존재한다. 두 문화 모두 성과 관련된 지나친 방탕을 경계하며, 결혼 관계의 성실성이라는 덕목을 존중한다. 근친 상간은 엄격히 금지되었으며, 여성은 남성에게 복속하는 존재로 간주되었다. 물론 동성애에 대해서는 희랍 문화가 훨씬 관용적이지만, 전체적으로 보자면 두 문화 모두 성과 또 다른 종류의 쾌락들을 절제함으로써 획득할 수 있는 지혜에 주목하는 편이었다.32)

그렇다면 고대 그리스 문화와 기독교 문화의 진정한 차이는 어디에서 발견되는가? 푸코에 의하면, 기독교가 성적 절제에 대한 요구를 보편적이고 강제적인 도덕적 법칙에 헌신한다는 차원에서 형상화하는 데 비해, 고대 희랍인들은 자기 결정과 자율성의 측면을 본질적 요소로 보았다는 것이다. 고대인들은 기독교에서처럼 만인에게 일률적으로 적용되어야 하는 통합된 도덕적 규범을 정식화시키지는 않았고, 개인이 주체적으로 실행하는 성적 실천을 강조하였다. 따라서 성적 절제를 실행하고 해석하는 데 있어 개인들이 훨씬 많은 자유를 누릴 수 있었다는 것이다. 고대

32) 같은 책, 15~20 참조.

희랍인들은 "성적 엄격성이라는 주제를 심층적이고 본질적인 금지의 표현이라는 맥락이 아니라 자유를 실천하고 권력을 행사하는 데 있어 행동을 정교화하고 양식화하는"[33] 의미로 이해하였다. 이 과정에서 개인들은 자신을 윤리적 주체로 승화시킬 수 있게 되었던 것이다. 이와 같은 자기 형성의 역동적 과정을 푸코는 "존재의 미학," 또는 "존재의 예술"이라고 명명한다. "고대에, 도덕적 주체가 되고자 하는 의지와 존재의 윤리를 탐구한다는 것은 주로 자신의 자유를 긍정하는 가운데 자신의 삶을 특정한 방식으로 만들어가는"[34] 것을 지칭했다는 것이다.

존재의 미학이 희랍인의 삶에서는 어떻게 구현되었는지 구체적으로 살펴보자. 성적 행위(aphrodisia)에 있어 자유 시민의 행동적 징표라고 할 수 있는 "성적 쾌락의 활용"은 "양생술, 가정의 경영, 연애술"이라고 하는 세 가지 영역에서 구체화되는데, 여기에서 핵심적인 사항은 성 행위 자체가 비도덕적이거나 타락한 것으로 결코 간주되지 않았다는 것이다. 중요한 것은 첫째, 성 행위를 능동적으로 향유하느냐, 아니면 수동적인 노예 상태로 떨어지느냐 하는 문제와, 둘째로 성적 쾌락에 대한 탐닉을 어떻게 절제하는가 하는 문제에 달려 있었다. 바꿔 말하면, 금욕주의와 혼동되어서는 안되겠지만, 성적 쾌락이 과도하게 흘러가지 않도록 절제하고 극기하는 문제와 성적 관계에 있어서 능동성을 실현하는 문제 등 두 가지 사항이 핵심적인 미덕으로 부각되었던

---

33) 같은 책, 23.

34) Michel Foucault, "An Aesthetics of Existence," *Politics, Philosophy, Culture: Interviews and Other Writings, 1977~1984* (London: Routledge, 1988), 49.

것이다. 푸코가 보기에 숱한 고대 희랍의 문헌들에서 공통적으로 강조되는 성 윤리의 덕목은 개인이 욕망을 통어할 수 있어야 한다는 의미에서의 능동성·절제·극기·사려있음 등이다. 따라서 "성인 남자가 성적 행위를 실행하는 데 있어 과도함과 수동성은 비도덕성의 두 가지 주요 형태"[35]라는 것이다.

절제와 능동성이라는 덕목은 윤리적 자아를 형성해가는 희랍인의 성적 행위를 규정하는 화두이다. 성적 행위와 욕망이 육체에 미치는 영향과 상관 관계를 탐색하는 양생술(dietetics)에 있어서 방탕이나 과도한 금욕은 다같이 바람직하지 않으나, 양자의 경계는 불확실하고 맥락 의존적이다. 가정의 경영(economics)에서 남편이 결혼 관계에 성실해야 하는 이유는 도덕률에 충실하기 위해서가 아니라, 그것이 자기 제어의 가장 확실한 증명이기 때문이다. "남편이 부인하고만 성 관계를 갖는다는 사실은 자기 제어를 실현하는 가장 우아한 방식"[36]이라는 것이다. 남편과 부인 사이의 비대칭적 불평등 관계에도 불구하고 성숙한 자유 시민은 그 관계를 남용하지 않는다. 가정 경영에서 실현되는 자기 제어, 또는 자기 제한의 미덕은 개체와 공동체의 관계로까지 확장되며, 자유 시민과 그보다 더 열등한 다른 사회 구성원들 사이의 관계까지 조율한다. 고대 희랍인들에게 있어서 성적 자아와 윤리적 자아, 예술적 자아, 그리고 정치적 자아의 형성은 뗄 수 없이 서로 연결되어 있는 것이다. 연애술(erotics)의 경우는 양생술이나 가정 관리술과는 달리 좀더 복잡한 인간 관계를 구성한다. 왜냐하면, 남자가 자기 제어를 일방적으로 실현하는 양생술이나 가정

35) *The Use of Pleasure*, 47.
36) 같은 책, 151.

의 경영과는 달리 연애술은 복수의 남성을 전제로 하며 쌍방의 자기 제어를 필요로 하기 때문이다. 전체적으로 자유인의 성적 행위의 핵심은 "자기 지배"에 대한 지향성으로 규정된다.

로마제국 시대의 성적 행위에 관한 담론을 분석하고 있는 『자기에의 배려』는 이러한 시각을 확대하면서, 동시에 희랍과 로마 시대의 점증하는 차이에 대해 서술하기 시작한다. 로마 시대는 전체적으로 희랍과 기독교 시대를 불연속적으로 이어주는 가교 역할을 수행하면서, 성적 개체의 자율성과 자유가 점차 기독교적인 보편적 도덕관에서 설파하는 일반적 주체관으로 변화하는 역사적 공간으로 해석된다. 기독교가 요구하는 일반적 주체의 성립은 도덕률이 보편적 규약 체계와 엄격하게 결합되는 것을 뜻하며, 고대 희랍에서 발견되는 개인의 자율성과 자유의 공간이 급격하게 축소되는 현상과 병행하는 것이다.

『쾌락의 활용』에 나오는 양생술, 가정 경영술, 연애술의 세 가지 항목들은 『자기에의 배려』에서 각각 "육체, 아내, 소년들"에 관한 서술로 이어진다. "육체"에서는 성 행위와 결부된 자기에의 배려가 의학적 관심과 접목되면서 질병에 대한 불안이 급격하게 고조된다. 성 행위가 육체와 영혼에 끼칠 수 있는 악영향이 주목되면서 성적 금욕이 희랍 문화에서보다 훨씬 더 긍정적으로 평가되는 변화가 발생한다. "아내"에서는 결혼 생활과 결부된 제약과 중요성에 대한 인식이 급격하게 증가하는 양상이 분석된다. 이제 가정 내에서의 남편과 부인 사이의 관계가 표준적인 성 행위로 확고하게 정착한다. 그 결과 "소년들"에서는 소년과의 동성애가 부자연스러운 것으로 차츰 인식되어 가는 과정이 주목된다. 개인들 사이의 쾌락 관계를 통합시키는 결혼이 도덕적 삶의 양식을 규정하는 데 주도적 역할을 하게 되는 것과 비례해서, "소년에 대한 동성애는 사랑의 최고 형태를 구현하기는커녕 극단적인 부적절성 때문에 비판"[37]받게 된다. 전체적으로 『자기에의 배려』는 "스스로를 자신의 행위 주체로서 형성하고 인지하는 자기관계가… 스스로에게 행사하는 주권성(sovereignty)에서 성취됨을"[38] 보여준다.

『자기에의 배려』는 기원후 1~2 세기 이후 서양 사회에서 "성적 엄격성"이 차츰 증가되어 갔음을 보여준다.[39] 그 결과 희랍인이 누렸던 존재의 미학에서 발견되는 개방된 윤리적 감수성이 엄격한 보편 도덕률의 체계에 자리를 내주게 되었다는 것이다. 성적 쾌락 자체가 악과 연계되는 기독교 도덕의 엄격성에까지는 아직 이르지 않았지만, 로마 시대에 오면 "고대적 주제인 힘·예술·기법(技法)에 대해 악과 법의 문제가 영향력을 행사하기 시작한 양태와, 진리의 문제와 자기 지식의 원칙이 금욕적 실천 안에서 진화하는 방식"[40]을 이미 관찰할 수 있다는 것이다. 푸코는 분명히 이러한 변화에 대해서, 즉 존재의 미학과 결합된 윤리적

---

37) Michel Foucault, *The Care of the Self* (New York: Vintage Books, 1986), 192.

38) 같은 책, 85.

39) 『쾌락의 활용』과 특히 『자기에의 배려』에서 푸코의 서술 방식은 그 이전의 작품과 적지 않은 차이를 드러낸다. 이제 푸코는 수많은 고전 문헌들을 '주석'하는 데 전념하는 것처럼 보인다. 과연 푸코는 고고학과 계보학이 과시했던 빼어난 엄격성과 독창성을 상실한 것일까? 아니면 『자기에의 배려』가 드러내는 서술의 평면성 자체가 계산된 것일까?

40) *The Care of the Self*, 68.

주체 형성의 역동적 동학이 보편적 도덕 체계에 대한 수동적 순응의 형태로 변화해 간 과정에 대해서 비판적이며, 고대 희랍식 삶의 방식을 매우 의미심장한 것으로 간주한다. 물론 푸코가 현대의 혼란된 상황을 타개할 수 있는 대안으로 희랍의 역동적 윤리를 무비판적으로 채택하고 있다고 오해해서는 안 될 것이다.[41]

보편적 도덕 규범이 급격한 해체를 겪고 있으며, 그것을 대체할 새로운 규범 체계가 출현할 전망이 매우 불확실한 오늘날, 우리가 취할 수 있는 실천적 태도는 "새로운 형태의 주체를 장려"[42]하는 작업이라고 푸코는 역설한다. 모든 형태의 실천적 투쟁이 "지역화"되어야 하는 (탈)현대의 공간에서 새로운 형태의 주체를 형성하는 작업은 존재의 미학에 대한 탐구와 등치된다. 절제와 능동성, 극기와 사려깊음 등이 종합적으로 체현되는 주체 형성의 역동적 과정은 한마디로 "우리의 삶을 하나의 예술 작품으로 승화시키는"[43] 시도이다. 보편적 규범 체계에 의해 미리 지시되고 획정되는 주체관은 이미 사라진 신화이거나, 적어도 급속히 파편화되어 가고 있다. "주체가 이미 주어져 있는 것은 아니

---

41) 윤리적 주체 형성의 계보학과 관련된 연구 기획을 요약하는 인터뷰에서, 고대 희랍인들이 매력적이고 설득력 있는 대안을 제시하는 것으로 믿는가?라는 질문이 제기되었다. 이에 대해 푸코는 "나는 대안을 찾고 있지 않다. 다른 시대의 다른 사람들이 제기한 다른 문제에 대한 해결책에서 문제의 해결 방안을 찾을 수는 없"다고 명시한다. Michel Foucault, "On the Geneaology of Ethics: An Overview of Works in Progress," *The Foucault Reader*, 343.

42) "The Subject and Power," *Michel Foucault: Beyond Structuralism and Hermeneutics*, 216.

43) "On the Geneaology of Ethics," 350.

라는 관점에서 이끌어낼 수 있는 유일한 실천적 결론은 우리 자신을 하나의 예술 작품으로 창조해야"[44] 한다는 사실이다. 푸코는 우리 스스로 "자기 도야"[45]를 통하여 "윤리적 주체"로 태어나는 자기 형성과 자기 창조의 과정을—모든 것을 정상화시키려는 생체 권력의 시선으로부터 일정한 비판적 거리를 유지할 수 있는—자율과 자유의 지평으로 형상화시키고 있다.

V. 계몽의 에토스와 미학적 주체의 행로

푸코는 사망한 해인 1984년에 버클리에서 「계몽이란 무엇인가」("What is Enlightenment?")라는 제목으로 강연을 한다. 이 강연은 주체의 계보학과 윤리학을 정확히 이해하는 데 큰 도움을 준다. 주체의 윤리학이 의거하고 있는 철학적 문제 설정을 해명하면서 푸코는 1784년에 칸트(Immanuel Kant)가 발표한 작은 글을 단서로 삼는다. 푸코가 보기에 칸트가 현재를 문제삼은 최초의 철학자는 물론 아니었다. 칸트의 중요성은 계몽을 특정한 역사적 사건이나 시대로 간주하지 않고 우리가 "성숙성"을 획득할 수 있는 하나의 "출구"로, 즉 "계속되는 과정이자 현상, 그리고 과업이자 의무"[46]로 독해했다는 사실에 있다. 인류가 어떤 권위에 자신의 이성을 복속시키지 않고 스스로 사용하는 순간을 계몽으로 이해하는 칸트에게 있어서, 비판이야말로 계몽을 체현하는 이성적 실천의 모델이 되는 것은 자연스러운 일이다.

---

44) 같은 책, 351.
45) *The Care of the Self*, 37.
46) "What is Enlightenment?," 34~35.

칸트가 적시한 계몽과 이성, 성숙성 그리고 비판의 불가분리성은 푸코가 설파한 주체의 윤리학을 해석하는 데 관건이 된다. 그러나 푸코는 비판적 태도를 보편적으로 정식화된 규범이나 합리성의 체계에 의존하여 근거지으려는 칸트의 시각에 대해 동의하지 않는다. 정언명법이 정당화하는 선험적 도덕성의 지평 대신 푸코는 더 역사적이고 맥락 의존적인 분석 작업을 선호한다. 모든 지식이나 도덕적 행위의 보편적 구조를 탐색하는 비판적 작업은 푸코의 몫이 아니다. 푸코는 칸트의 정신을 비판적으로 계승하는 보편적 합리주의자인 하버마스(Jürgen Habermas)와 이 부분에서 결정적으로 갈라진다.[47]

푸코는 "계몽은 우리가 속한 역사적 시대에 대한 끊임없는 비판을 지속적으로 재활성화하는 태도[48]"라고 규정한다. 자기 시대의 역사적 경험을 끊임없이 비판하는 태도야말로 윤리적 주체 형성의 요체이다. 따라서 주체의 그림은 이미 주어져 있는 것이 아니라, 계속해서 "한계를 넘어서려는 태도(limit-attitude)[49]"에 의해 창조적으로 만들어지는 것이다. 바로 이 지점에서 푸코는 현대성의 주된 기획인 인간 중심주의를 비판의 과녁으로 삼는다.

유럽 사회에서 장구한 세월 동안 여러 방식으로 출현한 인간

---

47) 비판과 합리성, 그리고 계몽의 문제 설정과 관련해서 푸코와 하버마스 사이의 논쟁 구도를 다룬 책으로는 윤평중, 『푸코와 하버마스를 넘어서』를 참조. 최근의 연구 논문 모음집으로는 *Critique and Power: Recasting the Foucault/Habermas Debate* (Cambridge: The MIT Press, 1994)를 참조.

48) 같은 책, 42.

49) 같은 책, 45.

중심주의는 때와 장소에 따라 매우 상이한 양상을 보인다. 그러나 "최소한 17세기 이래 인간 중심주의는 언제나 종교, 과학, 또는 정치로부터 유래된 인간에 대한 특정한 개념"에 의존할 수밖에 없었다. 푸코가 설파하는 역동적 주체의 미학은 이러한 지배적 주체관을 적극적으로 해체하는 가운데 태동된다. 주체의 윤리학과 계보학은 "계몽과 인간 중심주의를 동일시하기보다 서로 긴장 관계에 놓여 있는" 것으로 보며, 인간 중심주의와 연결된 철학적 주제들이 "비판의 원리와, 그리고 자율적으로 우리 자신을 끊임없이 창조하는 행위"[50]와 배치될 수 있음을 역설한다. 여기에서 푸코가 취해왔던 표면적 반(反)인간 중심주의의 진정한 의도가 더욱 선명히 드러난다. "우리 자신에 대한 비판적 존재론"[51]으로 명명된 주체의 계보학과 윤리학은 극한적 태도의 실험이며 에토스이고 철학적 삶의 양식이다. 푸코는 우리가 우리에게 부과된 제한들에 대하여 고고학적-계보학적 분석을 수행함으로써 그 제한들을 넘어보려는 실천을 추동하고 우리 자신을 성숙한 윤리적 주체로 승화시킬 것이라고 역설하면서, 미완의 지적 여정을 종결짓게 된다.

주체의 계보학과 윤리학은 푸코에 있어서 규범적 비판의 입지점이 불투명하다는 종래의 수많은 비판을 일거에 무력하게 만든다. 무정부주의자, 또는 허무주의자로서 그려진 푸코관이 피상적이고 일면적이라는 사실도 우리는 본 연구를 통하여 이해할 수 있게 되었다. 철학이나 사회 이론에서 전통적인 인간 중심주의의 약점이 노출되고, 동시에 역사적 현실이 불투명해진 것과 비례해

50) 같은 책, 44.
51) 같은 책, 50.

서 유포되어왔던 주체의 죽음이라는 표어는 또 다른 문제점들을 생산해낸다.[52] 비판적 실천 철학의 강력한 한 패러다임으로 떠오른 담론 이론은 일반 이론의 차원에서 서술된 담론 개념 안에 독립적 행위자의 개념을 어떻게 담아낼 것인가 하는 문제로 집약된다. 바꾸어 말하면, 구조와 주체 사이의 간극을 메울 수 있는 매개 개념의 역할을 수행하지 못하는 담론 이론은 자기 패배적이거나 맹목적이라는 말이다.[53] 이러한 맥락에서 보자면, 푸코가 설파한 주체의 계보학과 윤리학은 담론 이론의 지평과 행위 주체의 역할을 접합시키려는 시도로 읽힐 수 있을 것이다.

그러나, 다른 한편으로 푸코의 윤리적 주체는 엘리트주의와 미학적 결단주의의 소산일 수 있다는 비판 앞에 쉽게 노출된다. 이 점에서 푸코는 니체주의자임이 분명하다. 또한 자율과 자유를 지향하는 푸코적 주체에서 사르트르의 영웅적이고 전투적인 실존의 방식을 연상하게 되는 것도 자연스러운 사태다. 그러나 사르

52) 가장 대표적인 예로서 혁명적 마르크스주의자인 알튀세의 경우를 보자. 마르크스주의의 과학성을 엄밀하게 담보하려고 하는 과정에서 그가 채택한 반인간 중심주의와 반역사주의는 중층 결정과 구조적 인과성 테제의 기여에도 불구하고 알튀세를 '실천적으로' 헤어나기 어려운 막다른 골목으로 몰아넣는다.

53) 담론 개념이 모범적인 실천 이론으로 승화된 예로 푸코의 철학과 하버마스의 이론을 대비시키면서 담론 개념에 대한 양자의 서술 수준과 지향성이 매우 다르다는 점을 밝힌 글로는 윤평중, 「담화 이론의 사회 철학」, 『철학』 제46집(서울: 한국철학회, 1996년 봄)을 참조. 이 논문에서는 부당하게 부풀려진 담론 개념 때문에 실천적 난관에 봉착하는 대표적인 이론가로 데리다의 경우를 들고 있다.

트르가 주체의 형성을 주로 의식의 경험 차원에서 분석하는 것과는 달리, 푸코는 지식·권력·담론의 복합적 연관 관계 안에서 주체의 형성을 추적했다는 결정적인 차이가 있다. 푸코의 윤리적 주체를 전통적인 주체 철학 (또는 의식 철학)의 틀 안에 다시 가둘 수는 없다.

푸코의 주체관이 유아론적 정향성을 갖는다는 해석은 좀더 신중하게 다루어야 할 필요가 있는 것처럼 보인다. 왜냐하면 그는 윤리적 주체 형성의 요체라고 할 수 있는 자기에의 배려가 "고립 속에서 행해지는 것이 아니라 진정한 사회적 실천"[54]임을 명시하고 있기 때문이다. 자기에의 배려는 폐쇄적인 자기애나 이기주의와 등치되지는 않고, 친족 관계, 우정, 사회적 의무의 지평에서 비로소 실현될 수 있다. 따라서 진정한 "자기에의 배려는… 사회적 관계의 강화로 나타나는"[55] 것이다. 그러나 푸코의 이러한 강령적 진술은 성숙성을 지향하는 자율적 주체들간의 상호 교통 관계를 선언적으로 요구할 뿐이지 구체적으로 설명하는 것은 아니기 때문에, 서로 어울려 사는 상호 주관적 삶의 공간에 대한 이론화를 결여하고 있다고 볼 수 있다. 상호 주관성의 범주가 결락(缺落)된 원인은 푸코적 주체가 미학적으로 경사되어 있기 때문이기도 하다. 따라서, 구조와 주체 사이의 공소한 대립을 푸코의 주체관을 원용해서 쉽사리 메울 수 없다는 사실은 분명해진다.

사유 체계의 전화 과정이라는 맥락에서 보자면, 푸코는 결코 주체에 관한 정합적인 일반 이론을 수립하지 않았다. 바꾸어 말

---

54) *The Care of the Self*, 50.
55) 같은 책, 53.

하면, 권력-지식 연계론과 주체의 윤리학을 각기 패러다임화한다면, 양자 사이에 일정한 불가공약성(不可公約性)이 존재할 가능성을 시사한다. 이것이 바로 푸코 자신은 분명히 인식하지 못했고 시인하지도 않았던 내적 긴장과 균열의 원천인 것이다. 푸코의 이러한 아포리아는 전통적인 주의주의나 주관 철학의 함정에 빠지지 않으면서 동시에 주체의 동학을 엄밀하게 규정할 수 있는 행위 주체 개념이 철학적으로 정위되어야 할 필요성을 보여준다. 그리고 그 행위 주체는 당연히 상호 주관적 존재일 것이다. 따라서 비판적 실천 철학의 주요 당면 과제는 가장 첨예한 경쟁적 범주인 담론과 상호 주관성을 어떻게 효과적으로 접합시킬 것인가 하는 문제로 집약된다.

제6장 제임슨, 하버마스, 라이언: 사회적 주체 개념의 비판적 구축

윤효녕

데카르트(René Descartes) 이래로 형성되어온 근대 철학의 자기 동일적 초월 주체를 비판하는 프랑스의 현대 주체 이론가 4인방이랄 수 있는 데리다(Jacques Derrida), 라캉(Jacques Lacan), 푸코(Michel Foucault), 알튀세(Louis Althusser)의 자세한 입장이 어떠하든, 최근에 이른바 "주체의 죽음"은 좁게는 탈근대적 주체 개념의, 그리고 넓게는 포스트 모더니즘 문화의 대명사처럼 불리고 있는 실정이다. 그러나, 주체의 죽음에 대한 주체 이론가들의 태도는 다양한 면모를 띠게 되는데, 이 장에서는 2~5장에 걸쳐 논의된 4인방과 관련하여 다른 주체 이론가들의 입장을 살펴봄으로써 작금의 주체 논의에 대해 좀더 포괄적인 비판적 결론을 도출하고자 한다. 그 과정에서 우리 연구자들이 갖게 될 한 가지 전제는 현 시점에서 필요한 주체 개념의 구축을 위해서도 이론과 실천의 복합적이고 중층적인 상호 결정적 관계를 늘 고려해야 할 것이라는 점이다. 구체적인 논의의 대상은 주체의 죽음을 기정화하고 그것을 일종의 해방적 상황으로 맞이하는 바르트(Roland Barthes)와 이스토프(Antony Easthope)의 입장, 주체의 죽음이라는 문제를 다소 우울한 전망 속에서 진단하며 문제 제기는 하지만 구체적인 대안 제시는 유보하는 제임슨(Fredric Jameson)의 입장, 그리고 주체의 죽음을 극복하기 위한 대안 제시를 적극적으로 시도하는 하버마스(Jürgen Habermas)와 라이언(Michael Ryan)의 입장이 될 것이다.

바르트의 「저자의 죽음」("The Death of the Author," 1977)은 글의 특징을 설명하는 가운데 글의 주인인 언화 주체의 부재를 기정화함으로써 주체의 죽음을 고전적으로 선언해놓았다. "글은 우리의 주체가 빠져나간 예의 중립적·합성적·간접적 공간이다… 말을 하는 것은 언어이지 저자가 아니다."[1] 텍스트에서 이루어지는 의미 결정 과정을 상호 주관적 관계가 아니라 주체와 완전 분리된 중립적 공간으로 규정하여 글에 선험적 절대 지위를 부여하는 바르트식의 사고 방식은 이스토프의 『담론으로서의 시』(*Poetry as Discourse,* 1983)로 이어진다. 이스토프는 근대 주체가 부르주아적 초월의 자유 이데올로기를 반영한다고 보면서, "부르주아적 담론 형식들은 주체에게 절대적 지위를 부여하고 타자에게는 상대적 지위를 부여하려는"[2] 억압적 목적을 갖고 있다고 지적한다. 반면에, 저자, 즉 언화 주체의 죽음은 시적 담론을 부르주아적 담론의 지위에서 주체 복원과 무관한 "일종의 기계 장치"로 돌려놓았으며, "주체성은 시적 담론의 근원점이 아니라 결과로서 연구되어야 한다"고 주장한다.

그런데, 우리 연구자들이 보기로, 바르트와 이스토프의 입장은

---

1) Roland Barthes, "The Death of Author" (1977), *Falling into Theory,* David, ed. (Boston: Bedford Books, 1994), 222~23

2) Antony Easthope, *Poetry as Discourse* (London: Methuen, 1983), 29

글의 담론에 중립성과 자율성을 부여하여 그것을 절대시하는 경향을 보인다. 특히 이스토프는 특권시하는 대상을 초월적 언화 주체에서 담론으로 바꿔놓았을 뿐 후자를 특권시하며, 따라서 결정론적이기는 마찬가지다. 이는 전통적 형이상학이 전도된 형태의 형이상학, 형이상학의 해체가 자칫 빠지기 쉬운 반대 편의 형이상학의 예에 해당한다. 그리고 이와 같은 태도는 분명히 실천적 문제를 야기한다. 왜냐하면, 주체를 생산하는 담론 장치는 어떻게 생긴 것인가? 하는 의문을 제기하지 않기 때문이다. 따라서, 주체성을 담론의 원인이 아니라 결과로 보아야 한다는 그의 말은 얼핏 들으면 데리다의 입장과 같은 것처럼 들리지만, 겉으로만 그럴 뿐 그것은 담론을 절대시하기 때문에 데리다가 유보적으로 시사하는 입장과는 다르다. 이스토프는 이어서 시적 담론을 역사에 비유하는데, 이 때의 역사라는 말은 담론을 추상적·객관적 실체성, 즉 일종의 절대성으로 상정하는 것을 포함한다. 역사와 담론은 주체와 유리된 순수 객체라서 주체에 선행하는 자율적 존재라는 입장이 암시되어 있는 것이다. 역사에 의해서 주체가 생산되는 면도 분명히 있지만—그리고 이 점은 역사를 초월적 주체 의지의 단순 표현으로 보는 관념론적 역사관을 해체한다는 면에서는 어느 정도 가치있는 것이기도 하지만—역사를 구성하는 개별 주체들의 상호 관계성도 아울러 고려해야 하는데도 불구하고, 이스토프는 그렇게 하지 않음으로써 역사의 구체적 행위자들을 목전의 상위 담론 및 사회 장치에 종속시키게 된다.

그 결과는 뻔하다. 즉 역사와 개인, 담론과 주체의 관계에 대하여 상호적 인식이 아니라 대립적 인식에 의존함으로써 개별 주체들 상위에 있는 역사와 담론 장치보다도 더 상위에 있는 인간 주체를 은폐하고, 목전의 역사와 담론 장치를 전부로 인정하도록 하는 결과에 이르게 될 것이라는 말이다. 그러한 역사관과 담론관하에서 사람들은 산업 자본주의를 자본가와 정치 권력자들의 지배라기보다 자본·생산·상품·시장·기계 등의 지배로, 그리고 후기 산업 사회를 기술·정보·매체 등의 지배로 규정하게 될 것이다. 그 결과는 수많은 대중 주체들을 비교적 하위 장치에 묶어 둠으로써, 신처럼 보이지 않는 높은 지위에서 지배를 영속화할 수 있는 일종의 안전 지대를 소수 지배 주체들에게 제공하는 것이 될 것이다. 인간이 자본·기계·기술·정보·매체 등에 의해서 지배받게 되는 것이 우선 당장 체험되는 지배 형식이기는 하겠지만, 더 중요한 것은 그것들의 상위에 있는 인간에 의해서 인간이 지배받는다는 사실이다. 이 점을 간파하지 못하는 한, 역사를 구성하는 당사자들, 즉 개별적 행동 주체들은 여전히 결코 자유롭지 못할 것이다. 반면에 이 점을 잘 간파한다면, 자본·기계·기술·정보·매체 등을 인간에 의한 인간 지배의 수단이라는 위치에서 구해내어 개별적 행동 주체들의 삶에 기여하도록 주체적으로 사용할 수 있는 출발점이 확보될 것이다.

『포스트 모더니즘, 혹은 후기 자본주의의 문화적 논리』(*Postmodernism, or the Cultural Logic of Late Capitalism*, 1991)에서 제임슨은 주체의 소외와 고독, 그리고 그에 대한 개인의 저항을 주된 관심사로 설정했던 모더니즘의 절정기에 대비하여 포스트 모더니즘의 상황을 "주체의 파편화," "주체의 죽음," "종전의 중심적 주체 내지 정신의 탈중심화"[3]로 진단한다. 그런데, 주목할 점은

3) Fredric Jameson, *Postmodernism, or the Cultural Logic of Late Capitalism*

제임슨이 주체의 파편화나 탈중심화 같은 개념을 주체의 죽음과 동일시하고 있다는 것이다. 그도 때로는 주체의 죽음을 고전적인 자본주의적 중심 주체의 와해로 이해하며, 그것이 주체에 대한 모든 명제의 포기보다 의미 치환을 뜻한다고 이해하기도 한다. 그러한 한에서는 주체의 죽음은 보편적 발전의 이름하에 사회 발전의 불평등과 뒤처진 분야를 은폐해온 모더니즘의 위대한 작가 내지 절대적 초월 주체라는 환상, 즉 카리스마적인 기업가적·내부지향적 개인주의의 종말을 뜻하는 것이 된다. 따라서 그것은 "더 '민주적'"인 "평민화"[4]를 지향하는 함의를 갖게 된다. 이렇게 보면 주체의 죽음은 슬퍼할 현상만은 아닌 것이다.

그러나, 탈중심화를 죽음과 혼동하는 데서 필연적으로 연유하는 결과일지 모르지만, 제임슨은 모더니즘의 거대 주체의 사라짐을 모든 주체의 불가능성과 동일시하고 우울한 기분에 젖는다. "권위적 주체"가 사라지는 것과 아울러 "기능적 주체"도 함께 사라지게 되었다는 것이다. 부르주아 혁명이든 사회주의 혁명이든 "역사의 주체"[5]가 사라지면서, 지배 구조를 재현하고 그에 대항하는 기능을 수행해야 할 주체의 자리가 공백으로 남게 되었기 때문에 이것은 문제라는 것이다. 즉 1980년대 말의 상황에서 보면, 1960년대의 대체적 주체들—여성·흑인·제3세계 등—마저 사라지고 집합적 집단들의 다원주의적 상황이 되었는데, 이렇게 주변화된 주체들이 급진적이기는 해도 "규제적 기능"을 할 수 없으며, 계급 의식을 형성하지 못하기 때문에 이는 정치적 문제

(Durham: Duke UP, 1991), 14~15.

4) 같은 책, 306.

5) 같은 책, 348.

를 야기한다는 말이다.

> 일체의 생산 개념과 경제적 하부 구조가 와해되어 그것이 이미 신인동형적(神人同形的) 개념의 제도에 의해 대체된다는 것은 계급의 기능은 물론이고 지배 집단의 기능에 대해서도 일체의 생각을 할 수 없게 된다는 것을 의미한다… 오직 매체와 시장만이 자율적 실체로 눈에 띄게 된다.[6)]

제임슨이 여기에서 "자율적 실체"로서의 "매체"와 "시장"에 대해 우려를 표명하는 것은 조금 전에 우리 연구자들이 이스토프의 "기계 장치"에 대해 비판한 것과 같은 맥락에 속한다고 볼 수 있다. 거대 주체의 죽음이 부르주아적 지배 권력에 저항하는 주체의 계급적 기능을 아울러 말살하고 말았기 때문에 매체와 시장이 절대시되게 되며, 따라서 부르주아적 권력의 무소불위가 은폐됨으로써 보장되는 결과가 초래될 위험이 있다고 보는 것이 제임슨이 후기 자본주의적 문화의 병리에 대해 내리는 진단인 것이다. 이와 같은 진단은 아주 유효하다. 아울러 여기에서 제임슨은 한 가지 중요한 과제를 던져주고 있는데, 그것은 거대 주체 내지 권위적 주체는 죽어도 기능적 주체가 여전히 살아남을 수 있다면 문제를 해결할 수 있을 것이라는 점이다. 물론, 주체의 탈중심화 내지 치환을 주체의 죽음과 혼동하는 사고 방식, 즉 권위적 주체 아니면 무주체이지 "집합적 주체들"이나 "집단별로 새롭게 나타난 이 집합적 인물들과 재현 방법들"은 주체로서 일거의 혁명적 기능을 담당할 수 없다고 보는 제임슨의 대립적 사

---

6) 같은 책, 349.

고 방식으로 보면, 권위적 주체와 기능적 주체의 차이를 인식하기는 어려울 것이다. 당연한 일이겠지만, 제임슨은 대안 구축을 제시하지 못한다.

하버마스가 『근대성의 철학적 담론』(*The Philosophical Discourse of Modernity*, 1985)이나 『소통 행위 이론』(*Theorie des Kommunikativen Handelns*, 1981)에서 의사 소통 이론을 전개하는 것은 "의사 소통 행위로서의 이성에 의해 주체 중심적 이성을 확실하게 부정하는 것"[7]이다. 하버마스도 "의식 철학의 범례는 이제 소진되었다"[8]면서 이성 주체 내지 의식 주체의 죽음을 선고하지만, 그의 태도는 근대적 주체에 대한 어느 비판자보다도 희망에 차 있다. "대상의 인식이라는 범례는 언화와 행위의 능력을 가진 주체들간의 상호 이해라는 범례로 교체되어야 한다"[9]는 그의 주장에 나타난 것처럼, 그것은 하버마스가 의사 소통 행위라는 상호 주관적 범례를 대안으로 갖고 있기 때문이다. 하버마스가 의사 소통 행위 이론을 본격적으로 구체화한 것은 『소통 행위 이론』에서이다. 그의 경우, 의식 주체나 합리성 철학의 거부는 곧 주체나 철학 자체의 죽음을 뜻하는 것이 아니라, "인식적 · 도구적 합리성으로부터 소통적 합리성으로의 전이"[10]를 뜻한다. 즉 소통적 이성이란 의식

---

7) Thomas McCarthy, "Introduction," Jürgen Habermas, *The Philosophical Discourse of Modernity* (1985), trans. Frederick Lawrence (Cambridge: MIT P, 1987), vii.

8) 같은 책, 296. 하버마스는 근대 철학의 핵심적 개념인 "이성"과 "의식"을 결국 같은 것으로 취급한다. "의식"이란 결국 "이성적 의식"을 말하기 때문이다.

9) 같은 책, 295~96.

10) Jürgen Habermas, *Theorie des Kommunikativen Handelns* (1981), 서규환

철학의 전통에서 말하는 목적론적 절대 이성이 사회적 이성, 즉 "상호 주관적 합의"[11]를 위한 잠정적 이성으로 치환된 것을 말한다. 또한, 이와 같은 이성의 치환이 주체와 관련하여 갖는 함의는 절대적 의식 주체의 죽음이 주체 자체의 죽음으로 치닫는 것이 아니라, 언화 행위를 수행함으로써 밖의 것에 합의하는 형식인 사회적 내지 상호 주관적 행위 주체로 치환되는 것을 말한다.

상호 주관적 주체나 사회적 행위 주체 같은 개념을 구축하는 하버마스의 태도는 이 단계까지만 보면 주체에 대한 최근의 해체적 비판이 지니는 무주체의 곤경을 벗어날 수 있는 가능성을 시사하는 것처럼, 따라서 아주 매혹적—미혹적—인 돌파구처럼 보인다. 그러나 그 다음 단계로, 그의 논리는 왜곡된 의사 소통과 이상적 의사 소통을 대립적으로 구분하는가 하면, 왜곡된 의사 소통을 배제하고 상호 주관적 합의의 전제로서 이상적 의사 소통을 특권시하는 데까지 나아간다.

> 나는 외적·우연적 영향뿐만 아니라 의사 소통의 구조로부터 생기는 강제에 의해 의사 소통이 방해받지 않는 상황을 이상적 대화 상황이라고 부른다. 이상적 대화 상황은 체계적인 의사 소통의 왜곡을 배제한다. 물론 대화에 참가한 모든 사람들이 화행을 선택하고 수행할 수 있는 기회를 균등하게 분배받았을 때에만 의사 소통의 구조가 어떤 강제도 생산하지 않는다.[12]

외역, 『소통 행위 이론』 (서울: 의암출판사, 1995), 440.

11) 같은 책, 336.

12) Jürgen Habermas, "Wahrheitstheorien," *Wirklichkeit und Reflexion*, Helmut Fahrenbach, ed. (Neske, 1973), 225: 한상진, 「언술 검증과

이상적 소통의 상황이란 상호간의 이해, 의미의 공유, 그리고 왜곡되지 않은 진리적 언화의 전달이 이루어지는 상황을 말한다. 그러나 그와 같은 이상적 상황은 한낱 가정에 불과하다. 왜냐하면, 하버마스 자신의 말대로 이상적 소통의 상황은 "모든 사람들이… 기회를 균등하게 분배받았을 때에만," 즉 경제력, 권력, 기표의 물성 등이 작용하여 이른바 대화내적 순수성을 훼손하는 현실적 요인들이 일절 배제되었을 때에만 가능하기 때문이다. 그가 말하는 "상호 주관적 합의"란 결국 현실적 권력 관계의 배제를 전제로 한다. 따라서, 권력 관계에 의해 기회의 불평등이 상존하는 현실 사회에서 하버마스의 이상적 소통 상황은 한낱 가정에 불과한 것이다. 그러한 현실적 상황에서 이상적인 소통적 합의를 실행할 수 있는 유일한 수법은 순수와 동일성을 위해서 차이·실수·왜곡·오해 등의 요소를 제거하는 것뿐이다. 인용문에서 하버마스는 이상적 대화 상황이 강제받지도 않고 강제하지도 않는다고 말하지만, 이 말을 자세히 뜯어보면 순수한 자기 동일성이 일체의 강제를 받지 않기 위하여 모든 타자적 요소들에게 일체의 강제를 행사하는 것이 된다. 또, 그의 논리에 따르면, 이와 같은 자기 동일성이 타자에 대해 강제를 행사하는 것은 정당화된다. 왜냐하면, 강제를 생산하지 않는 이상적 대화 상황이 현 상태로는 불가능한, 즉 강제하지 않을 수 없는 현실적 조건이기 때문이다. 결국, 강제를 생산하지 않기 위해서라는 관념적 명분하에서 현실적 강제를 정당하게 생산하게 되는 것이 된다. 이는 형이상학의 전형적인 수법에 해당한다.

비판 이론」, 『사회비평』 15 (1996), 37~38에서 재인용.

이렇게 보면, 하버마스가 종래의 목적론적 합리성을 대체할 수 있을 것으로 제시하는 사회적 합리성이라는 개념도 전혀 믿을 만한 것이 못된다. 사회적 합리성, 즉 "합의"라 함은 귀납적 결과이어야 하는데도 하버마스는 합의 과정에 앞서는 소통의 이상적 합의점 같은 것을 미리 단정하기 때문에, 궁극적으로 그의 입장은 선험적이고 목적론적인 방법에 해당한다. 따라서, 그가 말하는 사회적 합의는 말처럼 목적론적 합리성을 대체하는 것이 아니라 그것으로 회귀하는 것이다. 또, 그가 말하는 상호 주관성은 이상적 의미를 전제함으로써 그 동일성의 확보를 위해 비동일성의 타자를 제거 내지 억압할 것이 뻔하기 때문에 사실은 상호 주관성이 아니라 절대 주관성이다. 그는 절대 이성에 반대하여 잠정적 이성을 주장하지만, 그 잠정적 이성의 내용은 결국 절대 이성이다. 하버마스의 주체 개념은 그럴듯한 논리적 우회로와 용어 치환을 거친 다음 다시 절대 이성의 주체로 복귀한다.

이 모든 잘못과 자기 모순의 출발점은 하버마스가 실천적 조건과 동떨어진 이상적—자기 동일적, 순수 관념적—대화 상황을 가정하고 그것을 현실에 들이대려고 하는 데 있다. 이상적 대화 상황이라는 것이 도대체 있기나 한 것인지 모르겠지만, 설사 최대한 양보하여 그러한 상황을 한번 가정해본다고 하더라도 하버마스의 주장은 자기 모순적이다. 왜냐하면, 이상적 대화 상황의 전제 조건이 기회 균등임을 알면서도 기회가 균등하게 주어지도록 우선 실천하는 일에는 전혀 관심을 두지 않은 채 하버마스가 가정하고 있는 왜곡되지 않은 이상적 대화 상황이란 결국 가장 왜곡된 자기 모순의 상황이기 때문이다. 그것이 한낱 잘못된 가정에 불과한 것이기는 하지만, 그로부터 예상되는 실천적 결과의 폐해는 너무나 클 것이다. 또, 그 폐해는—이론적 의도는 좋았는데 불가피한 실천적 오류 때문에 그것이 제대로 성공하지 못하게 되는 것이 서글픈 현실이라든지, 또는 어디 이 세상에서 좋은 의도가 한번 제대로 실천되는 경우가 흔하더냐? 하는 식으로—이론과 실천이 분리된 원인을 타락한 현실에 돌리는 한탄조로써 당초의 이론적 순수성에 대해 일부나마 감성적 변호를 하기에도 너무나 심각할 것이다. 그러니까, 생각—을 이 아니라—도 잘 해야 하는 것이다. 이론과 실천의 복합적인 중층적 상호 관계성을 늘 고려해야 하는 것도 바로 이 때문이다.

서론에서 지적했듯이, 본연구에서 제기하는 문제 의식과 같은 맥락에서 전개되는 주체 논의가 단순히 서양만의 문제가 아니라 이제 어떠한 의미에서든 우리의 문화권에서도 중요성을 띠게 되었는바, 우리나라에서 전개되고 있는 주체 논의의 현 단계도 한번 점검하고 넘어갈 필요가 있다. 우리나라에서도 주체 논의는 전통적인 주권적 주체에 대한 해체적 비판을—환영하는 입장에서든 우려하는 입장에서든—주체의 철저한 부정과 동일시하는 단계에서 아직 크게 벗어나지 못하고 있는 것 같다. 이러한 실정에서, 김우창이 최근에 「한국의 영문학과 한국 문화」(1996)에서 제시한 보편과 자아의 "변증법적 맞물림"은 보편 명제를 점유했던 절대 주체의 강제로부터 소수 내지 특수인 개별 주체들의 해방을 보장하면서도 동시에 그러한 개별 주체들의 위상에 가치성을 부여할 수 있는 방법을—따라서 작금의 주체 비판이 빠져 있는 난국을 돌파할 수 있는 방법을—추구한다. 그러나, 우리 연구자들은 그의 "변증법적 맞물림"이라는 말이 갖는 함의를 명시화할 필요를 아울러 느낀다.

> 그것[주체성]은 끊임없는 보편성의 활동으로서만 남는다. 이것은 구체적으로는 자아의 활동이다. 그러면서 그것은 자아가 보편성에 순응하기 위한 하나의 훈련이다. 이 자아와 보편성의 움직임은 두 가지의 다른 활동이 아니라 하나의 활동이다. 이것을 하나로 거머쥘 수 있는 데에 주체성의 참다운 의미가 살아난다.[13)]

이 인용문에는 작금의 주체 논의에서 제기되는 문제의 원인을 "보편"으로부터 "자아"의 분리에 두고, 그렇게 보면 당연한 일이겠지만, 그에 대한 해결의 출발점을 양자가 결합된 참다운 주체에서 찾을 수 있다는 기대가 시사되어 있다. 그리고 그러한 결합은 시초부터 당연한 것이라는 주장이 깔려 있는데, 왜냐하면 보편과 자아가 원래 "하나의 활동"이기 때문이다. 그러니까, 보편으로부터 자아의 분리는 그러한 시초적 기원으로부터의 타락에 해당하며, 결합으로의 복귀는 타락한 주체의 치유이고 당연한 귀결점이 되는 것이다. 그렇다면, 자아 내지 특수와 보편의 결합은 어떠한 양상으로 될 수 있을까? 원래 특수와 보편은 "하나의 활동"이라고 하지만, 어쨌든 이것이 문제가 되고 있는 것을 보면, 그 두 명제는 적어도 현 시점에서는 하나가 아니라 대립되는 두 가지로서 경험적 위상이 정립되어 있는 것이다. 상반되는 두 명제의 결합은 실제로는 쉽게 이루어지지 않으며, "변증법"이라는 말로 이루어지는 것도 아니다. 변증법이라는 구조가 혹시 실제로는 변증법적으로 종합될 수도 없고 종합되지도 않는 특수들의

13) 김우창, 「한국의 영문학과 한국 문화」, 『안과 밖』 창간호 (영미문학연구회, 1996), 25~26.

현실적 정황을 종합의 환상 속에 가리는 관념론적 기능을 하는 것은 아닌지 우리는—적어도 변증법을 관념 변증법으로 한정하여 사용하지 않는다면—면밀히 주시해야 할 것이다. 이는 변증법이라는 명제를 약화시키거나 폐기하기 위해서가 아니라 더욱 "변증법적인" 실천을 기하기 위해서이다.

이와 같은 문제 의식을 갖고 앞의 인용문을 해석해보면, 거기에는 몇 가지 가정들을 당연시하는 태도가 함축되어 있음을 알 수 있다. 그 가정들이란, 자아의 참다운 의미는 보편에 의해서 주어진다는 것, 보편과 특수의 결합을 회복하기 위해서 특수 측에서의 "순응" 훈련이 필요하다는 것, 따라서 분리의 책임도 특수에게 있고, 해결을 위해 노력할 의무도 특수에게 있다는 것, 그렇게 해서 도달할 것이라고 상상되는 이상적 결합은 결국 보편의 동일성 속에 구체적 특수들이 포섭되는 그러한 모습일 것이라는 것 등이다. 기본적으로 "변증법적 맞물림"이란 양측 가운데 어느 한쪽이 다른 쪽에 일방적으로 흡수되는 통합을 뜻하지는 않는다. 정말로 변증법적 종합이 이루어지기 위해서는 원명제와 반명제 모두 자신의 절대적 진리성을 일방적으로 포기하거나 주장해서는 안 된다. 그런데, 김우창의 글에서는 보편성이 절대 진리의 위치를 차지한다는 생각, 그러한 보편성에 구체적 자아가 돌아가야 한다는 생각, 그럼으로써 원래 상태였던 "하나"의 상태가 회복될 수 있다는 생각, 그러한 결합이 변증법적 맞물림이라는 생각 등이 당연시되고 있는 것이다.

우리 연구자들은 그러한 "변증법적 맞물림"에 대한 기대가 해묵은 보편 대 특수 논쟁의 재연에 불과하다고 본다. 또한, 보편과 특수의 통합("하나의 활동")이야말로 근대 휴머니즘적 관념론의 최대 이상이었으므로, 그러한 기대는 자기 동일적 주체 개념이 가정했던 보편과 특수의 범주 구분과 그 둘간의 동일적·이상적 관계에 대한 향수를 여전히 떨치지 못한 것이라고 본다. 문제는 그러한 이상적 관계가 불가능하다는 현실적 경험에서 비롯된 작금의 주체 비판 논의를 그러한 이상적 관계로 다시 담으려고 노력하는 것이 과연 얼마나 유효할 것인가 하는 점이다. 또, 보편이 특수들을 포섭하는 능력과 권위를 상실하게 된 원인이 단지 특수측의 되먹지 못한 타락의 욕망에만 있다고 여기는 단일 원인론이 사태에 대한 정확한 진단과 해결에 얼마나 유효할 것인가 하는 것도 문제로 제기된다. 오히려, 보편이란 명목일 뿐이고, 실재하는 것은 경험적 실천 요소들, 즉 특수들이 아닐까? (굳이 보편과 특수라는 잣대로 보면 그렇다는 말이다.) 그렇다면, 보편성의 윤리에 대한 특수들의 반란—해체의 운동—의 책임은 오히려 특수에 토대를 두고 있으면서도 특수의 사정에 아랑곳하지 않아온 보편의 유아독존적 지배에 있는 것이 아닐까? 특수와 하나됨이 자기에게 이로울 때는 특수와 "하나"임을 내세우면서도 그것이 자기에게 불리할 때는 특수에 대해 초월적 권위를 주장하면서 특수들을 타자화하기를 떡먹듯이 하기 때문에 결코 "하나"일 수 없는 보편의 허구성을 특수들이 갈수록 깨달아가는 마당에, 그러한 해묵은 윤리학을 다시 제시하는 것이 과연 특수측으로부터 얼마만큼의 설득력을 얻을 수 있을 것인가?

이 즈음에서 우리 연구자들은 최근의 주체 이론가들이—회의적 곤경에 처해 있는 경우든 희망적 대안에 들떠 있는 경우든—다같이 한 가지 공통점을 갖고 있음을 발견한다. 그것은 그들이 보여주는 이론적·이데올로기적 단계가 변화하는 현실적 상황과 조건을 따라잡기에는 아무래도 역부족인 것 같다는 점이다. 하버마스의 소통적 대안에는 실천의 요소가 전혀 고려조차 되지 않고 있다. 오직 이상적 이론에 의해 왜곡의 실천 요소를 규제하고 바로잡겠다는 발상만이 시사되어 있다. 제임슨의 경우, 주체의 해체가 비롯된 정황과 그것이 야기할 현실적 위험성에 대해서는 잘 진단하고 있지만, 변화된 실천적 상황에서 가능한 대안을 찾기보다 여전히 기능적 주체는 권위적인 거대 주체이어야 한다는 식의 고전적 마르크스주의 이데올로기에 연연하고 있다. 따라서, 그가 위대한 영웅적 주체가 사라진 후기 자본주의 사회의 문화적 현상에 대해 일면 희망적 가능성을 기대해 보기도 하지만 우울한 전망쪽으로 더 기우는 것은 적어도 그와 같은 입장에서는 당연하다.

이 점은 제4장에서 논의한 알튀세의 비판적 마르크스주의의 경우에도 극복되어야 할 요소로 지적된 바 있다. 알튀세는 특정 계급의 특정 이데올로기가 갖는 보편성의 허울을 해체하는 단계에서 한걸음 더 나아가, 인간의 사유·느낌 등이 근본적으로 갖는 공상적 요소와 자기 기만에 대한 보편적 이데올로기론을 피력한다. 그럼으로써 그는 구체적 사회 관계로 이데올로기를 돌려줄 소지를 막아버렸다. 오직 남는 것은 그가 말하는 '이론적 실천'의 영웅적·자족적 분석 행위일 뿐이다. 알튀세는 이상의 측면에서 마르크스주의의 해체자로 볼 수 있지만, 알튀세 이후에 각종 포스트 마르크스주의가 순수한 이론적 실천의 영역 속에서 등장하게 된 것도 전혀 놀랄 일이 아니다. 마르크스가 그의 생애와 저술을 통해 우리에게 물려준 가장 값진 유산들인 실천, 계급투쟁, 자본주의에 대한 미세한 분석, 현실 정치에 대한 역동적 대응들이 모두 '이론적 실천'의 이름하에 묶여버린다고 해서 현실이 던지는 모든 문제와 과제들도 그와 함께 묶여버리는 것은 아니기 때문이다. 근대 부르주아적 자유주의가 구상했던 개인 주체를 비판하는 일이 사회와 역사에 대한 실천적 인식조차 마비시킨다면, 그러한 비판은 지극히 유해하다. 근대성에 대한 비판이 탈근대의 막다른 골목에 이르지 않도록 해주는 사상은 빙빙 도는 마르크스주의의 텍스트에서보다 다시금 마르크스의 텍스트에서 찾을 수 있다. 이러한 관점에서, 알튀세의 『마르크스를 위하여』(*For Marx*)와 『자본론 읽기』(*Reading Capital*)에 구애되지 말고, 여전히 마르크스가 아닌 우리 자신을 위하여 『자본론』(*Capital: Critique of Political Economy*)을 포함하는 마르크스의 텍스트들을 다시 읽어야 할 필요가 있는 것이다.

이상과 같은 문제 의식으로 볼 때, 라이언의 『마르크스주의와 해체론』(*Marxism and Deconstruction*, 1982)은 근대적 주체 개념에서 탈근대적 주체 개념으로의 전환에 처한 현 시점에서 제기되는 상황적 요구와 관련하여 한 가지 대안을 제시해준다. 라이언은 현 시점에서 절실하게 제기되는 문제의 관건이 근대적 자기 동일성 철학의 절대 보편적 이성주의와 레닌주의를 비롯한 과학적 마르크스주의의 교조주의를 비판적으로 해체하면서도 어떻게 하면 그러한 해체가 가치의 허무주의, 절대적 비관주의, 정치 포기주의에 이르지 않을 수 있는가 하는 이중의 과제임을 명확히 깨닫고 있다. 이것을 주체의 관점에서 풀이하자면, 근대 철학의 주관적 관념론을 반영하는 인식 주체, 사유 주체, 현존 주체 등 자기 동일성에 입각한 유아독존적·전유적 주체 개념은 해체되어야 하지만, 그것이 그만 무주체의 위상을 지향하는 결과에 이르게 되어서는 역시 안 되겠다는 이중의 문제 의식을 갖는 것이 된다.

마르크스의 텍스트들과 데리다의 텍스트들에 대한 꼼꼼한 다시 읽기를 통하여 해체론과 마르크스주의의 "비판적 접목"[14]을 시도하는 라이언의 모습은 바로 그와 같은 가능성을 실천하는 하나의 보기에 해당하는 셈이다. 해체론 하면 데리다이면서도 더 이상 데리다 혼자만의 전유물이 아니라 누적된 방대한 담론의 집합이듯이, 마르크스와 마르크스주의의 관계는 말할 것도 없다. 그럴수록 "비판"이란 데리다와 마르크스의 텍스트 자체를 기반으로 할 때 가장 철저히 수행될 수 있을 것이다. 이는 오인된 해체론과 오인된 마르크스주의를 바로잡기 위해서 그 진리의 기원으로 복귀해야 한다는 입장에서가 아니라, 그러한 이론이나 주의가 야기하는 현재적 실천의 문제들을 해결하기 위한 더 나은 새로운 방법의 구축을 그들의 텍스트들에서 모색할 수 있다는 한에서 그렇다는 말이다. 기원의 권위를 숭배하자는 것이 아니라, 현 시점에서 그럴 필요가 제기되기 때문에 그렇다는 말이다. 현 시점에서 문제로 제기되는 해체론의 회의적 주체 포기주의 말고 다른 길을 다름아닌 데리다에게서 찾고, 물적 현실로부터 유리된 교조적 마르크스주의의 이데올로기 말고 다른 길을 다름아닌 마르크스 자신에게서 찾음으로써 그와 같은 필요에 부응하자는 것이다. 라이언이 보기에 해체론과 마르크스주의는 자체로서 완전무결한 것이 결코 아니다. 그렇다고 완전하지 않으니 폐기되어야 한다는 입장도 아니다. 양쪽 모두 장점과 결점을 각각 지니고 있

14) Michael Ryan, *Marxism and Deconstruction* (1982), 윤효녕 역, 『마르크스주의와 해체론』 (서울: 한신문화사, 1997), xv.

으면서 서로가 다른 쪽이 갖지 못한 것을 갖고 있기도 한 것이다. 따라서, 라이언이 말하는 "비판적 접목"이라 함은 둘 가운데서 버릴 것은 버리고 취할 것은 취하여 이 둘을 변증법적으로 결합함으로써 당장 우리에게 필요한 정치 비판의 새로운 무기를 마련하자는 것이다. 그럼으로써 더 나은—물론 이것이 영원 무궁한 완전한 해결책은 아닐 것이다, 또 그러한 해결책을 바란다면, 그러한 사고 방식부터 고쳐야 할 것이다—방안을 모색할 수 있는 것일 테니까 말이다.

라이언은 데리다와 마르크스의 접점을 이루는 것으로 "차이성," "변별성," "관계성," "상호 주관성," "미결정성" 같은 원리들을 제시하지만, 이 원리들을 결코 만사 해결책으로 제시하지는 않는다. 그것들을 현실의 역사적 상황과 유리시켜 관념적으로 생각하게 되면, 그것들은 일체의 판단 불가능성을 의미하게 되어서 해체론을 막다른 골목에 도달한 것으로 보이게 만든다. "미결정성"이라 함은 단일 원인론으로는 복잡한 결정 관계를 설명할 수 없다는 뜻이지 결코 절대적인 결정 불가능성을 뜻하지 않는다. 그와 같은 절대적 결정 불가능성의 결론은 단일 결정론만큼이나 절대적이고 관념적인 경향을 띤다. "미결정성"이란 시간적·공간적 반복 작용, 차이 작용, 보충 작용, 관계 작용 등의 원리에 의하여 다양한 요소들이 복잡하게 얽히고 설켜서 구성되는 물적 현실의 복합적 결정 관계를 단일한 방법이 아니라 구체적이고 복합적인 방법으로, 즉 지배적 요소에만 입각하여 다른 요소들을 생략 내지 배제하는 방법이 아니라 다양한 구성 요소들을 잘 헤아려 고려하는 방법으로 설명하는 것을 말한다. 근대 철학의 전통적 절대 진리에 대한 부정을 기치로 하여 20세기 말 소위 탈근대의 시점에서 발달한 해체적 회의주의가—역시 회의에서 출발하였지만 주관적 관념론에 빠져 결국 기존의 지배 권력적 현실을 재가하는 데 기여하고 만—17~18세기의 회의주의와 차별화를 선언하고 건강한 회의 철학으로 의미를 갖기 위해서는 적어도 그와 같은 절대 부정의 결론만큼은 극복해야 할 것이다. 라이언은 해체론이 제시하는 "미결정성"의 개념이 인식론적 허무주의와 정치 포기주의를 의미하는 것이 아니라 "권위를 실체적 차원보다 기능으로 생각(하고 실천)해야 할 것이라는 점을 시사한다"[15]고 본다.

> 분석을 통해 실체적 차원으로부터 기능으로의 인식 전환이 이루어지면, 절대 가치로부터 변별적·상황적 관계로의 인식 전환도 아울러 이루어진다… 실체적 차원을 기능으로 바꾸는 이론적 전환에 필적하는 실천적 요소는 잠정성이다. 즉 사람은 역사의 현장에서 분명한 이해 관계에 따라 활동하므로 편을 들지 않을 수 없다는 점을 인정하는 것이다. 일체의 진리가 결정 불가능하며 일체의 텍스트가 판독 불가능하다는 가설하에 천사같이 공평무사한 자유주의적 초연의 자세를 취하는 것은 암암리에 일정한 권력 구조의 이익에 기여한다. 그와 같은 권력 구조에 대항한다는 정치적 이해의 명분에서는 잠재적 무한성과 미결정성을 지닌 텍스트를 잠정적으로 규제할 필요가 있다. 따라서, 이러한 잠정적 규제와 천사 같은 초연의 자세는 차이가 난다.[16]

15) 같은 책, 67.
16) 같은 책, 68~69.

"주체의 죽음"으로 특징지어지는 탈근대의 문화적 풍토가 또 다른 지배 권력을 불러들일 수 있는 힘의 공백을 초래할 수 있다면서 소극적으로 우울한 진단을 내리는 제임슨과, 근대 철학의 정수랄 수 있는 의식 주체에 대한 비판이 주체의 죽음 자체에 빠지지 않을 수 있는 대안으로 이상적 언화 소통(speech communication)의 모델을 적극적으로 제시하는 하버마스도 바로 같은 문제 의식을 반영하고 있기는 하다. 하지만, 제임슨은 거대 주체, 즉 권위적 주체의 사라짐이 기능적 주체의 사라짐과 동일하다고 속단함으로써 "기능성의 결여"[17]를 포스트 모더니즘의 귀결점으로 설정하고 이를 애석하게 여겼다. 하버마스의 전망은 낙관적이기는 하지만, 현실적 이해 관계의 요인들을 배제하는 이상적 언화 상황과 "상처 없는 상호 주관성"을 가정함으로써 주관적 관념론으로 회귀하고 만다. 하버마스가 "상호 주관성"을 설정한 것 자체는 대단히 희망적일 수 있고, 우리 연구자들이 제시하는 더 나은 주체 개념에 부응하는 것일 수 있는데도 불구하고, 하버마스는 그만 그 상호 주관성을 상처 없는 완전 무결한 이상적 상황으로 가정한다. 그럼으로써 그는 그 방대하고 복잡하고 수고로운 담론적 우회에도 불구하고 다시 종전의 것과 별로 다를 것이 없는 관념론적 회귀성을 면하지 못하고 있는 것이다. 그는 그러한 담론 작업을 통해서 근대 관념론적 이성 주체를 떼어 버렸다고 주장할지 모르지만, "이는 자동차의 머플러를 떼어낸 결과 눈에 띄게 속력이 빨라진 것도 없이 소음만 더 요란해진 격이다."[18]

---

17) Jameson, 349.

18) 『마르크스주의와 해체론』, 63. 라이언은 예일(Yale) 학자들이 정치

이와 같은 주체 논의의 현 단계에서 라이언이 제시하는 "기능에 의한 치환"과 "잠정적 규제"는 매우 중요한 의미를 갖는다고 볼 수밖에 없다. 역사적 상황의 필요에 따라 행동을 수행하는 사회적 행위 주체들 내지 기능적 주체들, 그리고 개인과 역사의 관계에 있어서도 주체/타자간의 일방적 관계가 아니라 변화하는 조건에 따라 개인이 역사를 구성하기도 하고 역사가 개인을 구성하기도 하면서 잠정적으로 의미를 규정하는 상호 주관적 주체는 제임슨의 우려와 하버마스의 회귀를 동시에 지양하는 하나의 대안을 시사하는 것일 수 있다. 한 가지 조건은 잠정성을 견디어내야 한다는 것인데, 잠정성은 한편으로 아주 피곤한 것일 수 있다. 그것은 견고한 토대가 아니라 늘 유동하는 변화의 물적 계기들을 시사하기 때문에, 그와 같은 성질로 규정되는 주체—상호주체, 변별 주체, 관계 주체—는 항구적으로 움직여야 하고 상황에 따라 중첩되는 역할을 수행하여야 한다. 절대적인 피안과 영원히 완전무결한 편한—나태하고 안일한—해결책을 갈망하는 입장에서 보면, 그와 같은 주체의 개념은 늘 불안하고 피곤할 것이다.

제임슨은 모더니즘의 절대적 초월 주체의 죽음이 카리스마적인 기업가적·내부 지향적 개인주의의 종말을 고하며 따라서 "더 '민주적'인"지향성을 의미하기도 하기 때문에, 주체의 죽음이 슬퍼할 것만은 아니라는 입장이다. 그가 애석해 하는 이유는 권

적 보수성을 띠도록 해체론을 "엉뚱"하게 이용했으며 "일종의 복합적인 철학을 옛날식의 신비평으로 전환"시켰다고 비난하는 맥락에서 이러한 말을 해놓았다. 하지만 이 비유는 하버마스의 소통 이론에 대해서도 마찬가지로 적용될 수 있을 것 같다.

위적 주체의 죽음과 아울러 기능적 주체까지 죽는다면 더 민주적인 정치적 가능성이 태어나다가 그만 죽어버리는 꼴이 될 것이기 때문이다. 그것이 살 수 있는 길은 편안하고 믿을 수 있던—이러한 생각 자체가 허구이다—동일적 기원의 모태(母胎)를 박차고 시간과 공간의 물적 역사 세계로 뛰어드는 것인데, 이 길은 현실의 불안하고 피곤한—그렇지만 자유를 잠정적으로 가져다 줄 수 있는—활동을 전제로 하는 것이다. 실천적 민주주의에서 영원하고 절대적인 진리는 그러한 진리가 없다는 진리 말고 무엇이 있는가? 힘들고 수고로운 세상을 포기하거나 초월하지 말고 지키고 적응하며 바꾸는 주체적 노력과 힘이 존속하는 시간적·공간적 지점까지만 생명과 자유의 향유는 지속될 수 있을 뿐이다. 이것은 우리 연구자들이 그렇게 규정해서 그런 것이 아니라, 좋든 싫든 불가피하게 세상이 그렇게 되어 있기 때문에 그렇다. 절대적인 해결책에 의존하고자 하는 형이상학적 욕망, 잠정성의 가치를 흔쾌히 받아들이기 꺼려하는 심정은 결국에 가서는 절대 진리 아니면 절대 회의, 절대 주체 아니면 절대 무주체 가운데 어느 하나를 지향할 수밖에 없도록 되어 있기 때문에, 철저한 민주 평등적 성향하고는 이래저래 걸맞지 않는다.

개별적 행위 주체들의 귀납적 집합을 통해 기능을 실천하는 방식을, 또 잠정적이고 상호 관계적인 결정들을 통해 자율적 순간들의 연속적 집합을 향유하는 방식을 답답해하고 불안해하는 심정은 따지고 보면 구성원들에 대한 불신과 해방에 대한 두려움에 기인한다. 기존의 지배 체제에서 이익을 더 본다고 스스로 판단하는 사람들이야 말할 것도 없겠지만, 해방을 요구하는 사람들조차도 제도권력적으로, 무의식적으로, 이데올로기적으로, 또

정서적으로 너무나 오랫동안 광범위하게 기존의 지배 방식에 다소간에 익숙해져 있기 때문에, 해방된 세상에서 새롭게 요구되는 자신의 주체적 역할을 구체적으로 그려보기가 어렵거나 그려본다고 해도 감당하기가 벅찰지 모른다. 하지만, 사회 구성원들의 사회적—즉 상호 주관적·잠정적·기능적—주체로서의 역할을 인정하지 않거나 그에 대한 주의를 조금이라도 게을리 한다면, 해방에 대한 욕망은—그 명분적 당위에도 불구하고—지배하고픈 욕망이나 순응하고픈 안일함으로 언제라도 변질될 수 있다. 그와 같은 변질을 막는 방법은 모든 구성원들이 각자 처해 있는 현실적 정황에 따라서 자기에게 요구되는 사회적 기능을 수행할 결의에 찬 주체들로 우뚝 서는 것뿐이다. 여기에서 사회적 기능이란 주체로서의 역할을 말하는 것인데, 그것을 더 이상 단일한 모습으로 파악하기는 불가능하다. 현실적 정황에 따라서 주체들의 역할은 인식론적·계급적·성적·인종적·연령적·직업적·직위적 등등 그야말로 복합적인 사회적 역할이 될 것이다. 그리고 그 역할을 가장 잘 결정해주는 요인은 경험적 실천의 현장에서 발견될 것이다.

참고문헌

권택영 엮음. 『자크 라캉: 욕망이론』. 서울: 문예출판사, 1994.

김우창. 「한국의 영문학과 한국 문화」. 『안과 밖』 창간호. 영미문학연구회, 1996.

박찬부. 『현대 정신 분석 비평』. 서울: 민음사, 1996.

서규환 외역. 『소통행위 이론』. 서울: 의암출판사, 1995.

윤평중. 『푸코와 하버마스를 넘어서: 합리성과 사회비판』. 서울: 교보문고, 1990.

______. 「담화이론의 사회철학」. 『철학』 제46집. 서울: 한국철학회, 1996년 봄.

윤효녕 역. 『마르크스주의와 해체론』. 서울: 한신문화사, 1997.

이진경 외. 『철학의 탈주』. 서울: 샛길, 1995.

한상진. 「언술 검증과 비판 이론」. 『사회비평』 15, 1996.

Althusser, Louis. *For Marx.* Trans. Ben Brewster. London: NLB, 1977.

________________. *Politics and History: Montesquieu, Rousseau, Hegel and Marx.* Trans. Ben Brewster. London: Verso, 1972.

________________. "Ideology and Ideological State Apparatuses(Notes towards an Investigation)." *Mapping Ideology,* 100~40.

_______________, and Etienne Balibar. *Reading Capital.* Trans. Ben Brewster. London: NLB, 1970.

Arendt, Hanna. *The Human Condition.* Chicago: Chicago UP, 1984.

Aristotle, *The Politics.* Oxford: Oxford UP, 1995.

Bachelard, Gaston. *Le nouvel esprit scientifique*. Paris: Presse universitaire de France, 1934.

Balibar, Etienne. *Masses, Classes, Ideas: Studies on Politics and Philosophy Before and After Marx*. Trans. James Swenson. New York: Routledge, 1994.

Barthes, Roland. "The Death of the Author"(1977). *Falling into Theory*. Ed. David Hunter. Boston: Bedford Books, 1994.

Derrida, Jacques. *Of Grammatology* (1967). Trans. Gayatri C. Spivak. Baltimore: The Johns Hopkins UP, 1976.

______________. "Différance"(1968). *Speech and Phenomena* (1967). Trans. David B. Allison. Evanston: Northwestern UP, 1973.

______________. "Le facteur de la vérité"(1975). *The Post Card: from Socrates to Freud and Beyond* (1980). Trans. Alan Bass. Chicago: The U of Chicago P, 1987.

______________. "Letter to a Japanese Friend"(1983). Trans. David Wood and Andrew Benjamin. *A Derrida Reader*. Ed. Peggy Kamuf. New York: Columbia UP, 1991.

______________. "Restitutions of the Truth in Pointing." *The Truth in Painting* (1978). Trans. Geoff Bennington and Ian McLeod. Chicago: The U of Chicago P, 1987.

______________. "Signature Event Context." *Margins of Philosophy* (1972). Trans. Alan Bass. Chicago: The U of Chicago P, 1982.

______________. "The Double Session"(1970). *Dissemination*(1972). Trans. Barbara Johnson. Chicago: The U of Chicago P, 1981.

Easthope, Antony. *Poetry as Discourse*. London: Methuen, 1983.

Felman, Shoshana. *Jacques Lacan and the Adventure of Insight: Psychoanalysis in Contemporary Culture*. Cambridge: Harvard UP, 1987.

Foucault, Michel. *Discipline and Punish*. New York: Vintage Books, 1977.

______________. *Madness and Civilization*. New York: Vintage Books, 1965.

________________. *The Care of the Self.* New York: Vintage Books, 1986.

________________. *The History of Sexuality.* Vol. 1. New York: Vintage Books, 1978.

________________. *The Order of Things.* New York: Vintage Books, 1973.

________________. *The Use of Pleasure.* New York: Vintage Books, 1986.

________________. "An Aesthetics of Existence." *Politics, Philosophy, Culture: Interviews and Other Writings, 1977~1984.* London: Routledge, 1988.

________________. "The Discourse on Language." Appendix to *the Archaeology of Knowledge.* New York: Pantheon, 1972.

________________. "Governmentality." *The Foucault Effect: Studies in Governmentality.* Chicago: The U of Chicago P, 1991.

________________. "On the Geneaology of Ethics: An Overview of Works in Progress." *The Foucault Reader.* New York: Pantheon Books, 1984.

________________. "Technologies of the Self." *Technologies of the Self: A Seminar with Michel Foucault.* Amherst: The U of Massachusetts P, 1988.

________________. "The Ethic of Care for the Self as a Practice of Freedom." *The Final Foucault. Philosophy and Social Criticism.* 12 (Summer 1987).

________________. "The Subject and Power." Dreyfus and P. Rainbow. *Michel Foucault; Beyond Structuralism and Hermeneutics.* Chicago: The U of Chicago P, 1983.

________________. "What is Enlightenment?" *The Foucault Reader.* New York: Pantheon Books, 1984.

Freud, Sigmund. "Instincts and Their Vicissitudes." *The Standard Edition of the Complete Psychological Works of Sigmund Freud.* Trans. James Strachey. London: Hogarth, 109~40.

Gallop, Jane. *Reading Lacan.* Ithaca: Cornell UP, 1985.

Grosz, Elizabeth. *Jacques Lacan: A Feminist Introduction.* London & New York: Routledge, 1990.

Habermas, Jürgen. *Der Philosophische Diskurs der Moderne.* Frankfurt: Shurkamp, 1985.

________________. *The Philosophical Discourse of Modernity*(1985). Trans. Frederick Lawrence. Cambridge: The MIT P, 1987.

________________. *Theorie des Kommunikativen Handelns*(1981). Bd I. Frankfurt am Mein, 1981.

Heidegger, Martin. *On Time and Being*(1969). Trans. Joan Stambaugh. New York: Harper & Row, 1972.

Hobsbawm, E. J. "The Structure of Capital." *Althusser: A Critical Reader.* Ed. Gregory Elliott. Oxford: Blackwell, 1994, 1~9.

`Husserl, Edmund. *The Phenomenology of the Interior Time-Consciousness*(1929). Trans. James S. Churchill. Bloomington: Indiana UP, 1964.

Jakobson, Roman. "Closing Statement: Linguistics and Poetics." Ed. Thomas A. Sebeok. *Styles in Language.* Cambridge: The MIT P, 1960.

Jameson, Fredric. *Postmodernism, or the Cultural Logic of Late Capitalism.* Durham: Duke UP, 1991.

Kuhn, Thomas. *The Structure of Scientific Revolutions.* Chicago: The U of Chicago P, 1970.

Lacan, Jacques. "Some Reflections on the Ego"(1951). *International Journal of Psycho-Analysis* 34 (1953), 11~17.

______________. *Le Séminaire: Livere II. Le Moi dans la théorie de Freud et dans la technique de la psychanalyse*(1954~1955). Ed. J. A. Miller. Paris: Éditions du Seuil, 1978.

______________. *Écrits.* Paris: Éditions du Seuil, 1966.

______________. *Le Séminaire: Livere XX. Encore* (1972~1973). Ed. J. A. Miller. Paris: Éditions du Seuil, 1975.

______________. *Écrits: A Selection.* Trans. A. Sheridan. New York: Norton, 1977.

Laclau, Ernesto, and Chantal Mouffe. *Hegemony and Socialist Strategy: Towards a Radical Democratic Politics.* London: Verso, 1985.

Laplanche, J., and J. B. Pontalis. *The Language of Psychoanalysis*(1967). Trans. D. Nicholson-Smith. New York: Norton, 1973.

Lemaire, Anika. *Jacques Lacan.* Trans. D. Macey. London & New York: Routledge, 1970.

Lukacher, Ned. *Primal Scenes.* Ithaca: Cornell UP, 1986.

Macciocchi, Maria Antonietta. *Letters from Inside the Italian Communist Party to Louis Althusser.* Trans. Stephen M. Hellman. London: NLB, 1973.

Macey, David. "Althusser and Lacan." *Althusser: A Critical Reader.* 142~58.

Machiavelli, N. *The Prince and the Discourses.* New York: Modern Library, 1985.

Marx, Karl. *Capital: Critique of Political Economy.* Vol. 1. Trans. Ben Fowkes. New York: Vintage Books, 1977.

__________. *Das Kapital: Kritik der politischen Ökonomie.* Erster Band, *Marx-Engels Werke.* Band 23. Berlin: Dietz, 1987.

__________. *Grundrisse: Foundations of the Critique of Political Economy.* Trans. Martin Nicolaus. New York: Random, 1973.

__________, and Frederick Engels, *The German Ideology.* Part One. Ed. C. J. Arthur. New York: International, 1947.

Mill, J. S. *Utilitarianism, On Liberty, Considerations on Representative Government.* Ed. Geraint Williams. London: Everyman, 1993.

Muller, John P., and William J. Richardson. Eds. *The Purloined Poe:*

Lacan, Derrida, and Psychoanalytic Reading. Baltimore: The Johns Hopkins UP, 1988.

______________, and William J. Richardson. *Lacan and Language: A Reader's Guide to Écrits.* Madison: International UP, 1982.

Pêcheux, Michel. "The Mechanism of Ideological (Mis)Recognition." *Mapping Ideology,* 141~51.

Ragland-Sullivan, Ellie. *Jacques Lacan and the Philosophy of Psychoanalysis.* Urbana: U of Illinois P, 1987.

Ricoeur, Paul. "Althusser's Theory of Ideology." *Mapping Ideology,* 44~72.

Rorty, Richard. *Philosophy and The Mirror of Nature.* Princeton: Princeton UP, 1979.

Ryan, Michael. *Marxism and Deconstruction.* Baltimore: The Johns Hopkins UP, 1982.

Selden, Raman, and Peter Widdowson. *A Reader's Guide to Contemporary Literary Theory.* 3rd ed. New York: Harvester Wheatsheaf, 1993.

Skura, Meredith. *The Literary Use of the Psychoanalytic Process.* New Haven: Yale UP, 1981.

Spivak, Gayatri Chakravorty. "Ghostwriting." *Diacritics* 25 (Summer 1995), 65~84.

Thomspon, E. P. "The Poverty of Theory or An Orrery of Errors." *The Poverty of Theory and Other Essays.* London: Merlin, 1978, 1~210.

Wright, Elizabeth. *Psychoanalytic Criticism: Theory in Practice.* London & New York: Methuen, 1984.

Žižek, Slavoj. Ed. *Mapping Ideology.* London: Verso, 1994.

______________. *The Sublime Object of Ideology.* London: Verso, 1989.

찾아보기

(ㄱ)

(ㄴ)

(ㄷ)

(ㄹ)

(ㅁ)

(ㅂ)

(ㅅ)

(ㅇ)

(ㅈ)

(ㅊ)

(ㅋ)

(ㅌ)

(ㅍ)

(ㅎ)

윤효녕

한국외국어대학교 영어과 졸업

서울대학교 대학원 영어영문학과 문학석사 및 문학박사

현재 단국대학교 영어영문학과 교수

저서: 『바이런의 유물론적 시학』(단국대학교출판부)

공저, 『19세기 자연과학과 자연관』(서울대학교출판부)

역서: 마이클 라이언, 『마르크스주의와 해체론』(한신문화사)

공역, 『현대 서술 이론의 흐름』(솔출판사)

주요논문: 「프랑스 혁명의 낭만주의적 형상화」

「『황무지』에 대한 모더니즘 - 포스트모더니즘 논쟁」

외 다수

윤평중

고려대학교 철학과 졸업

미국 남일리노이주립대학교 석사 및 철학박사

현재 한신대학교 철학과 교수

저서: 『푸코와 하버마스를 넘어서: 합리성과 사회비판』(교보문고)

『포스트 모더니즘의 철학과 포스트 마르크스주의』(서광사)

『담론이론의 사회철학』(문예출판사) 외 논문 다수

윤혜준

한국외국어대학교 영어과 졸업

서울대학교 대학원 영어영문학과 문학석사

미국 버펄로 뉴욕주립대학교 영어과 문학박사

현재 연세대학교 영문과 교수

저서: *Physiognomy of Capital in Charles Dickens: An Essay in Dialectical Criticism* (International Scholars Publications)

The World of Prose: A Rhetorical Reader(나남)

공저, 『산업혁명과 기계문명』(서울대학교출판부)

『19세기 영국소설의 강의』(민음사)

역서: 찰스 디킨스, 『올리버 트위스트』(창작과비평사)

주요논문: 「『자본론』과 자유 그리고 주체」

「이름 시대의 종언: 이름, 또는 사라지는 개인」

「새뮤얼 핍스의 일기에서의 주체와 문체」 외 다수

정문영

서울대학교 사범대학 영어과 졸업

서울대학교 대학원 영어영문학과 문학석사 및 박사과정 수료

미국 델라웨어대학교 문학박사

현재 계명대학교 영어영문학과 교수

저서: 공저, *Pinter at Sixty* (Indiana University Press)

역서: 앤소니 엘리어트, 『정신분석학 입문』(한신문화사)

주요논문: "Double Doubling: Feminism, Psychoanalysis, and Drama"

「페미니스트 연극의 패러다임」

「정신분석과 페미니즘」 외 다수

주체 개념의 비판

데리다, 라캉, 알튀세, 푸코

초판 1쇄 발행 1999년 2월 25일
초판 8쇄 발행 2021년 9월 20일

지은이 윤효녕 윤평중 윤혜준 정문영

펴낸곳 서울대학교출판문화원
주소 08826 서울 관악구 관악로 1
도서주문 02-889-4424, 02-880-7995
홈페이지 www.snupress.com
페이스북 @snupress1947
인스타그램 @snupress
이메일 snubook@snu.ac.kr
출판등록 제15-3호

ISBN 978-89-521-1926-1 94200

ⓒ윤효녕 외 · 1999
이 책은 저작권법에 의해서 보호를 받는 저작물이므로
무단 전재와 복제를 금합니다.

20세기 문명연구 총서

19세기 일본의 근대화
박영재 · 박충석 · 김용덕

공리주의 · 개혁주의 · 자유주의
김완진 · 송현호 · 이재율

정치경제학과 경제주의
정현식 · 유임수 · 김광수

유럽 마르크스주의의 전개
이용필 · 윤용탁 · 진덕규

사회주의운동과 노동운동
이용필 · 박효종 · 박기덕

근대사회의 여가문화
박재환 · 김문겸

19세기 자연과학과 자연관
윤효녕 · 최문규 · 고갑희

산업혁명과 기계문명
양동휴 · 송승철 · 윤혜준

근대가족의 변모와 여성문제
조은 · 이정옥 · 조주현

현대 대중문화의 형성
강현두 · 원용진 · 전규찬

20세기의 중국
신승하 · 임상범 · 갬태승

19세기 문화의 상품화와 물신화
김문환 외

현대기호학의 발전
김치수 · 김성도 · 박인철 · 박일우

주체 개념의 비판
윤효녕 · 윤평중 · 윤혜준 · 정문영

하이데거
이수정 · 박찬국

의료서비스의 배분적 정의
문옥륜 외

구조주의 혁명
임봉길 외

성 해방과 성 정치
조은 · 조주현 · 김은실